KB125959

60일간의 남미여행

60일간의 남미여행

Sixty Days of South America :
The Andes, Iguassu Falls, and the Amazon

민남기
Namkee Nathan Min

파피루스

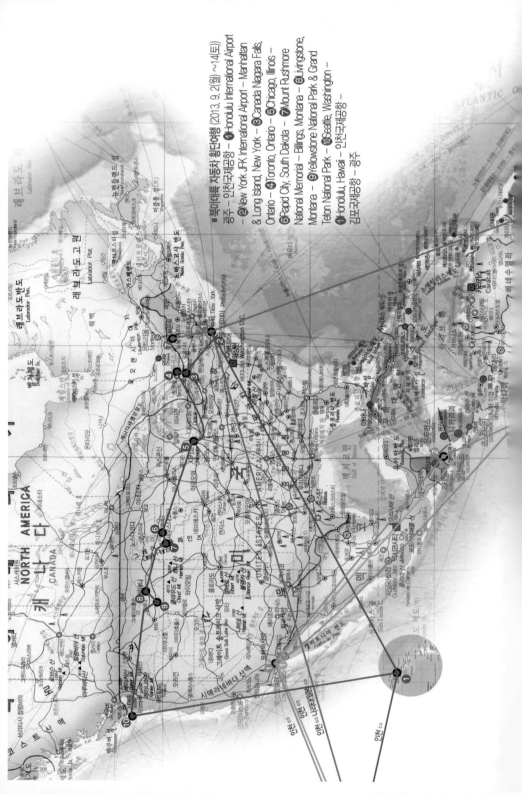

■북미대륙 자동차 횡단여행 (2013. 9. 2(월)~14(토))
광주 – 인천국제공항 – **①**Honolulu International Airport –
②New York, JFK International Airport – Manhattan
& Long Island, New York – **③**Canada Niagara Falls,
Ontario – **④**Toronto, Ontario – **⑤**Chicago, Illinos –
⑥Rapid City, South Dakota – **⑦**Mount Rushmore
National Memorial – Billings, Montana – **⑧**Livingstone,
Montana – **⑨**Yellowstone National Park & Grand
Teton National Park – **⑩**Seattle, Washington –
⑪Honolulu, Hawaii – 인천국제공항 –
김포국제공항 – 광주

남미 1차 여행
남미 2차 여행
남미 3차 여행
북미대륙 자동차 횡단여행

...u 주 여행 ... so do Iguassu(Iguassu Fals), Brasil – Ciudad del Este, Paraguay – Itaipu Dam, Brasil – Acesso 3 Fronteiras, Brasil – ②Sao Paulo, Brasil – ⑤Limeira, Brasil – ②Sao Paulo, Brasil – ⑥Santos, Brasil – ②Sao Paulo, Brasil – ①New York JFK International Airport – Manhattan & Long Island, New York – ⑦Adirondack Park(Northville, New York) – ①New York JFK International Airport– Narita International Airport – 인천국제공항 – 김포국제공항 – 광주

■ 남미 2차 여행 (2010. 5. 7(금)~29(토))
광주 – 김포국제공항 – 인천국제공항 – ①LA International Airport – ②Sao Paulo, Brasil – ③Manaus, Brasil – ④Boa Vista, Brasil – ⑤Lethem, Guyana – ④Boa Vista, Brasil – ③Manaus, Brasil – ②Sao Paulo, Brasil – ⑥Campos do Jordan, Brasil – ②Sao Paulo, Brasil – ⑦Buenos Aires, Argentina – ②Sao Paulo, Brasil – ⑧Foz do Iguassu(Brasil & Argentina Iguessu Falls) – ②Sao Paulo, Brasil – ①LA International Airport – 인천국제공항 – 김포국제공항 – 광주

■ 남미 3차 여행 (2014. 5. 12(월)~7. 10(목))
광주 – 김포국제공항 – 인천국제공항 – ①LA, California – ②San Salvador International Airport – ③Lima, Peru – ④Cusco, Peru – Chinchero District – Urubamba – Ollantaytambo – Aguas Cálientes – ⑤Machu Picchu, Peru – Aguas Cálientes – Ollantaytambo – Urubamba – Chinchero District – ④Cusco, Peru – ③Lima, Peru – ⑥Paracas, Peru – Isla Ballestas – ⑥Paracas, Peru – ③Lima, Peru – ⑦Santa Cruz International Airport – ⑧La Paz, Bolivia – ⑨Lago Titicaca(Tiquina), Bolivia – ⑧La Paz, Bolivia – ⑩Iquique International Airport – ⑪Santiago, Chile – Con Con – Vina del Mar – ⑫Valparaiso, Chile – ⑪Santiago, Chile – Punta Arenas International Airport – ⑬Punta Arenas, Chile – ⑭Puerto Natales, Chile – ⑮Parque Nacional Torres del Paine, Chile – ⑭Puerto Natales, Chile – ⑯El Calafate, Argentina – Glaciar Perito Moreno – ⑯El Calafate, Argentina – ⑰El Chalten, Argentina – Monte Fitz Roy(lago Capri) – ⑰El Chalten, Argentina – ⑯El Calafate, Argentina – Glaciar Scapechini & Glaciar Upsala – ⑯El Calafate, Argentina – ⑱Ushuaia, Argentina – Canal Beagles – Argentina – Parque Nacional Tiera del Fuego, Argentina – ⑱Ushuaia, Argentina – 日Calafate International Airport – ⑲Buenos Aires, Argentina – ⑳Puerto Iguazu(Iguazu Falls), Argentina – ⑳Foz do Iguassu(Iguassu Falls), Brasil – ㉑Rio de Janeiro, Brasil – ㉒Manaus, Brasil – ㉓Belem, Brasil – ㉔Fortaleza, Brasil – ㉕Natal, Brasil – ㉖Joao Pessoa – Olinda – ㉖Recife – Olinda – ㉗Maceio – Sao Miguel – ㉘Aracaju – ㉙Salvador, Brasil – ②Sao Paulo, Brasil – ①LA International Airport – 인천국제공항 – 김포국제공항 – 광주

Contents

해외여행 일지

1. 미국의 남부와 중서부 여행. 1989. 2. 21(화)~3. 20(월) (27박 28일, 부부여행)
   주문진 - 김포국제공항 - Portland International Airport - Atlanta International
   Airport - Birmingham, Alabama(Briawood Presbyterian Church) - Tuscaloosa,
   Alabama - Birmingham, Alabama - Montgomery, Alabama - Jackson,
   Mississippi(Reformed Theological Seminary 방문) - Birmingham, Alabama
   - Dallas International Airport - Salt Lake City International Airport -
   Colorado Springs, Colorado - Sangre de Cristo Mountains, Colorado(Sangre
   de Cristo Seminary 방문) - Colorado Springs International Airport - Chicago,
   Illinois(Trinity Evangelical Divinity School 방문) - 김포국제공항 - 주문진
   (미국 알라바마 주 버밍험 시(Birmingham, Alabama)에 있는
   브라이우드장로교회(Briawood Presbyterian Church, Rev. Frank Baker)의
   제21회 선교대회 강사로 초청받아 강의하였고, 미시시피 주 잭슨
   시의 리폼드신학교, 콜로라도 주 산그리데크리스토신학교, 일리노이
   주트리니티복음주의신학대학원을 방문하고 귀국한 부부 여행)

2. 미국 유학 여행. 1991. 2. 21(목) (가족여행)
   김포국제공항 - Chicago, Illinois - Deerfield, Illinois의 Trinity Evangelical Di-

vinity School(트리니티복음주의신학대학원)에 유학을 가면서 네 식구(아내 정신복, 아들 경훈, 딸 지영)가 미국으로 함께 건너 간 가족 여행)

3. 미국의 뉴욕 주 설교 여행. 1992. 5. 16(토) ～ 17(주) (1박 2일, 단독여행)
Wheeling, Illinois - Long Island, New York(설교) - St. Louis International Airport - Wheeling, Illinois

4. 미국의 뉴욕 주 이사 여행. 1992. 8. 3(월) ～ 4(화) (1박 2일, 가족여행)
Wheeling, Illinois - Appalachian Mountains - Tannersville, Pennsylvania - Long Island, New York

5. 미국의 일리노이 주 여행. 1993. 1. 4(월) ～ 9(토) (5박 6일, 단독여행)
Long Island, New York - Deerfield, Illinois(Trinity Evangelical Divinity School 수강) - Long Island, New York

6. 미국의 Washington D. C. 방문여행. 1993. 2. 15(월) ～ 19(금)
(4박 5일, 가족여행)
Long Island, New York - Washington, D. C. - Long Island, New York

7. 미국의 일리노이 주 이사 여행. 1993. 7. 6(화) ～ 7(수) (1박 2일, 가족여행)
Long Island, New York - Appalachian Mountains - Bloomsburg, Pennsylvania - Highland Park, Illinois

8. 미국의 서부 여행. 1993. 8. 17(화) ～ 28(토) (11박 12일, 가족여행)
Highland Park, Illinois - Mount Rushmore National Memorial - Bozeman, Montana - Yellowstone National Park - Bozeman, Montana - Livingstone,

Montana - Yellowstone National Park - Grand Teton National Park - Rock Springs, Wyoming - Rocky Mountains National Park, Colorado - North Platte, Nebraska - Des Moines, Iowa - Highland Park, Illinois

9. 캐나다의 동부와 미국의 동부 여행. 1994. 8. 1(월) ~ 13(토)
(12박 13일, 가족여행)

Highland Park, Illinois - Cleveland, Cleveland - Buffalo, New York(Niagara Falls) - Toronto, Ontario - Montreal, Quebec - Ottawa, Ontario - Quebec City, Quebec - Montreal, Quebec - Montpelier, Vermont - White Mountains National Forest, New Hampshire - Manchester, New Hampshire - Boston, Massachusetts - Plymouth, Massachusetts - Long Island & Manhattan, New York - Philadelphia, Pennsylvania - Washington, D. C. - Hagerstown, Maryland - Ohio 주 - Indiana 주 - Highland Park, Illinois

10. 미국 유학에서 귀국하며 미국 서부여행. 1995. 1. 17(화) ~ 25(수)
(8박 9일, 가족여행)

Highland Park, Illinois - Los Angeles, California - Anaheim(Disneyland Park), California - Los Angeles, California - Las Vegas, Nevada - Grand Canyon National Park, Arizona - San Diego, California - Los Angeles International Airport - 김포국제공항

11. 미국의 시카고와 샌프란시스코 여행. 1995. 6. 7(수) ~ 16(목)
(9박 10일, 단독여행)

김포국제공항 - Deerfield, Illinois(Trinity Evangelical Divinity School 학위수여식 참가) - San Francisco - 김포국제공항

12. 몽골의 울란바토르와 하릭호른 여행. 1998. 8. 11(화) ~ 18(화)
   (7박 8일, 단기선교여행)
   광주 - 김포국제공항 - 몽골 울란바토르 - 몽골 하릭호른 - 몽골 울란바토르
   - 테레츠국립공원 - 몽골 울란바토르 - 김포국제공항 - 광주

13. 미국의 시카고와 애틀랜타와 플로리다 주 키웨스트(Key West) 여행.
   1999. 2. 28(주) ~ 3. 20(토) (20박 21일, 부부여행)
   광주 - 김포국제공항 - Deerfield, Illinois(Trinity Evangelical Divinity School
   강의 청강) - Atlanta International Airport - Tempa, Florida - Miami, Florida
   - Key West, Florida - Fort Lauderdale, Florida - Orlando(Disney World),
   Florida - Pensacola, Florida - Mobile, Alabama - Montgomery, Alabama
   - Birmingham, Alabama - Atlanta International Airport - Chicago O'hare
   International Airport - New York JFK International Airport - 김포국제공항 -
   광주

14. 몽골의 울란바토르와 고비사막 여행. 1999. 7. 27(월) ~ 8. 3(월)
   (7박 8일, 단기선교여행)
   광주 - 김포국제공항 - 몽골 울란바토르 - 고비사막 - 몽골 달란제트갓 - 욜
   링얌 - 달란제트갓 - 몽골 울란바토르 - 김포국제공항 - 광주

15. 이스라엘, 이집트, 요르단 성지순례 여행. 2000. 4. 3(월) ~ 15일(토)
   (12박 13일, 단체여행)
   광주 - 김포국제공항 - Cairo, Egypt - St. Catherine, Egypt - Aqaba, Jordan
   - Amman, Jordan - Allenby Bridge, Israel - Jericho, Israel - Jerusalem, Israel
   - Nablus, Israel - Tiberias, Israel - Jerusalem, Israel - Bethlehem, Israel - Beer
   Sheva, Israel - Hebron, Israel - Gaza, Israel - Cairo, Egypt - Luxor, Egypt -

Cairo, Egypt - 김포국제공항 - 광주

16. 중국의 북경 강의 여행. 2003. 1. 21(화) ~ 25(토) (4박 5일, 단독여행)
　광주 - 김포국제공항 - 북경(강의) - 만리장성 - 북경 - 김포국제공항 - 광주

17. 몽골의 울란바토르 강의 여행. 2004. 2. 9(월) ~ 13(금) (4박 5일, 단독여행)
　광주 - 김포국제공항 - 인천국제공항 - 몽골 울란바토르(성경학교 강의) -
　테레츠 국립공원 - 울란바토르 - 인천국제공항 - 김포국제공항 - 광주

18. 태국의 푸켓 여행. 2004. 6. 14(월) ~ 18(금) (4박 5일, 단체여행)
　광주 - 인천국제공항 - 태국 푸켓 - 팡이만 - 푸켓 - 인천국제공항 - 김포국
　제공항 - 광주

19. 몽골의 울란바토르와 다르항과 알탄블락 여행. 2004. 8. 9(월) ~ 16(월)
　　(7박 8일, 단기선교여행)
　광주 - 인천국제공항 - 몽골 울란바토르 - 노공톨로고이 - 몽골 울란바토르
　- 몽골 다르항 - 몽골 알탄블락(몽골-러시아 국경) - 몽골 다르항 - 몽골 울
　란바토르 - 인천국제공항 - 광주

20. 러시아의 미르신학교 초청으로 러시아와 북유럽 여행. 2005. 5. 24(화)
　　~ 6. 8(수) (15박 16일, 부부여행)
　광주 - 인천국제공항 - Saint Petersburg, Russia(미르신학교 강의) - Moscow,
　Russia - Saint Petersburg, Russia - Helsinki, Finland - Stockholm, Sweden -
　Oslo, Norway - Roldal, Norway - Flam, Norway - Myrdal, Norway - Flam,
　Norway - Vossenvagen, Norway - Bergen, Norway - Stavanger, Norway
　- Christiansand, Norway - Oslo, Norway - Uppsala, Sweden - Stockholm,

Sweden - Helsinki, Finland - Saint Petersburg, Russia - 인천국제공항 -
김포국제공항 - 광주

21. 미국의 일리노이 주 여행. 2006. 5. 29(월) ~ 6. 3(토) (5박 6일, 단독여행)
광주 - 인천국제공항 - Narita International Airport - Deerfield, Illinois(Trinity
Evangelical Divinity School 강의 청강) - Narita International Airport -
인천국제공항 - 광주

22. 중국의 황산 여행. 2006. 8. 28(월) ~ 9. 1(금) (4박 5일, 단체여행)
광주 - 인천국제공항 - 상해 포동 - 항주 - 황산 - 황산 숙박 - 상해 -
인천국제공항 - 광주

23. 중국의 계림과 장가계와 중경 여행. 2006. 10. 23(월) ~ 28(토) (5박 6일,
단체여행)
광주 - 인천국제공항 - 계림 - 유주 - 장가계 - 삼자매봉 - 천자봉 -
하룡공원 - 원가계 - 보봉호수 - 황룡동굴 - 천문산 - 중경 - 대족석각 -
중경 (시내, 임시청부청사) - 인천국제공항 - 광주.

24. 브라질 한인 선교사의 여름수양회 강의 초청으로 브라질 여행. 2007. 7.
18(수) ~ 8월 10일(금) (23박 24일, 단독여행)
광주 - 김포국제공항 - 인천국제공항 - Narita International Airport - New
York JFK International Airport - Sao Paulo, Brasil - Rio de Janeiro, Brasil
- Sao Paulo, Brasil - Foz do Iguassu(Iguassu Falls), Brasil - Ciudad del Este,
Paraguay - Itaipu Dam, Brasil - Acesso 3 Fronteiras, Brasil - Foz do Iguassu,
Brasil - Sao Paulo, Brasil - Limeira, Brasil(선교사 수양회 강의) - Sao Paulo,
Brasil - Santos, Brasil - Sao Paulo, Brasil - New York JFK International Airport

- Manhattan & Long Island, New York - Adirondack Park(Northville, New York) - New York JFK International Airport - Narita International Airport - 인천국제공항 - 김포국제공항 - 광주

25. 태국의 치앙마이와 치앙라이와 그리고 방콕 여행. 2008. 8. 25(월) ~
   30(토) (5박 6일, 단체여행)
   광주 - 김포국제공항 - 인천국제공항 - 방콕국제공항 - 치앙마이 - 치앙라
   이 - 트라이 앵글 (미얀마, 태국, 라오스) - 치량라이 - 방콕 - 수상도시 - 방
   콕 국제공항 - 인천국제공항 - 김포국제공항 - 광주

26. 일본의 도쿄와 삿포로 여행. 2009. 8. 24(월) ~ 28일(금)
   (4박 5일, 부부여행)
   광주 - 김포국제공항 - 도쿄 - 삿포로 - 산수온천 - 미영구 - 삿포로 - 도
   쿄 - 김포국제공항 - 광주

27. 브라질의 아마존신학교 강의 초청으로 브라질 여행. 2010. 5. 7(금) ~
   29일(토) (22박 23일, 단독여행)
   광주 - 김포국제공항 - 인천국제공항 - LA International Airport - Sao Paulo,
   Brasil - Manaus, Brasil(마나우스신학교 강의) - Boa Vista, Brasil - Lethem,
   Guyana - Boa Vista, Brasil - Manaus, Brasil - Sao Paulo, Brasil - Campos do
   Jordan, Brasil - Sao Paulo, Brasil - Buenos Aires, Argentina - Sao Paulo, Brasil
   - Foz do Iguassu(Brasil & Argentina Iguassu Falls) - Sao Paulo, Brasil - LA
   International Airport - 인천국제공항 - 김포국제공항 - 광주

28. 중국의 무한과 형주와 장가계 여행. 2011. 8. 29(월) ~ 9. 3(토)
   (5박 6일, 단체여행)

광주 - 인천국제공항 - 무한 - 무한 황학루 - 형주 - 천문산 - 장가계 - 원가
계 - 보봉호수 - 황룡동굴 - 형주 - 무한 - 인천국제공항 - 광주.

29. 베트남의 하롱베이 여행. 2012. 6. 11(월) ~ 15(금) (4박 5일, 단체여행)
광주 - 인천국제공항 - 베트남 하노이 - 베트남 닌빈 - 베트남 하롱베이 - 베
트남 하노이 - 인천국제공항 - 광주

30. 일본의 벳푸 온천 여행. 2013. 6. 17(월) ~ 21(금) (4박 5일, 단체여행)
광주 - 부산 - 시모노세키 - 유후인 - 벳푸 - 다카치협곡 - 아소 - 구마
모토 - 후쿠오카 - 시모노세키 - 부산 - 광주

31. 북미대륙 자동차 횡단여행. 2013. 9. 2(월) ~ 14(토)
   (12박 13일, 네 친구의 부부여행)
   광주 - 인천국제공항 - Honolulu International Airport - New York JFK
   International Airport - Manhattan & Long Island, New York - Canada Niagara
   Falls - Toronto, Ontario - Chicago, Illinois - Rapid City, South Dakota -
   Mount Rushmore National Memorial - Billings, Montana - Livingstone,
   Montana - Yellowstone National Park & Grand Teton National Park - Seattle,
   Washington - Honolulu, Hawaii - 인천국제공항 - 김포국제공항 - 광주

32. 안식년으로 60일간의 남미여행. 2014. 5. 12(월) ~ 7. 10(목)
   (59박 60일, 부부 배낭여행)
   광주 - 김포국제공항 - 인천국제공항 - LA, California - San Salvador
   International Airport - Lima, Peru - Cusco, Peru - Chinchero District -
   Urbamba - Ollantaytambo - Aguas Calientes - Machu Picchu, Peru - Aguas
   Calientes - Ollantaytambo - Urbamba - Chinchero District - Cusco, Peru -

Lima, Peru - Paracas, Peru - Isla Ballestas - Paracas, Peru - Lima, Peru - Santa Cruz International Airport - La Paz, Bolivia - Lago Titicaca(Tiquina), Bolivia - La Paz, Bolivia - Iquique International Airport - Santiago, Chile - Con Con - Vina del Mar - Valparaiso, Chile - Santiago, Chile - Punta Arenas International Airport - Punta Arenas, Chile - Puerto Natales, Chile - Parque Nacional Torres del Paine, Chile - Puerto Natales, Chile - El Calafate, Argentina - Glaciar Perito Moreno - El Calafate, Argentina - El Chalten, Argentiana - Monte Pitz Roy - El Chalten, Argentina - El Calafate, Argentina - Glaciar Scapechini & Glaciar Upsala - El Calafate, Argentina - Ushuaia, Argentina - Canal Beagles - Ushuaia, Argentina - Parque Nacional Tiera del Puego, Argentina - Ushuaia, Argentina - El Calafate International Airport - Buenos Aires, Argentina - Puerto Iguazu(Iguazu Falls), Argentina - Foz do Iguassu(Iguassu Falls), Brasil - Rio de Janeiro, Brasil - Manaus, Brasil - Belem International Airport - Fortaleza, Brasil - Natal - Joao Pessoa - Recife - Olinda - Maceio - Sao Miguel - Aracaju - Salvador, Brasil - Sao Paulo, Brasil - LA International Airport - 인천국제공항 - 김포국제공항 - 광주

머리말

60일간 남미를 여행하고 와서

여행자들의 마지막 로망이라고 하는 남미의 안데스 산맥, 이구아수 폭포, 아마
존 강, 그리고 대서양의 긴 해안을 60일간 돌아보았다. 남미여행은 처음엔 두렵
고 긴장되고 힘들었지만 돌아올 땐 환상적이었고 후련했다. 안데스산맥의 전설
인 쿠스코, 마추픽추, 라파즈, 그리고 티티카카호수에 들렀다가 안데스 산자락
의 평온한 산티아고에 들러 쉬다 태평양의 황홀한 석양도 바라보았다. 트레커들
의 꿈인 토레스델파이네국립공원에 올라가서 가을과 겨울 두 계절을 동시에 보
며 트레킹을 했다. 환상의 빙하국립공원에 가서 페리토모레노 빙하 등 여러 빙
하를 목격했는데 신기했다. 산악인이라면 꼭 가보고 싶어 하는 연기 나는 바위
산 피츠로이를 눈길로 걸어 올라가서 선명하게 바라보고 사진을 찍었다. 남극에
1,000km 가까이 있는 땅 끝 우수아이아에 내려가 비글해협에 나가서 수많은 새
들과 바다사자를 바라보고 그 멋진 붉은 땅끝 등대를 한 바퀴 돌아왔고, 죄수들
에 의해 건설되었다는 그 국립공원의 비경을 둘러보았다. 경제는 어렵지만 탱고
의 낭만이 그대로 춤추고 있는 부에노스아이레스에서 남미의 파리라는 멋진 도

심과 비운의 여인 에바페론이 묻혀있는 공동묘지에 가서 화려했던 과거 영화의 흔적을 보았다. 이구아수 폭포로 날아가서 온통 흙탕물이 넘쳐나는 아르헨티나 쪽 폭포와 브라질 쪽 폭포의 희한한 풍경도 봤다. 브라질 월드컵 기간에 그 극성스러운 아르헨티나 축구 응원단들과 함께 바위산 봉우리와 해안이 멋진 히우데 사네이루로 날아가서 아르헨티나와 크로아티아가 경기하는 그 날 마라카낭 축구경기장의 열기도 느꼈다. 아마존의 중심 마나우스에 올라가서 아마존 밀림과 아마존 강 투어를 하고 세계 3대 오페라극장 가운데 하나였다는 아마조나스 오페라극장도 둘러보았다. 마나우스에서 포르탈레자로 날아가 렌터카로 대서양의 해안선 도로를 따라서 모서리에 위치한 나타우를 지나서 살바도르까지 9일간 대서양 해변 여러 도시에서 브라질의 속살과도 같은 순박한 사람들과 멋진 풍광을 둘러보았다. 브라질의 첫 번째 수도였던 살바도르의 역사지구는 볼거리가 많고 경치도 멋지고 관광객들도 많았다. 마지막 여행지 상파울루에서 디아스포라 한인들의 애환이 깃들어 있는 봉혜치로 거리와 상파울루의 중심가와 가장 멋진 이비라푸에라 공원에 들러서 겨울인데도 분홍색 잎들이 고깔처럼 나무 전체를 두른 멋지게 잘생긴 나무와 숲과 호수와 새들을 감상하였다. 브라질이 월드컵 축구 4강전에서 독일에 대패한 미네이랑의 대참사로 상파울루에서 폭동이 일어난 그날 상파울루 구알루스국제공항을 아슬아슬하게 빠져나와 인천공항으로 돌아왔다.

남미여행에 대해 처음엔 아내와 딸도 너무 멀고 위험하다고 만류했다. 필자가 섬기는 교회를 60일간 비운다는 것이 쉬운 일이 아니었고, 남미여행에 필요한 경비를 마련하는 것도 간단한 일이 아니었다. 그리고 부부 둘이서만 그 멀고 긴 여행길을 혼자 계획을 세워서 돌아다닌다는 것도 간단한 일이 아니었다. 2014년은 필자의 회갑이라 안식년을 두 달간 허락받아 필자의 전도지 스페인어판을 제작하여 남미의 스페인어권의 선교지에 보냈고 그곳에서 선교사들과 만나 전달하고 점심도 대접하며 여행하기로 계획을 세웠다. 필자의 대한항공 마일리지 17만 마일로 인천에서 엘에이와 상파울루에서 인천의 항공권을 성수기를 피해 왕복으로 구입하면서 남미여행은 시작되었다. 필자가 섬기는 교회에서 필자의 안식년 남미여행의 경비를 지원해서 남미여행을 후원하여 주었다. 인터넷 여행 사이트에서 나머지 항공권을 엘에이에서 아르헨티나 부에노스아이레스까지 8회의 탑승 항공권을 바로 구입하였다. 한참 후에 부에노스아이레스에서 이구아수 폭포로 가서 브라질을 한 바퀴 돌아서 상파울루까지 가는 5회의 탑승 항공권을 가장 적합한 시간에 안전한 항공으로 구입하였다. 호텔 예약은 하루 100불 정도에 4성급 호텔을 염두에 두고서 지도에서 도심의 위치를 확인하여 예약했고, 브라질은 월드컵 경기로 가격이 너무 올라 호텔 예약이 어려워 나중에 월드컵이 거의 끝나갈 무렵에 가격이 내렸을 때 예약을 했고, 그리고 우수아이아와 히우데자네이루에서는 한인 민박을 이용했다.

여행은 사실 너무 힘들기 때문에 나이가 들면 하기가 어렵다고 한다. 더군다나 남미여행은 가는데만 이틀 밤을 기내에서 보내야 하기 때문에 나이 들면 더욱 엄두를 내기 힘든 것도 사실이다. 그런데 2007년 7월에 상파울루에서 2시간을 자동차로 올라가는 리메이라에 97세의 방지일 목사님이 강의하러 오셨고, 2010년 5월 아마존의 마나우스에서 아마존의 한인선교사들에게 점심식사를 대접해 주신 분이 87세의 오광수 목사님의 일행 목사였다. 방지일 목사님과 오광수 목사님은 먼 여행지에 오셔서 정정하게 열정적으로 말씀하시던 기억이 아직도 생생하다. 여행에 나이가 장애가 되는 것은 사실이지만 열정이 있다면 꼭 불가능한 것만도 아니다. 학생이라서 돈이 없고 취업이 급선무라고 하며 여행은 사치라고 말하는 것을 충분히 이해한다. 칠레의 토레스델파이네국립공원에서 만나 같은 직행버스로 안데스 산맥을 넘어 엘칼라파테에 갔고, 페리토모레노 빙하투어도 함께 하며, 엘찰텐의 피츠로이 산을 보고 돌아올 때 중간 휴게소에서 또 만났고, 마지막으로 부에노스아이레스에서 다시 만났던 독일 대학생 프레야와 두 명의 여대생들은 아르바이트를 하여 모은 돈으로 50일 동안 자기 키만한 배낭을 싦어지고 남미를 돌아보고 있었다. 직장과 사업과 가정과 일 때문에 짬을 내기가 어렵다고 말할 수 있지만 그것도 묘안을 짜내면 뭔가 틈새가 생겨날 수 있다고 본다. 무엇보다도 꿈과 열정을 가지고 도전하여 실행한다면 먼 남미여행도 꼭 불가능한 것만은 아니고 패키지가 아니면 해외에 나가기가 무섭다고 말하는 사람들에게 자유 배낭여행은 자유를 만끽할만한 가치가 충분히 있다고 말하고 싶다.

2013년에 동기 네 가정이 뉴욕 맨해튼으로 가서 북미대륙을 자동차로 횡단하며 멋진 주변 여행지를 한 번 둘러보고 시애틀까지 여행하고 다시 호놀룰루로 날아가서 그 섬을 렌터카로 한 바퀴 돌며 2주간 자동차 여행을 한 적이 있었는데 그때 그 친구들과의 사귐이 더 깊어지고 행복했다. 이 친구들인 전홍엽 목사 부부, 김순명 목사 부부, 그리고 채규만 목사 부부는 빛고을까지 찾아와서 금일봉을 보태서 남미여행을 성원해 주었다. 2014년에 60일간 남미를 여행하고 돌아와서 찍은 사진이 로^{RAW}파일이었는데 이것들을 제이피지^{JPG}파일로 바꾸는 일에 2개월이 걸렸고, 그 사진과 여행 메모를 보면서 기행문을 쓰는데 5개월이 걸렸다. 여행 정보가 인터넷 웹 사이트에 넘쳐 나지만 정확한 정보는 위키피디아^{Wikipedia} 영어 백과사전에서 확인했다. 지명 등은 가능한 그들의 언어로 표기했다.

최근에 책을 읽는 사람들이 많지 않아 기행문을 출판하기가 쉽지 않았지만 그래도 60일간의 남미여행을 한 번 꼭 정리해 보고 싶었다. 그것은 대자연의 웅장함과 아름다움을 찍은 사진을 공유하고 싶었고, 여행에서 보고 느끼고 만난 풍물과 사람들의 이야기를 함께 나누고 싶었다. 더 나아가 안식년을 준비하는 분들과 남미 배낭여행을 꿈꾸는 분들에게 길라잡이라도 되고픈 바람이 있었다.

산티아고의 정용남 목사와 왕익상 목사, 엘에이의 이태종 목사와 김광삼 목사, 쿠스코의 박남은 선교사, 볼리비아의 이근화 선교사, 리마의 지석길 선교사, 부에노스아이레스의 김진완 목사와 엄수용 목사, 브라질의 노시영 선교사와 강성철 선교사, 이상석 선교사, 정정박 목사와 이금식 선교사, 그리고 박용 장로에게 감사한다. 그리고 마나우스의 신학교 강의 초청과 아마존 강과 밀림을 안내해준 유지화 선교사와 유 바울로 선교사와 포르탈레자에서부터 대서양 자동차여행을 안내해 준 이원길 선교사 부부에게 감사한다. 안식년으로 남미여행을 갈수 있도록 배려하고 후원해주고 기도해 준 광주대성교회에 무엇보다도 감사한다. 필자를 대신하여 두 달간 설교해 준 손석훈 목사와 황종한 선교사와 다른 동역자들에게도 감사를 표한다. 이 책자가 나오기까지 애를 쓴 김방훈 집사, 교정해 준 조희정 집사와 신정예 사모에게 감사한다. 멀고 긴 여행을 위하여 성원하고 기도해 준 캐나다에 사는 딸 지영이와 사위 요한이 그리고 아들 경훈이에게 사랑한다고 말하고 싶고, 마음에 썩 내켜하지 않았지만 흔쾌히 동행하여 힘들고 먼 곳까지 함께 해 준 아내 정신복에게 늘 곁에 있어 든든하고 더 신나고 즐거웠다고 말해주고 싶다. 그 멀고 험하고 긴 남미여행에서 위에서 보시고 앞서 가시며 늘 인도해 주시고 지켜주신 우리 주께 영광을 돌린다.

– 빛고을에서 민남기

60일간의 남미여행

칠레 푸에르토나탈레스 항구 풍경 ▶

1. 여행 준비

2014년 5월 12일 인천공항을 출발하여 안데스 산맥 끝자락 우수아이아까지 내려갔다가 동쪽으로 돌아 이구아수 폭포와 아마존을 들렀다가 브라질 동쪽의 아름다운 대서양을 따라 자동차 여행을 하고서 7월 10일에 다시 인천공항에 돌아온 멀고 긴 여행을 아내와 단둘이서 했다. 2007년 브라질 한인선교사회의 초청을 받아 선교사 여름수양회에 강의하러 처음 남미를 방문했고, 2010년 마나우스에 있는 신학교 강의 초청을 받고서 아마존을 돌아보았다. 기회가 되면 안데스 산맥을 따라 내려가면서 남미 대륙을 한 번 돌아보고픈 꿈을 가졌는데 마침 회갑이 되는 해에 안식년 2개월을 허락받아 남미 대륙을 돌아보게 되었다.

인천공항을 출발하여 엘에이와 산살바도르를 경유하여 리마에 들렀다 안데스 산맥 언덕에 있는 쿠스코와 마추픽추를 돌아보았고, 다시 공중의 호수 티티카카와 하늘 도시 라파즈에 올라가 보았으며, 그리고 안데스 산맥의 서쪽 산자락에 위치한 여유로운 산티아고로 잠시 내려가 쉬면서 발파라이소에 들러 그 부근의 멋진 태평양 해안을 돌아보았다. 그리고 안데스 산맥의 가장 아름다운 파타고니아에 들러서 토레스델파이네국립공원과 빙하국립공원을 둘러보았고, 땅 끝이라는 우수아이아까지 내려가서 안데스 산맥의 눈 덮인 끝 봉우리들을 보고 그 앞의 비글해협에도 나가 보았다. 엘에이에서 시작하여 산살바도르를 경유하여 우수아이아까지 갔으니 어쨌든 8,000km 안데스 산맥의 끝 지점까지 갔다 왔다. 거기서 다시 동쪽으로 방향을 틀어서 부에노스아이레스에 들러서 좋은 공기를 마시며 쉬었다가 거대한 이구아수 폭포에 들러서 너무 많은 비로 누런 흙탕물의 이구아수 폭포의 아르헨티나와 브라질 양쪽의 멋진 비경을 비를 맞으면서 감상하였다. 아르헨티나와 크로아티아의 월드컵 경기는 세계 최고의 히우 마라카낭 경기장에서 열렸는데 그 열기를 이구아수폭포 시에서 세계3대 미항인 히우데자네이루 시로 향하는 비행기에 아르헨티나 응원단들과 함께 동승하면서 월드컵 축구열기를 미리 경험했다. 히우에 도착하여 멋진 산봉우리에 올라서 아름다운 도심과 대서양의 해변을 내려다보았고 다시 아마존 최대 중심 도시 마나우스로 올라가서 아마존 강 투어를 하고 아마존 밀림도 정탐했다. 거기서 바다가재의 고장으로 유럽인들이 즐겨 찾는 포르탈레자로 날아가서 렌터카로 거기서부터 대서양의 아름다운 해안을 따라서 내려가는 자동차 여행을 9일간 하며 브라질 최초의 수도로 역사적 유물들이 많은 유서 깊은 살바도르까지 내려갔다. 화려하게 단장된 살바도르의 역사지구를 돌아보고 남미 최대 도시 상파울루로 날아가서 멀고 긴 장거리여행에 지친 몸을 잠시 쉬면서 한인들의 삶의 터전인 봉헤치로를 돌아보며 한인들을 만나고서 엘에이를 거쳐 인천공항으로 돌아오는 60일간의 길고 먼 남미여행을 마무리했는데 피곤하고 힘들었지만 환상적이었다.

남미의 치안이 위험하다는 여러 사람들의 많은 말을 듣고서 아내는 떠나기도 전에 벌써 많은 부담을 느끼며 동행하기를 망설였다. 필자는 이미 남미에 두 번이나 가 본 적이 있어서 무덤덤하게 여기면서 두 대륙을 두루 돌아야 하기에 무거운 여행용 캐리어가방에다 카메라 두 대Canon 5D Mark II, 5D와 렌즈 세 개Canon 16–35mm, Canon 24–70mm, Sigma 50–500mm와 노트북 컴퓨터ASUS T300L와 삼각대GITZO GT 1541까지 넣은 무거운 카메라 배낭을 어깨에 짊어지고 미련하게 그 먼 길을 돌아다니는 것은 힘든 중노동이었다. 그러나 수많은 절경을 발로 밟아보고 목격하며 두 대의 카메라에 번갈아 담으면서 돌아보는 여행은 힘든 가운데서도 큰 기쁨이었다. 여행지에서 낯선 여행객들을 만나서 바로 친해지며 여행의 기쁨을 나누었고 특히 남미의 디아스포라 한인들을 만나서 그들의 애환을 들어보는 것은 삶의 영역을 넓히는 것이라서 좋았다. 여행을 떠나기에 앞서 우선 필자의 한국식 전도지의 스페인어판을 인쇄하여 페루, 칠레, 그리고 아르헨티나의 선교사들께 먼저 우체국 택배로 보내면서 체류일정들과 강의일정, 숙소를 조율했다. 볼리비아는 내륙이라 택배비가 너무 비싸 리마로 보냈다가 거기서 직접 가져갔고, 아르헨티나는 디폴드를 선언할 정도로 경제적으로 어려워져서 그런지 택배를 찾는데 상당한 비용을 다시 지불해야 했다. 남미 여러 나라 중에 유일하게 한국인에게 비자를 받는 나라가 볼리비아였는데 비자 신청 서류에 황학열 예방주사 접종 증명서를 요구해서 멀리까지 가서 맞고 준비했지만 볼리비아영사관이 의정부에 있어서 리마에 가서 받기로 하고 출국했다가 나중에 이틀이나 걸려 리마 주재 볼리비아 영사관에 가서 비자를 받으려고 시도했으나 초청장을 가져오라는 등 까다로운 요구를 계속하는 바람에 라파즈 국제공항에서 입국 심사 때 입국세를 지불하고서 비자를 받았다. 상비약과 고산병 예방약, 모기약 등을 미리 준비했고 항공권과 호텔 예약은 인터넷을 통하여 구입함으로 상당히 비용을 절약했다.

안데스 산맥 쪽 호텔은 출발하기 전에 예약했고, 아르헨티나와 브라질 쪽 호텔은 이동 중 호텔에서 가져간 노트북 인터넷으로 형편에 맞게 구입했는데 월드컵 예선전이 끝나가면서 브라질의 호텔 가격이 많이 떨어져서 예약이 쉬워졌다. 친구 선교사 집에서 잘 수 있는 데는 그곳에서 잤고, 어떤 곳은 남미의 한인 민박을 예약하여 경비를 절약했고, 호텔은 공항에서 셔틀버스가 운행하는 호텔로 선택했는데 산티아고와 상파울루의 호텔은 셔틀 버스가 있다는 설명과 달리 없어서 공항에서 상당히 당황했다. 긴 여행이라 간단한 햇반, 일회용 떡국, 컵라면은 한국에서 미리 준비했고, 미소된장은 엘에이에서 구입했다. 소고기를 넣은 고추장과 김치와 멸치볶음 등 간단한 밑반찬은 집에서 준비해 따로 음식물박스에 넣어 준비하면서 선물용 김도 함께 준비했는데 태평양을 건너는 항공은 한 사람이 두 개의 큰 짐을 가져갈 수 있기 때문에 가능했다. 가장 어려운 것은 남미 현지 화폐를 환전해주는 곳이 없어서 미국 달러로 환전하여 60일 동안에 쓸 돈을 다 준비해서 지갑과 옷의 여러 안쪽에 따로 주머니를 만들어서 분산해 가져가서 현지에서 그 나라 화폐로 환전했고, 신용 카드 두 장과 예방 접종 카드와 국제 면허증도 따로 준비했다. 여행 메모를 위한 수첩은 겉옷 주머니에 들어갈 만한 것으로 세 가지 색깔의 펜과 항상 휴대해서 언제든지 생각나고 느낀 것을 메모했다.

파타고니아 지역은 한 겨울이라서 두꺼운 겨울 바지와 겨울 파카, 겨울 모자까지 준비했고, 안데스의 고산 지역은 쌀쌀한 가을 날씨에 맞는 옷을 준비했다. 아마존은 항상 여름이어서 반바지와 샌들과 여름 모자를 준비했고, 설교를 위하여 양복을 따로 준비해야 했기 때문에 짐을 쌀 때 스타킹에 넣어서 부피를 줄였다. 항공권을 인터넷으로 예약한 관계로 이 티켓$^{e-Ticket}$을 다 복사하고 호텔 예약의 영수증^{voucher}까지 날짜 별로 순서대로 따로 파일을 인쇄하여 카메라 배낭의 컴퓨터를 넣은 공간에 넣어 늘 꺼내기 쉽게 했다. 비행시간이 길고 에어컨은 춥기 때문에 담요 한 장으로는 불편할 때가 많아서 털 스웨터를 따로 준비해 항상 카메라 배낭에 휴대했다. 그리고 남미의 각 항공사의 마일리지를 적립하기 위하여 멤버십을 다 등록했고 일괄적으로 각 항공사 멤버십 번호를 한 장에다 인쇄해서 항공권과 함께 보관했다.

(1) 여행방법

우선 인천공항에서 엘에이 가는 것과 상파울루에서 인천공항으로 돌아오는 왕복권은 대한항공의 17만 마일의 마일리지로 성수기를 피하여 가장 먼저 구입했다. 그 다음에 엘에이에서 부에노스아이레스까지 10번 정도 비행기를 갈아타야

하는데 300여 가지 조합을 일일이 다 체크하여 가능하면 논스톱이고 낮에 여행할 수 있도록 선택했다. 엘에이에서 아침에 출발하여 저녁에 리마에 도착하는 것은 콜롬비아 국적의 아비앙카^Avianca 항공으로 산살바도르에 경유하여 가는 것으로 구입했고, 리마와 쿠스코 왕복은 페루항공의 국내선으로 약간 저렴하게 구입했다. 리마에서 라파즈로 가는 항공권도 오전에 출발하여 산타크루즈로 경유해서 가는 칠레 국적의 란항공^LAN으로 구입했고, 라파즈에서 산티아고에 가는 것은 그날 관광을 다하고 저녁에 가는 란항공으로 구입했으나 직통이 없어서 칠레 이퀴크에 경유하는 것으로 구입했다. 칠레 산티아고에서 푼타아레나스로 가는 항공권은 아침 해가 안데스 산맥 위로 올라오는 경치를 보기 위하여 아침 6시에 출발하는 란항공으로 구입했다. 칠레의 푼타아레나스에서 푸에르토나탈레스에 가는 것과 푸에르토나탈레스에서 아르헨티나 엘칼라파테로 안데스산맥을 넘어서 가는 것은 직행버스로 현지에서 구입했고, 엘칼라파테에서 빙하를 보고 엘 찰텐의 피츠로이 산을 보러가는 것은 직행버스로 다녀왔다. 엘칼라파테에서 우수아이아로 가는 것과 우수아이아에서 부에노스아이레스로 가는 것은 대한항공과 제휴된 아르헨티나항공으로 구입했다.

부에노스아이레스에서 이구아수 폭포와 아마존을 돌아서 상파울루까지의 여정은 6번 정도 갈아타는 항공권을 좀 나중에 여유를 가지고 출발하기 직전에 구입했는데 부에노스아이레스에서 푸에르토이과수로 가는 것은 오전에 아르헨티나항공으로 구입했지만 포즈도이구아수에서부터 브라질 여러 도시를 여행하고 상파울로 돌아가는 항공권은 브라질 국적의 탐항공^TAM으로 구입했는데 란항공과 탐항공은 제휴 항공사로 란항공으로 마일리지를 다 적립했다. 남미에서는 칠레 국적의 란항공이 제일 안전하고 시간을 잘 지켰다.

2. 엘에이^{LA}와 산살바도르^{San Salvador} 경유

광주에서 리마까지는 이틀이나 걸려서 가야하기 때문에 엘에이 국제공항 가까이에 셔틀 버스가 있는 세라톤호텔로 미리 예약을 하고 오랫동안 만나질 못해서 그리워했던 친구들을 호텔과 식당에서 따로 만나기로 미리 연락을 해 놨다. 인천공항에서 오후 3시에 엘에이로 출발하는 대한항공이라서 아침에 광주에서 김포공항으로 해서 인천공항으로 갔고 이미 오래 전에 항공권을 예약할 때 앞쪽 좌석을 통로 쪽으로 정해 놓았기 때문에 여유가 있었다. 5월 12일 오후 3시에 인천에서 출발하여 오후와 하룻밤을 지나고 엘에이에 도착했는데도 오히려 12일 오전이어서 하루를 버는 것 같은 착각을 했다. 엘에이 탐브래들리국제공항에 5월 12일 오전 10시 10분에 도착했지만 아무도 기다려주지 않는데 익숙해져서 짐을 밀고 공항 밖으로 나가서 호텔 셔틀 버스 정류장에서 예약한 세라톤호텔 버스가 서는 정류장을 물어서 찾아 그 호텔 버스를 타고 호텔로 향했는데 편리함을 좋아하는 미국인들은 호텔 셔틀 버스를 이용하는 사람들이 많았다. 그 다음 날 새벽에도 바로 호텔 셔틀 버스로 공항에 나갔는데 다른 사람들에게 폐도 끼치지 않고 비용도 아낄 수 있어서 일석이조였다.

엘에이에서 한인교회를 목회하는 이태종 목사가 필자가 묵는 세라톤호텔로 마중을 와 주어서 19년 만에 만나는 기쁨을 나누었고 먼저 호텔에 체크인을 해서 짐을 호텔에 부려놓고 엘에이의 한 냉면집에 가서 육수가 맛있는 평양면옥으로 점심식사를 했다. 엘에이 시내를 한눈에 내려다 볼 수 있는 산언덕 위 그리피스 천문대^{Griffith Observatory}에 올라가서 엘에이 시내를 기대감을 가지고 내려다 보았으나 뉴욕의 맨해튼의 빌딩 숲이나 시카고의 윌리스 빌딩을 비롯한 예술적 가치가

LA 그리피스^{Griffith} 천문대 전경

많은 빌딩들이 서 있는 곳과는 전혀 다른 초라한 모습의 시내였다. 지진이 많은 지역이라 그런지 시내는 너른데 빌딩 숲은 별로였다. 그래서 이번엔 시내의 가장 번화가의 빌딩을 보기 위하여 시내 중심가에 위치한 웨스틴보나벤추어호텔 the Westin Bonaventure Hotel 스카이라운지로 올라가서 한 바퀴 돌면서 중심가 빌딩들을 둘러보았으나 높은 빌딩들이 좀 서 있기는 하지만 맨해튼이나 시카고 시내와는 비교가 되지 않는 시내 중심가였다.

여행에서 가장 즐거운 일 가운데 하나는 옛 친구들을 만나서 살아가는 이야기를 들어보는 일인데 엘에이에서 목회하는 이태종 목사, 김광삼 목사, 그리고 케냐 나이로비에서 대학 총장으로 섬기고 있는 이종도 선교사 내외가 마침 안식년으로 엘에이에 와 있어서 함께 만났는데 19년 만에 친구들끼리 만나서 밤 깊어가는 줄도 모르고 즐겁고 유쾌한 시간을 가졌다.

숙소로 돌아오는 중에 시내에 멋진 분수대가 있는 야경을 잠시 사람들과 함께 어울려 감상하고 돌아와서 바로 잠자리에 들었다. 페루 리마에 늦지 않게 저녁에 도착하기 위하여 엘에이 공항에서 아침 7시 35분 출발 콜롬비아 국적의 아비앙카^{Avianca}항공인데 예약 때 좌석 예약을 할 수 없어 출발 3시간 전에 공항에 도착해서 일찍 수속을 서둘러 했는데도 타고 보니 맨 뒤 좌석이어서 여러 가지 씁쓸한 생각이 들었다. 공항 출국 대합실로 이동하여 이른 아침 식사를 그곳에서 해결 했는데 기내식은 우리 국적의 항공사가 최고라는 생각이 저절로 들었다. 남미의 여러 나라 국적의 항공기를 이번에 여러 번 갈아탔는데 우리 국적기와 비슷한 기내식 식사가 나올 것으로 기대했다가는 딱 굶기 일쑤였다.

새벽부터 서둘러 나오느라 기내에서 배가 고파 잔뜩 기대하고 비빔밥 수준은 아니더라도 남미의 어떤 음식이 나오길 잔뜩 기다렸다가 맛없는 오래된 빵 한 조각, 비스켓 하나, 그리고 주스 한 잔이 전부인 것을 받아 들고서 실망한 적이 여러 번 있었다. 밥을 먹어야 하는 우리로서는 기내식이 간식도 되질 않아서 식사시간을 기내에서 보내야 하는 경우에 거의 공항 출국장에서 가장 입에 맞는 것으로 약간 비싸더라도 먹어두는 것이 굶지 않는 비결이었다. 그러나 브라질 여러 공항에서는 필자가 좋아하는 팡지게이조^{Pao de Queijo, 치즈빵}와 생과일주스, 아주 맛있는 커피가 있어서 나중엔 브라질 공항 대합실에서 이것들을 먹고 마시는 것에 익숙해지면서 기다리는 즐거움이 생겼다. 엘에이 공항에서 이륙한 후에 5시간을 태평양 상공을 해안가를 따라 내려가 엘살바도르의 산살바도르공항에 도착해서 약 2시간 가까이 쉬었다가 다시 사람을 더 태워 이륙했고 거기서 다시 4시간 20분을 더 날아 페루 리마에 마침내 도착했는데 태평양 바닷가 가까이에 위치한 리마 국제공항에 저녁 8시 30분경에 예정대로 도착했고 필자의 친구 지석길 선교사 내외가 마중 나와 있었다.

페 루
Peru

페루^{Peru}

페루는 면적이 128만㎢이고 인구가 3,000만 명으로 남미에서 비교적 큰 나라였다. 자원이 풍부하고 안데스산맥과 태평양 사이에 위치하며 태평양에 접한 해안선의 길이가 2,400km이며 수도 리마의 인구가 800만 명이고 수도권은 1,000만 명이라고 하는데 실제 인구는 이보다 더 많다고 했다. 리마 시내의 여러 곳에 비친 페루의 모습은 한창 역동적으로 발전하고 있는 나라였다. 리마 국제공항에 도착하여 리마 시내의 중심가를 중심으로 돌아보고 리마에서 쿠스코를 페루 국내선으로 날아가 잉카문명의 중심지인 쿠스코시내를 투어버스로 돌아보았다. 우루밤바와 오얀따이땀보를 거쳐서 우루밤바 강을 따라 가는 멋진 페루 기차^{Peru} ^{Trail}를 타고 마추픽추에 올라갔다가 한 나절을 돌아본 후에 다시 버스로 아래로 내려와서 페루 기차로 다시 오얀따이땀보로 되돌아왔다. 거기서 그날 아침에 타고 왔던 관광버스를 타고 우르밤바를 거쳐서 쿠스코에 돌아왔을 때는 해가 이미 넘어간 저녁이었다.

다음날 쿠스코 시내를 투어버스 2층 뒤쪽에 올라타 그 좁디좁은 시내의 뒤안길을 잘도 돌아서 언덕 위 태양제가 열리는 삭사이와망광장에서 아르마르광장까지 두루 신나게 돌아보고서 저녁 때 페루 항공편으로 리마로 다시 돌아왔다. 항공기 창가에서 봉우리에 눈이 덮인 안데스 산맥을 내려다보는 것도 멋이 있었고 산골짜기에 흐르는 뱀같이 꼬불꼬불 흐르는 우르밤바 강도 운치가 있고 산 능선과 너른 들판들도 이국적이고 참 근사했다. 다음날 리마 남부터미널에서 태평양 연안을 따라서 3시간 30분을 넘게 직행버스를 타고 사막과 황량한 벌판을 지나서 파라카스^{Paracas} 항구에 도착하여 새들과 바다사자들의 낙원인 바예스타 섬 ^{Isla Ballestas}을 한 바퀴 둘러보고 저녁때에 태평양으로 떨어지는 황홀한 저녁노을을 잠시 바라본 후에 다시 직행을 타고 리마로 돌아왔다. 그 다음날 리마에서 태평양쪽 바닷가로 나가서 잠시 그 넓은 태평양을 바라보며 우리를 안내한 분의 안내로 두 시간쯤 리마 아래쪽으로 내려가 어촌 푸쿠사나^{Pucu Sana} 항구에 가서 배를 빌려 잠시 태평양 바다로 나가서 바다낚시에 도전하였다. 동해안의 주문진보다 좀 더 작은 그 어항에서 페루 어민들의 생기 넘치는 삶의 현장을 보았다.

1. 리마^{Lima}

엘에이에서 아침에 출발해서 11시간이 좀 더 걸려 하루 종일 날아 저녁에 페루의 리마 국제공항에 도착했다. 그 공항의 이름이 호르헤차베스 국제공항^{Jorge Chavez International Airport}인데 호르헤 차베스는 페루 최초의 조종사로 그의 이름을 따라서 국제공항의 이름을 지었다는 것이 퍽 인상적이었다. 공항에는 필자의 친구 지석길 선교사 내외가 마중 나와 주어서 시내까지 가는 택시 요금을 잘 흥정하여 택시로 시내 중심가에 있는 집으로 향했다. 공항에서 시내로 가는 길가 건물들을 살펴보니 우리네 서울의 60~70년대 같은 느낌이 들었다. 그 건물들은 오래된 스페인 풍의 건물들이었는데 유네스코 문화유산으로 지정이 되어서 건물 외부는 손댈 수가 없고 내부만 손질할 수 있다고 했는데 비록 건물들이 유네스코 문화유산으로 지정이 되었다할지라도 우리네 시각으로는 낡고 우중충하고 지저분하다는 느낌이었다.

지석길 선교사 댁은 리마 시내 한복판 큰길가 빌딩 2층에 위치하고 있었는데 그곳이 택시 정류장이라서 택시 줄이 한참이나 길게 늘어서 있었다. 집 안으로 들어가는 문도 이중으로 나무와 철문으로 되어 있는데도 도둑이 들었다고 하니 치안의 상태를 짐작할 수 있었다. 첫날밤은 우리를 위하여 예약해 둔 호텔에 짐을 풀었는데 무궁화 세 개짜리라고 하나 이것은 우리나라 여인숙 수준이어서 잠자고 샤워하는 것도 힘들었고 아침 식사도 맛없는 빵 몇 조각을 주었는데 호된 남미여행 신고식으로 생각했다.

다음날 바로 모든 짐을 지석길 선교사 안방으로 옮겨놓고 한국식당에 준비한 강의 장소에서 필자의 스페인어판 전도지로 12가정의 페루 선교사들에게 오선 강의를 하고 모두에게 점심을 대접했다. 페루에서 활동하는 선교사들 중에 12가정이 함께 모이는 것은 쉽지 않은 일인데도 많이 오셔서 강의에 집중해 주었고, 스페인어판 전도지에 대해서 크게 관심을 가져 택배로 보낸 전도지가 모자랐다.

필자의 한국식 전도지의 한국어판, 영어판, 스페인어판 그리고 포어판

선교사들은 페루의 안데스 산맥을 넘어서 아마존 지역의 원주민에게 선교하는 선교사, 리마나 여러 지역에서 페루인들에게 선교하는 선교사, 그리고 현지 한인목회를 하는 선교사 등도 있었다. 리마연합장로교회 박맹춘 목사는 주일낮예배 설교에 필자를 초청해 주었고 그 교회를 방문해서 설교하고 점심식사도 함께 했는데 의외로 볼리비아 라파즈에서 이주해 온 한인들이 많이 있었다. 고산지대의 라파즈보다는 태평양에 가까운 리마가 생활환경이 좋고 경제의 역동성까지 더해진 것이 주요 이주의 이유였다.

전 세계 어디든지 디아스포라 한인들이 모여 사는 곳이면 한인교회가 세워져 있고 예배 후에 함께 식사하는 것은 거의 공통적인데 부지런하기도 하고 신앙도 뜨겁고 열정도 참 대단하다는 생각이 늘 들었는데 리마에서도 역시 그랬다. 선

필자의 강의에 열중하는 페루 선교사들

교사들은 하나 같이 페루의 역동적인
경제 성장에 대해서 밝게 전망했고 페
루 선교의 미래도 긍정적으로 내다보
았는데 그 증거로 지금도 한국 선교사
들이 페루에 계속해서 오고 있다고 말
했다.

필자의 강의 후 한식으로 점심 식사하는 페루 선교사들

처음 만난 선교사들과 점심 식사를 함께 하며 들은 페루의 미래 전망은 1970~80
년대 한국의 역동적인 성장의 모습이었다. 그것은 필자가 지석길 선교사 집 창
가 방에서 자면서 밤새도록 공사하는 시끄러운 소음 때문에 잠자는 것이 참 힘
들 정도였지만 이들은 과거 한국인들처럼 밤을 새워가며 열심히 일하고 소음도
참아내고 있었다. 리마 시내 길거리 아스팔트 도로 공사를 여자들이 열심히 일

페루 대통령 궁에서 산마르틴 광장으로 가는 길가 발코니가 아름다운 빌딩

하는 것에서 그 부지런함과 강인함이 우리네 아줌마를 능가하는 것 같았다.
페루는 땅이 넓고 자원이 많고 태평양에 접해서 인구도 적지 않은데다 역사적인
잉카문명의 유적도 풍부해 관광까지 겸하여서 정치만 뒷받침된다면 경제적인
성장 가능성이 많아 보였다.

1932년에 건축된 페루 대통령궁이 있는 아르마스광장Plaza de Armas 정중앙에 대통
령궁이 위치하고 있는데 지금은 정부청사로 이용되고 있었다. 대통령궁 왼쪽에
시청이 있었고, 그 앞 오른쪽에 산프란시스코 대성당이 스페인 시대에 건축된
그대로 서 있는 것이 상당히 고풍스러웠는데 리마 시내의 건축물들은 1991년에
유네스코 문화유산으로 지정되었다고 했다. 남미 나라가 다 그렇듯이 성당 앞
에 중앙 광장이 조성되어 있어서 수많은 관광객과 시민들이 함께 어우러져 한가

라틴 아메리카와 페루의 독립 영웅 산마르틴^{Jose de San Martin} 장군 동상

하게 구경하며 여유롭게 쉬고 있었다. 이 아르마스 광장에서 산마르틴 광장으로 가는 길이 가장 번화한 서울 명동 거리 같았는데 그 이름이 라우니온 거리^{Jr de La Union}로 사람이 많아서 자연스럽게 떠밀려서 걸어 갔다가 다시 돌아서 왔다.

스페인 풍 건물의 가장 큰 특징은 발코니가 건물 밖에 튀어 나와 있다는 것인데 그 발코니의 화려한 정도가 부의 평가 기준이 될 정도로 건물마다 발코니가 정말 아름다운 건물들이 많았지만 어떤 건물들은 발코니가 방치되어 흉물이 된 곳도 있었다. 페루인들의 얼굴을 자세히 살피면서 거리를 걸었는데 인디안 원주민과 유럽인늘의 피가 조금씩 섞여있는 사람들이 많이 있었지만 그래도 우리네 얼굴에 가까운 인디언의 모습이 많이 남아 있었고 머리카락 색깔도 검은 색을 띠고 있었다.

산마르틴 광장 한복판에 세워진 산마르틴 장군의 동상은 천사들이 떠받들고 있는 모습으로 세워져 있었고 그 옆엔 무대가 설치되어 시끄러운 노래로 춤을 추며 열창을 하고 있었고 사람들은 군데군데 모여서 듣고 있었다. 산마르틴^{Jose de San Martin, 1776-1850} 장군의 동상과 기념비는 페루와 남미의 곳곳에 세워져 있는데 아르헨티나 출신으로 알려져 있고 스페인 부왕의 군대에서 장교생활을 하다가 나중에 스페인 식민지 통치에 반대하여 아르헨티나, 칠레, 그리고 페루에서 독립운동을 전개하여 승리한 라틴 아메리카의 독립영웅이었다.

2. 쿠스코^{Cusco}

5월 15일 오전 10시에 리마 호르헤차베스 국제공항에서 쿠스코 행 페루항공으로 출발예정이었는데 30분이 지난 다음에 보딩을 시작했고 1시간 이상을 항공기 기내에서 아무런 설명도 없이 기다렸다. 에어컨도 나오질 않아 좀 힘들었지만 아무도 항의나 불평을 하지 않고 묵묵히 기다리는 남미인들의 인내력은 참 대단했다.

남미에서 칠레 국적의 란항공은 비교적 시간을 잘 지키는 것으로 소문이 나있는

언덕 위에서 바라본 유럽풍 붉은 지붕의 쿠스코 시내 전경

데 항공기 요금을 절약하기 위해서 페루항공으로 왕복 항공권을 구입했다가 그 값을 톡톡히 치렀다. 스튜어디스에게 물었더니 쿠스코 공항에 안개가 끼어 항공 기 트래픽 때문에 연착이 되고 있다고 했고 11시 50분에야 이륙을 하여 오후 1시 가 넘어 쿠스코 공항에 도착했다. 태평양 가까이 위치한 리마 국제공항에서 안 데스 산맥을 넘어 가는 쿠스코까지의 비행은 볼 것이 많았다. 가끔씩 나타나는 안데스 산 정상에는 눈이 그대로 쌓여 있었고 거기다 뭉게구름도 그 위에 살짝 덮여 있는 것이 절경이었다. 산맥들 사이에 가끔씩 나타나는 구부러진 골짜기 강줄기에 누런 흙탕물이 흘러가는 모양이 운치가 있었다. 높은 산언덕 위 평지 에 집들이 마을을 이루고 그 옆엔 밭을 개간하여 들판을 만들어서 잘 정리해 경 작하고 있었고 여러 갈래 길들이 마을과 마을로 연결되어 있는 것이 우리네 사 는 것이나 별반 다른 것이 없었지만 높은 안데스 산 위에 있다는 것이 특이했다. 쿠스코 공항은 양쪽이 높은 산언덕 사이의 좁은 골짜기에 위치하고 있어서 안개 가 자주 낄 수 있는 지형조건이었고 산들이 많아 시야 확보도 어려워 이착륙도 힘들 것 같았고 안개가 끼는 날에는 속수무책일 것 같았다. 쿠스코 국제공항은 마추픽추에 찾아오는 수많은 관광객들을 잘 수용하기에는 여러 가지로 많은 애 로 사항이 있을 것 같았는데 쿠스코에서 마추픽추와 우르밤바로 넘어가는 언덕 위 넓은 친체로 지역^{Chichero District}에 국제공항을 건설할 계획이 있다고 했다.

① 항공기에서 내려다 본 안데스 산
② 항공기에서 내려다 본 안데스 산 골짜기 우르밤바 강줄기
③ 항공기에서 내려다 본 안데스 언덕 위 마을과 들판
④ 쿠스코 시내의 콘도르 상

쿠스코는 해발 3,400m 고산지역에 위치한 관계로 준비해 간 고산병 예방약을 리마 국제공항에서 한 알씩 먹고서 출발했는데 쿠스코 공항에 내렸을 때 어지러움 증상이 전혀 없어서 정말 다행이었다. 쿠스코는 인구가 40만 명의 큰 중소도시였고 잉카문명을 배경으로 한 스페인 풍의 중세도시를 연상케 했는데 마추픽추와 안데스 산맥과 더불어 독특한 매력을 지닌 관광도시였다. 잉카문명 위에다 16세기 스페인풍의 도시를 건설한 관계로 도로가 좁아서 큰 자동차들이 다니기에는 많이 불편했지만 한국의 티고가 시내 택시로 많이 다니고 있는 것이 재미있었다. 쿠스코에 한인 선교사 두 가정과 민박을 하는 한인 두 가정과 코이카 koica 해외봉사단원 5-6명도 함께 활동하고 있었다. 우리 일행이 쿠스코 공항에 도착했을 때 쿠스코 박남은 선교사가 마중을 나와 우리 일행을 반갑게 맞아 주었다. 그가 건축 중에 있는 예배당과 숙소로 안내해서 박 선교사 사모가 준비한

맛있는 한식으로 점심을 대접해 주어 아침 일찍 집에서 출발하여 배가 고프던 참에 고산도시 쿠스코에서 큰 대접에 가득 담은 미역국에 김치까지 곁들인 식사를 하니 정말 꿀맛이었다. 쿠스코에서 김치를 담그면 고산지역이라 산소가 부족하여 잘 발효가 되질 않아서 제 맛이 나질 않는다고 했지만 박 선교사 사모가 요리한 한식은 일품이었다.

박 선교사가 필자 일행이 묵을 호텔과 마추픽추 가는 페루트레일 기차왕복권과 마추픽추 입장권 그리고 쿠스코에서 오얀따이땀보까지의 왕복 버스 편까지 다 마련해 놓아 쿠스코와 마추픽추에서 일정대로 움직이기만 하면 되었다. 쿠스코 주요 시내 관광지도 안내해 주었고, 그리고 쿠스코 시내 투어까지 다 안내해 주어서 수월하게 그냥 다니기만 하면 되었다. 박 선교사는 엘에이에 있는 한 교회에서 파송을 받았는데 스페인어가 유창하고 젊어서 원주민 선교에 집중하고 있

쿠스코 아르마스 중앙광장에 장보러 나온 쿠스코 할머니

었다. 쿠스코 외곽 남쪽지역에 페루인들 60명 정도의 재적 신자에 출석이 20-25명 정도 되는 신자들이 모이는 새생명교회를 세워 섬기고 있었는데 그들을 위한 여러 시설을 갖춘 예배당을 건축하고 있었다.

쿠스코 시내 버스투어는 아르마스 광장에서 버스를 타고 주요 거리를 돌아서 언덕 위 예수상이 있는 곳과 매년 태양제 축제가 열리는 삭사이와망 광장을 돌아서 알파카 털로 옷과 여러 가지 잉카 기념품을 만들어서 파는 기념품점을 돌아서 다시 시내로 내려오는 것이었다. 언덕 위에서 쿠스코 시내를 한눈에 내려다 볼 수 있어서 좋았다. 건물 지붕의 색이 유럽에서 흔히 볼 수 있는 붉은 색 지붕으로 거의가 통일이 되어서 유럽풍의 특색을 가지고 있었다. 잉카인들이 돌담을 쌓은 기술은 세계 제일이라고 할 만큼 대단하다는 생각이 들었고 스페인 정복자들도 그 돌을 다 허물지 못해서 그 위에다 연결해서 성당을 지을 수밖에 없었다

쿠스코 시내의 아르마스 중앙광장과 라 꼼빠니아 데 헤수스성당

는 일화도 이해가 되었다.

쿠스코 시내 아르마스 중앙광장과 언덕 위 삭사이와망에서 매년 6월 24일부터 태양제 축제가 9일간 열리는데 브라질 히우데자네이루의 삼바축제 다음으로 큰 축제로 알려져 있어서 전 세계에서 모여든 관광객들로 인하여 발 디딜 틈도 없이 꽉 찬다고 했다. 쿠스코 아르마스 중앙광장에서 만난 한 무리의 학생들도 페루의 다른 지역에서 수학여행을 왔다고 했다.

쿠스코와 마추픽추는 페루인들도 꼭 와보고 싶어 하는 역사적 유적지이고 관광지였다. 필자 일행은 밤에 아르마스 중앙광장에 나와서 광장에 있는 사람들을 구경했다. 숙소 호텔 옆 시장에 아침에 나가서 사람들 틈에 밀려다니며 가시가 많은 선인장 열매를 사서 먹어보았는데 맛은 그런대로 달고 신 맛이 있어서 먹을 만했는데 그 안에 작은 씨들이 잘 씹히질 않아서 그대로 삼키고 말았다. 호텔

쿠스코 아르마스 광장 뒤쪽의 12각 돌로 쌓은 돌담과 작은 돌들로 타일처럼 이어놓은 도로

쿠스코 태양제 축제가 열리는 주 부대 삭사이와망 광장

쿠스코 언덕 위를 지나는 투어버스 2층에서 내려다 본 아르마스 중앙광장과 쿠스코 시내 전경

에서 잠을 잘 때도 고산 지역이라 이불을 덮었는데도 추워서 잠옷까지 껴입고 잠을 청해야 했다.

3. 마추픽추^{Machu Picchu}

드디어 꿈에 그리던 마추픽추 관광을 떠나는 5월 16일 새벽 4시 30분에 필자 일행 네 명을 태우러 호텔 앞에 봉고 버스가 가이드와 함께 도착해서 새벽부터 일어나 준비하고 기다리던 필자 일행만을 태우고 마추픽추로 가는 오얀따이땀보^{Ollantaytambo}로 향했다. 쿠스코에서 마추픽추까지는 약 110km 거리로 우선 버스로 언덕을 하나 넘어 골짜기의 우르밤바로 내려가 오얀따이땀보로 향하여 한참을 가서 6시 40분에 출발하는 페루레일을 타고 아구아스 깔리엔떼스^{Aguas Calientes}에서 8시에 내렸다. 거기서 다시 긴 줄을 서서 기다리다 마추픽추 관광 티켓을 구입해서 버스를 타고 언덕 위 마추픽추로 올라가서 한 나절 구경을 하고 다시 버스를 타고 골짜기로 내려와 오후 2시 아구아스 깔리엔떼스에서 페루레일을 타고 가다가 오얀따이땀보에 내려서 다시 예약한 버스를 타고 고개를 넘어 쿠스코로

마추픽추^{Machu Picchu} 전경

돌아가는 여정이었는데 톱니바퀴 나사처럼 정확하게 정해진 지점에 정시 도착하여 그대로 움직여야 했다.

쿠스코 시내를 벗어나 언덕을 넘어서 오른쪽 길로 해서 친체로 지역^{Chichero District}으로 들어섰는데 상당히 넓은 평원 지역을 통과하고 골짜기 아래 보이는 우르밤바^{Urbamba}로 내려가는 가파른 언덕길을 내려달려서 바로 우르밤바 강을 건넜다. 우르밤바는 케추아어로 '성스런 계곡'이라는 뜻이며 해발 2,800m에 위치하고 있어서 쿠스코보다는 600m가 낮기 때문에 고산병으로 고생하는 사람들은 우르밤바 시내로 와서 숙박을 하고서 마추픽추로 향한다고 했다. 쿠스코 호텔에서 4시 30분에 출발했는데 6시 30분에 오얀따이땀보역에 도착해서 바로 페루레일에 올라서 6시 40분에 출발했고, 이 기차는 우르밤바 강을 따라서 강둑 위 철길로 강줄기를 따라 강물과 함께 열심히 달려서 마침내 아구아수 깔리엔떼스에 8시에 도착했다.

오얀따이땀보 역은 바로 우르밤바 강가에 위치하고 있었는데 얼마 전에 많은 비로 쓸려 간 흔적이 강둑에 그대로 남아 있었고 빠른 물살로 강둑을 보완하는 시설공사도 쉽지 않아 보였다. 우르밤바 강은 안데스 산 위의 빙하가 녹아 흘러내린 물이 모아져서 골짜기로 흐르는 강으로 한참을 내려가서 페루의 북쪽 이키토스^{Iquitos}로 해서 그 유명한 아마존의 솔리모에스 강^{Rio Solimoes}으로 이어져 마나우스에서 네그루 강과 합해져 대서양으로 흘러들어가는 세계 최대의 길이 7,062km 거대한 강을 이룬다니 놀라울 뿐이었다. 우르밤바 강 강줄기를 따라 강둑 위에 놓인 철길로 가는 페루레일은 그 강의 거칠고 센 물살을 따라 가기에 흐르는 강물소리와 풍경을 함께 즐길 수 있었다. 그래서인지 노르웨이 송네 피오르드 시작 지점 플람^{Flam}에서 산악기차를 타고 가파른 산^{850m} 언덕 위 미르달까지 왕복 2시간에 여러 개의 터널을 지나서 다녀오는 산악기차보다 강줄기가 커서 물소리도 크고 안데스 산들이 더 높아서 경치도 더 멋있었다. 그 철길도 강줄기를 따라서 더 꼬불꼬불하게 다녀오는 것이기에 스릴도 더 있었다.

플람의 산악기차는 부둣가에서 해발 850m의 미드랄까지 왕복하는 것이지만 페루 레일은 우루밤바 강 2,800m 지점에서 계속해서 내려가는 강을 따라 안데스 산골짜기로 가는 것이기에 비교도 되지 않을 만큼 멋진 기차여행이었다. 거기다 기차 내부는 더 고급스럽고 편안해서 여행하기에 더 좋았다. 페루레일^{PeruRail}은 기차의 창문이 크고 천정에도 적당하게 문이 나 있어서 눈 덮인 높은 안데스 봉우리들을 잘 볼 수 있었다. 의자는 안락하고 커피, 너츠, 그리고 초콜릿을 간식으로 주어서 운행시간 1시간 20분 동안 그걸 맛있게 먹으며 지루할 틈도 없이 생생하게 기억되는 멋진 기차여행을 할 수 있었다. 페루레일은 눈 덮인 안데스 높은 봉우리들이 굽이굽이 양쪽에 병풍처럼 길게 펼쳐져 있는 깊은 골짜기 사이를 강줄기를 따라서 굽이쳐 돌아서 달려가기 때문에 거친 강물 소리와 멋진 풍

창문을 통해 본 페루레일의 모습

페루레일의 안락한 의자에 앉아 있는 지석길 선교사 부부와 함께

광으로 넋을 잃게 만들었다. 골짜기 양쪽은 절벽 같은 가파른 계곡들이 계속 연결되어 있었고 그 아래 굽이치는 골짜기에는 만년설이 녹아내려서 만든 차갑고 맑은 물들이 강줄기를 이루어 수많은 돌들을 만나 여울을 만들며 흘러내리는 우르밤바 강은 흘러내려가는 물소리 조차 우렁찼다. 기차의 바퀴소리와 세차게 흐르는 강물 소리는 배경음악같이 계속해서 이어져 들렸고 풍경은 영화의 빠르게 움직이는 장면처럼 계속해서 바뀌는 것이 잠시도 긴장을 늦추지 않게 하더니 금세 종착역에 도착했다.

아구아스 깔리엔테스에 도착하여 기다리던 가이드를 만났고 마추픽추^{Machu Picchu}로 올라가는 버스를 안내에 따라 한참이나 기다린 다음에 버스를 타고 오색에서 한계령 올라가는 길보다 더 좁고 가파르고 꼬불꼬불한 길을 20분에 걸쳐서 올라가서 마침내 마추픽추에 도착했다. 그런데 이 길의 이름은 마추픽추를 발견한 빙햄교수의 이름을 따서 하이램 빙햄도로라고 했다.

페루하면 마추픽추인데 여러 가지 영상과 사진으로 그곳을 이미 보아 익숙해져서 큰 기대감을 가지고 올라갔는데 마추픽추에 오른 날엔 날씨도 화창해서 한

아구아스 깔리엔떼스 역에 내려서 마추픽추 올라가는 버스를 타러 가는 사람들

눈에 마추픽추와 그 주변 풍광이 선명하고 친숙하게 들어왔다. 첫인상은 설악산 금강굴 쪽에서 마등령에 오르기 전에 있는 전망대에서 공룡능선 아래 골짜기에 범봉을 비롯한 수많은 바위들이 장관을 이루는 천불동계곡의 황홀한 풍경의 한 가운데에 조각 공원 같이 마추픽추가 당당하게 서있는 풍경이었다. 마추픽추 끝 지점에 와이나픽추가 수비대장처럼 산봉우리로 우뚝 솟아 있고 그 오른쪽 골짜기 아래에 우르밤바 강이 골짜기를 따라서 요리저리 구부러져 흐르고 그 뒤에 안데스 산들이 20자 병풍처럼 길게 둘러 서 있는 것이 조화와 균형의 미를 드러낸 명당에 자리 잡은 것으로 보였고 그야말로 하늘도시나 공중도시로 불리기에 그만이었다.

'늙은 봉우리'라는 뜻의 마추픽추는 해발 2,430m 산 위에 돌로 3,000개가 넘는 계단을 만들어 그 면적도 13㎢로 넓게 자리 잡고 있는데 400년 동안 잊혀진 채로 있다가 1911년 미국 예일대 라틴 아메리카 역사학교수인 하이램 빙햄교수^{Hiram Bingham}에 의해서 발견되어 드디어 세상에 알려졌다. 이 높은 언덕 위에 어디서 이렇게 많은 돌을 운반해서 무슨 도구를 가지고 이렇게 엄청난 돌을 쌓아 공중도시를 건설하고 수로까지 만들어서 계단식 밭에다 농사를 지어 사람이 살 수 있게 한 것이 아직도 의문이 많이 남아 세계 7대 불가사의 중 하나로 불리고 있었

마추픽추 그 오른쪽 아래 우르밤바 강과 그 뒤 병풍 같은 안데스 산(위)
마추픽추 건물 내부의 석축으로 지어진 건물 뼈대들(아래)

마추픽추 석축, 계단식 밭, 그리고 그 가장자리에 농장 관리인들의 집(위)
마추픽추의 풀 이엉으로 이은 집 지붕과 돌에다 끈으로 지붕을 묶어 놓은 모습(아래)

마추픽추의 콘도르 신전과 그 아래 지하 감옥

다. 그리고 이것은 1983년에 유네스코 문화유산으로 등재되었다.

마추픽추는 그동안 사람들에 의해서 잉카제국의 요새도시, 잉카제국의 잊혀진 도시, 잉카 최후의 저항지, 신성한 신전, 그리고 잉카 왕친족의 거주지로 추정되기도 했다. 그동안의 여러 유물을 분석한 바에 따르면 '사람들의 거주지인 동시에 종교적 의례가 행해진 곳'이라고 하니 그저 놀라울 뿐이었다. 칼같이 깎아지른 절벽 위에 우리네 다랭이 논과 같은 계단식 밭을 만들어 놓은 것이나 그 밭에 물을 끌어들여 농사를 지은 것이나 넓은 중앙광장을 중앙에 만들어 놓고 공동체 의식을 집행해 온 것을 볼 때 태양신전과 콘도르신전이나 해시계와 왕녀의 궁전과 목욕탕과 지하 감옥과 농지관리인의 주거지까지 만들어 놓은 것은 참 불가사의했다.

마추픽추의 태양신전

마추픽추의 계단식 밭에는 옥수수, 감자, 그리고 과일들을 재배했으며 이 척박한 산중에 이렇게 많은 계단식 밭을 만들어 놓고 거기에 농장 관리인 집들까지 지어놓은 것에서 참 부지런히 농사하고 관리했을 것으로 충분히 짐작할 수 있었다. 마추픽추의 석축 기술은 이미 세계 최고 수준의 기술로 정말 예술의 경지였다. 쿠스코 시내의 쌓은 석축은 돌이 크고 세련되게 잘 다듬어 쌓아 훨씬 더 예술성이 뛰어나 보였지만 마추픽추의 석축은 높은 산 위라 좀 거칠고 투박하지만 자연스러움이 그대로 묻어 있었고 작은 돌들도 많이 쌓았다.

그러나 이 높은 산 위에 석축을 쌓으면서 아래는 큰 돌들로 기초를 쌓고 위로 올라갈수록 작은 돌들로 쌓아 놓은 것이 400년이 지났는데도 지붕은 없어졌지만 석축의 뼈대는 흐트러짐이 없이 그대로 보존되어 있는 것이 놀랍기 그지없었다. 그런데 마추픽추 건물 몇 군데는 지붕을 복원하여서 이어놓은 곳이 있었는데 그 지붕은 안데스 고산지역에서 자라는 키가 작은 억센 풀을 베어 이엉을 엮어 만들어서 이었고 그 위에 끈으로 이리 저리 잘도 묶어서 억센 바람을 잘 이겨내고 견딜 수 있게 단단하게 만들어져 있었다.

우리네 초가집은 1년에 한 번씩 볏짚이엉으로 지붕을 이고, 아마존의 인디언 교회는 야자수 나뭇잎 이엉의 지붕은 3년에 한 번씩 이고, 그리고 마추픽추의 농장지기 풀 이엉지붕은 눈도 많이 내리고 바람도 거센데도 5년에 한 번 인다고 하니 지붕 이엉으로서는 정말 그만이었다.

마추픽추의 끝 지점에 집 두 채가 서 있고 그곳에 마추픽추 오른쪽 산 능선

마추픽추의 농장관리인들의 집(위)

마추픽추 건물들의 뼈대들과 중앙광장(아래)

마추픽추의 끝 지점과 그 뒤쪽의 와이나픽추의 정상 부근의 계단식 밭

을 닮은 바위가 하나 서 있고 그 뒤쪽 뾰족하게 높이 선 봉우리가 하나 있는데 이것이 바로 와이나픽추의 모습이었다. 와이나픽추 정상 부근 절벽에 조금 완만하여 여유가 있는 곳에 돌을 쌓아 계단식 밭을 만들어 놓은 것은 밭이라기 보다는 조각품으로 보였고 경외감이 저절로 생겨났다. 저 산꼭대기 밭에는 무엇을

마추픽추 배경의 필자의 아내

심어서 어떻게 경작을 했을까?

버스로 마추픽추 입구에 올라서자마자 영어와 스페인어를 하는 가이드가 위에
서부터 차례로 돌면서 자세하게 안내해 주었고 필자가 가지고 간 삼각대는 사용
하지 못하게 그가 대신 메고 다닌 후 안내를 끝마치고 돌아갈 때 돌려주었다. 이
날 마추픽추에 온 사람들 중에 일본인들이 여러 사람 있었고 칠레인, 콜롬비아
인, 그리고 쿠바인들을 만났는데 한국인들은 한 사람도 만나질 못했다. 12월에
서 2월 사이에 남미인들이 주로 많이 찾아오고 5월에서 8월 사이에 북반구 관광
객들이 많이 찾아온다고 했다.

마추픽추를 왼쪽 위로해서 한 바퀴 돌아보고 와아니픽추는 멀리서 바라보는 것
만으로 만족하고 농장관리인의 집 마루에 걸터 앉아서 잠시 쉬며 마추픽추를 한

페루레일을 타고 가면서 찍은 눈 덮인 안데스 산봉우리

눈에 다시 조망하며 정리했다. 올라올 때 내렸던 지점에서 다시 버스를 타고 그 꼬불꼬불한 길로 해서 마추픽추를 내려가 오후 2시 아구아스 깔리엔떼스에서 출발하는 페루레일을 기다렸다. 페루레일로 돌아갈 때는 올 때보다 훨씬 여유가 있어서 길 양쪽의 눈과 구름이 덮인 가파른 안데스 산봉우리들을 창가에서 올려다보며 사진을 찍을 수 있었다. 사시사철 눈이 그대로 덮여 있는 산봉우리도 신기하고 그 거친 산봉우리 사이의 골짜기로 기차를 타고 달려간다는 것도 정말 놀랍고 즐거웠다.

아침에 필자의 일행을 태워주었던 버스는 오얀따이땀보 역에서 기다렸고 그 차로 다시 언덕 넘어 쿠스코로 가기 위하여 우르밤바로 향했다. 올 때는 너무 시간에 쫓겼지만 이제는 돌아가는 일만 남아 여유가 좀 생겨서 주변을 둘러보니 우

언덕 위 전망대에서 내려다 본 우르밤바 시내 풍경

르밤바는 옥수수를 거의 거두고 앙상한 옥수숫대들만이 쓸쓸히 밭에 남아 있었
고 집 울타리 중간 중간에 선인장 열매 과일 '투나'가 많이 열려 있었다.

우르밤바 시내는 마추픽추보다도 400m가 높은 2,800m의 안데스 계곡 골짜기 평
원에 위치한 자그마한 동네였는데 저녁 무렵에 언덕 위에서 내려다보는 풍경은
평온했다. 우르밤바 시내가 한눈에 내려다보이는 전망대 주차장에 차를 세워놓
고 멋진 경치를 내려다보는 사람들이 있었고 사람들이 모이니 난전도 섰는데 엄
마가 난전 옆에 아이 혼자 눕혀놓고 장사를 하고 있는 모습이 우리네 어렸을 때

우르밤바 시내가 내려다 보이는 전망대 주차장에서 좌판을 펴서 장사하는 엄마와 엄마 뒤에 홀로 누워있는 아이

친체로 지역에서 바라 본 안데스 산 너머의 석양

우리 엄니들이 우리들을 저렇게 키웠던 추억들이 생각났다. 언덕에 다 올라서 평평한 친체로 지역에서 한참을 달리다 안데스 산맥 위로 넘어가는 황홀한 석양을 바라보는 행운을 누리면서 어둠이 밀려온 밤에 쿠스코에 다시 도착했다.

4. 파라카스 Paracas 항구와 바에스타 섬 Isla Ballestas

5월 19일 새벽에 일어나서 6시에 리마 남부터미널 Cruz de Sur 에 도착해서 여권과 티켓을 꺼내 본인인지를 확인하고 짐 검사를 하면서 몸도 검색한 후에 버스에 올랐다. 버스 안에서 캠코더로 승객들 사진을 다 찍은 다음에야 6시 40분에 출발하여 10시 15분에 파라카스 항구 정류장에 도착했으니 3시간 반이 걸렸다.

버스는 우리나라의 고속버스와 직행버스 중간쯤 되는데 페루의 남부 아레키파 행 장거리 운행 버스로 무릎덮개와 빵도 주고 영상으로 운행 중 주의 사항을 알려주면서 금연과 금주를 분명하게 안내했다. 화장실 사용과 휴지를 휴지통에 버리고 안전벨트를 매고 안전 운전을 한다는 사실 등도 알려주었다.

직행버스 길은 미국의 서부 시애틀에서 남쪽으로 내려가는 5번 고속도로와 태평양 연안의 1번 국도를 합쳐 놓은 것 같은 길이었고 리마 위쪽은 1번 북쪽 1N 이라고 표시하고 리마 남쪽은 1번 남쪽 1S 이라고 표시해서 리마가 1번 도로의 중심이라는 것을 알리고 있었다. 칠레에서는 이 도로와 연결된 도로를 5번 도로라고 표시해서 남쪽 푸에르토 몬트 Puerto Montt 와 카스토로 Castro 섬까지 길게 연결했고, 에콰도르는 15번 고속도로라고 표시했고, 그리고 콜롬비아는 25번 국도로 표시해서 북쪽 카리브 해까지 연결해 놓았다.

나라마다 자국 중심으로 도로가 다르게 표시되어 있는 것이 좀 불편하긴 하지만 그래도 알레스카의 앵커리지 Anchorage 에서부터 태평양 연안을 따라 계속 연결해서 칠레의 카스트로 섬까지 남북미 대륙이 다 자동차 도로로 연결이 되어있다는

바에스타 섬의 엄마 바다사자와 새끼 바다사자

파라카스 항구에서 바에스타 섬으로 함께 배를 타고 간 수학여행 학생들(좌)
새들의 낙원인 바에스타 섬과 새들을 바라보고 있는 수학여행팀(우)

것이 얼마나 다행한 일인가. 1번 남쪽 국도는 왕복 6차선 또는 4차선 도로로 이어졌고 제한 속도가 90km라는 표지판이 세워져 있었지만 승객들이 보는 주행속도는 60~80km 였고 휴게소는 못 보았고 남자 안내원이 서빙을 했다.

리마에서 파라카스 항구로 가는 도로는 미국 서부의 분위기가 좀 나긴 하지만 사막들이 넓게 널려져 있어서 약간은 삭막하지만 그 사이에 산들도 가끔씩 나왔다 사라지고 군데군데 마을들과 공장들도 나타났다 사라졌다. 아열대 기후라서

바에스타 모래섬에 새겨진 촛대 문양

어떤 곳은 나무들이 울창하게 서 있었고 사과 과수원들도 있었지만 전체적으로 정리가 잘 안 되어 있었고 상당히 역동적으로 성장하고 있는 분위기는 여러 곳에서 느껴졌다.

바에스타 섬Isla Ballestas은 국립자연보호구역Reserva Nacional Isla Ballestas으로 지정되어 보호되고 있었고 태평양의 한류와 난류가 만나는 지점으로 우선 플랑크톤과 정어리 등 먹이가 풍부하고 물이 차가워 펭귄들과 바다사자들까지 살 수 있는 천혜의 섬이었다. 사람은 살지 않았고 160여 종의 동물들과 새들이 더불어 살고 있었다. 이 섬을 가는 중간에 모래섬을 만났는데 모래섬 언덕에 나스까 문명인이 건설했다는 촛대 문양을 봤다. 몇 백 년은 족히 지났을 텐데도 모래섬 경사면에 문양이 새겨져 있는 것이 참 신기했는데 30cm 깊이로 땅을 파서 음각으로 새겼

바에스타 섬의 펠리컨들

다고 한다.

섬을 이러 저리 둘러보아도 정말 새들의 천국이라고 할 만큼 새들이 많았고 이름도 알 수 없는 새들이 수도 없이 많았는데 특히 펠리컨^{pellican}들이 많았다. 펭귄들은 우수아이아에서도 보지 못했는데 이 섬에서 보는 행운을 누렸다. 섬 전체에 새들이 눌러앉아 있었고 끼리끼리 무리를 지어서 함께 있었는데 하늘에도 많은 새들이 날아다니고 있었다. 많은 새들의 배설물을 구아노^{guano}라고 해서 천연비료로 각광을 받아 이를 채취하여 부자가 된 사람들도 있다고 하는데 지금은 7년마다 한 번씩 수거한다고 했다.

바에스타 섬에는 물개와 바다사자가 함께 어울려 살아가고 있고 거기에 여러 새

바에스타 섬에 목이 어구에 감겨 상처 난 바다사자(좌)
바에스타 섬에서 바다사자와 새들이 함께 더불어 살아가고 있는 모습(우)

들까지 함께 더불어 살아가고 있는 것이 참 인상적이었다. 엄마 바다사자가 새
끼 사자에게 먹이를 주는 모습도 인상적이었지만 한 마리 바다사자의 목이 어구
에 걸려서 그걸 빼다가 그랬는지 상처가 목에 깊이 패여 힘이 빠져가고 있었다.
선장은 그 목에서 어구를 당장 제거해 주지 않으면 사흘 후에 죽을 것이라고 하
며 이 사실을 신고할 것이라고 했다.

바에스타 섬 관광에서 돌아와 파라카스 항구 옆 음식점을 찾아 사람이 제일 많
은 음식점으로 들어가서 페루 사람들이 즐겨먹는다는 그 유명한 세비체^{Cebiche} 한
접시를 시켰다. 세비체는 페루식 레몬 물회라고 할 수 있는데 레몬즙에 바다생
선을 회처럼 잘게 썰어서 넣은 것으로 꼭 먹어 보고 싶었는데 마침 바닷가에 왔
으니 맘먹은 대로 한 번 시도해 봤다. 레몬즙 때문에 그 맛이 신 것이 특징인데
우리네 물회의 고추장 양념이 레몬즙으로 바뀐 것으로 그런대로 먹을만했다. 필
자의 친구 지석길 선교사는 남미에 오래 살아 익숙해서 레몬즙을 수저로 떠서
생선회와 함께 정말 맛있게 먹는 게 부러울 정도였다. 새벽부터 준비해서 집을
나와 긴 버스 여행과 배로 섬 관광을 하고 점심때가 지났으니 피곤도 함께 몰려
왔다. 남미에서는 음식과 함께 음료수를 주문해서 먹었고 물도 돈을 지불하고
잉카콜라와 함께 먹었다. 페루에서는 노랑색의 잉카콜라가 코카콜라보다 더 잘
팔린다고 했는데 코카콜라가 더 이상 어떻게 해볼 수 없어서 이제는 잉카콜라의

필자의 일행의 식당 앞에서 나무통을 치며 손장단에 맞추어 노래하는 놀이꾼

주식을 많이 보유하여 영향력을 행사하고 있다고 했다. 음식점에서 세비체를 먹는 동안에 음식점 앞에서 한 놀이꾼이 빈 나무통에 앉아 빙글빙글 돌면서 손으로는 나무통을 두드리며 장단을 맞추고 온 몸으로 노래를 부르면서 즐겁게 점심을 먹게 해주었고 우리는 기쁨으로 그 장단에 맞추어가며 더 맛있게 음식을 먹고 따로 사례했다.

파라카스 정류장에서 이미 예약한 리마로 돌아가는 버스표를 태평양으로 넘어가는 석양을 본 후에 돌아가기로 하고 정류장에서 좀 늦은 시간의 표로 바꾸었다.

파라카스 정류장 바로 뒤에는 산마르틴 장군의 기념 조형물이 세워져 있었는데

파라카스 항구 앞 모래사장 위 우아한 펠리컨의 모습(위)
파라카스 버스 정류장 위쪽에 세워진 산마르틴 장군의 기념 조형물(아래)

페루인들의 산마르틴 장군에 대한 존경심을 읽게 했다. 그 기념 조형물이 세워진 언덕에서 파라카스 항구 건너편으로 넘어가는 멋진 석양을 기대했는데 별로였다. 저녁 6시 50분 버스를 타고 리마 집으로 돌아왔을 때는 밤 10시 50분이었다.

5. 푸쿠사나^{Pucusana} 항구

5월 20일 리마 남쪽 푸쿠사나 항구에서 배를 타고 태평양 바다낚시를 한 번 경험할 수 있도록 지석길 선교사가 리마에서 10년도 넘게 낚시 다니는 한 분에게 이미 부탁을 해놓아 기대감을 가지고 설레는 마음으로 따라나섰다. 바다낚시를 제대로 하려면 새벽 일찍 출발해야 하는데 이날 볼리비아 영사관에 비자를 받으려고 두 번째 갔다가 영사가 까탈을 부리며 나중엔 초청장을 가져오라는 바람에 비자를 받지 못하고 오전 시간만 날려버리고 점심때가 되어서야 출발을 했다. 우선 리마 시내에서 남쪽으로 1시간 가까이 달려서 푸쿠사나^{Pucusana} 항구로 들어갔다.

바다낚시를 안내할 분이 부둣가에서 배를 빌려 우리를 태워 태평양 바다로 나갔다. 벌써 오후라 파도가 있고 낚싯배는 작아서 멀리 나가지 못하고 포구의 잔잔한 바닷가로 우리를 안내했다. 바닷가 언덕은 부자들의 별장이 전망 좋은 여러 위치에 잘 자리 잡고 있었고 집 앞에 요트들이 정박해 있었다.
바다로 나가서 선장이 미끼를 낚시에 끼워주면 우리는 그 낚싯줄을 바다에다 던지기만 하면 되었다. 필자가 어렸을 적에 바다에 배타고 나가서 한 손낚시 경험이 많이 있었는데 그 낚시를 페루 태평양 바다에서 수십 년 만에 다시 그 손맛을 봤다. 그 시절 갯지렁이나 바다새우를 미끼로 써서 갯바위나 배 위에서 낚시를

푸쿠사나 항구에서 고깃배가 들어오기를 기다리는 어부들

하곤 했는데 푸쿠사나 포구에서 냄새 나는 조개를 까서 미끼로 끼워 낚시를 한 시간 쯤 했다. 그런데 참 놀라운 사실은 푸쿠사나 앞 바다에서 낚았던 고기가 바로 놀래기였는데 한국의 해안가 갯바위에서 나는 고기를 페루 태평양 바다에서 낚아 올릴 수 있다니 그저 신기할 뿐이었다.

놀래기는 회도 괜찮고 매운탕도 맛있고 손맛도 좋기 때문에 릴낚시를 하지 않고 늘 대낚시로 놀래기 낚시를 즐겼는데 페루의 태평양 바다에 와서 놀래기 낚시를 다시 하다니 참으로 희한한 일이었다. 거기다가 비린내 나는 미끼를 선장이 끼워주니 낚싯줄을 바다에 그냥 던졌다가 물고기가 입질을 해서 컥컥하는 순간의 손맛을 놓치질 않고 제 때 낚아 올리기만 하는 되는 것이었는데 깊이가 얕은 바다라 놀래기는 작았다. 필자 일행은 1시간 정도 낚시로 28마리 놀래기를 낚아 올렸고 필자의 아내는 평생 처음으로 낚시를 해서 몇 마리를 낚아 올렸다.

낚시를 끝내고 리마 시내에 들어왔을 때 퇴근 시간이라서 교통은 트래픽 잼 수준이었는데 자동차는 낡은 차들이 많아서 매연이 대단했고 운전도 거칠었다. 자동차는 서울 도심의 출퇴근 시간처럼 마치 걸어가는 것 같았는데 필자가 탄 차는 오래된 벤츠 승용차여서 에어컨도 켜지 않고 더위에 창문을 열어놓고 운전을 하는 바람에 목이 따갑고 견디기 힘들었다. 리마에 도착한 지 일주일이 훌쩍 지나가 버렸다.

푸쿠사나 항구는 주문진 어항보다는 더 작은 부두였지만 어부들은 어디서나 그렇듯이 생동감이 넘쳐났고 고깃배가 들어올 때마다 고기를 사려는 상인들이 몰려들었다. 태평양 어항에서 비릿한 바다 냄새도 맡아보고 태평양 바다에 나가서 놀래기 낚시로 잊어버렸던 손맛을 오랜만에 봤으니 태평양에서 참으로 즐거운 하루였다.

6. 여행 방법

리마 국제공항에서 리마 시내 중심가 지석길 선교사의 집으로 왕복할 때는 요금을 흥정한 후에 택시를 이용했고, 리마 시내 중심가는 걸어서 다니며 돌아보았다. 볼리비아 영사관과 연합장로교회와 남부터미널을 갈 때는 택시와 전철을 이

푸쿠사나 해변의 별장들

푸쿠사나 항구의 풍경

용했다. 리마에서 쿠스코 왕복 항공권은 페루항공을 이용했고, 쿠스코에서 마추 픽추로 다녀올 때 쿠스코에서 오얀따이땀보까지 왕복은 봉고 버스를 대절했고, 오얀따이땀보에서 아구아스 갈리엔따스로 왕복하여 다녀오는 것은 페루레일을 이용했고, 그리고 아구아스 깔리엔따스에서 마추픽추까지의 왕복은 버스로 올 라갔다 내려왔다.

쿠스코 시내는 박남은 선교사가 자동차로 마중을 나와 안내해 주어 쉽게 돌아보 았고, 쿠스코 시내 관광은 중앙광장에서 시내 투어버스로 언덕 위까지 잘 돌아 보았다. 리마에서 파라카스 항구까지의 왕복은 남부터미널에서 직행버스로 다 녀왔고, 파라카스 항구에서 바예스타 섬까지의 관광은 쾌속정을 타고 돌아보았 고, 리마에서 푸쿠사나 항구는 자가용으로 갔다왔고, 그리고 푸구사나 항구에서 바다낚시는 배를 대여해서 했다.

볼리비아
Bolívia

라파즈 시내와 그 뒤에 보이는 일리마니 산

볼리비아^{Bolivia}

볼리비아는 칠레와의 태평양 전쟁에서 리토랄 주를 잃어서 바다와 격리된 내륙에 고립된 나라가 되었다는 가슴 아픈 사연이 있었다. 볼리비아 수도 라파즈는 해발 3600~4,100m 정도 높은 산악지역에 위치해 있었다. 주변의 여러 나라와의 침략 전쟁을 피해서 이렇게 높은 언덕 위에다 수도를 정했다고 하니 수많은 침략을 경험한 우리네에게도 가슴이 저려왔다. 볼리비아의 면적은 109만㎢이고 인구는 1,000만 명이며 수도 라파즈는 150만 명이었다. 리마에서 이륙하여 안데스 산맥을 넘어서 한참을 내려가서 볼리비아 제2도시인 부자들의 도시 산타크루즈로 경유해서 잠시 쉬었다가 탑승객을 태워 라파즈로 들어갔다. 라파즈 국제공항은 4,000m 높은 언덕 위에 위치해 있었고 비자가 없어 좀 염려가 되긴 했지만 공항 입국장에서 까다롭고 복잡한 입국 서류를 작성하고 110$^{US} 정도의 볼리비아노를 지불하고 나서 바로 입국 비자를 받아 입국했다. 공항에서 기다리던 이근화 선교사는 우리의 고산병을 염려하여 라파즈 시내 언덕 아래쪽에 한참을 내려가서 괜찮은 호텔을 정해 편히 쉴 수 있도록 배려해 주었다. 5월 22일^목에 4,100m에 위치한 교회로 올라가 오전 강의를 하고 다시 라파즈 중심가로 내려와 시내를 둘러보았다. 23일^금에 호텔에서 짐을 꾸려 영업용 택시를 대절하여 라파즈 시내 맨 꼭대기로 올라가 언덕 위에서 근사한 시내를 좀 내려다 본 후에 안데스 산맥을 오른쪽에 멀리 두고 2시간을 북서쪽으로 달려서 그 유명한 티티카카 호수를 돌아보고 오후 늦게 라파즈 국제공항으로 나갔다. 해가 저무는 저녁에 라파즈를 이륙하여 칠레 이퀴크를 경유하고 한 밤중에 산티아고로 향했다. 볼리비아에 가면 거의가 우유니 사막을 들르는데 필자는 겨울이 시작되는 계절이라 호수의 경치가 좋은 때도 아니고 짐도 많아 고생을 하며 아내와 함께 그곳에 가는 것을 생략하고 오히려 칠레 산티아고에 가서 여유롭게 좀 더 쉬기로 했다.

1. 라파즈^{La Paz}

리마에서 라파즈로 바로 가고자 했으나 직행 노선을 찾지 못하여 라파즈보다 훨씬 더 먼 산타크루즈^{Santa Cruz}를 경유하여 가는 란 항공을 선택했다. 페루 리마에 도착한 지 8일 만에 리마를 떠나 이륙하여 출발할 땐 빈 좌석이 많았는데 경유지 산타크루즈에서 승객들이 많이 타면서 산타크루즈에 경유하는 이유를 알았다. 산타크루즈를 경유하면서 기내에서 잠시 쉬고 있었을 때 란 항공의 여자 기장이 기내의 승객들에게 자랑스럽게 얼굴을 내밀었는데 일반적으로 기장은 목소리로 승객들에게 인사를 하는 경우가 대부분이나 이날 백인 중년 미인 기장이 자신 있게 얼굴을 내밀었고 칠레가 남미에서 여러 가지 면에서 가장 앞서가는 한 단면을 보여 주었다. 리마 국제공항에 8시 전에 도착하여 수속을 마치고 10시 20분에 출발하여 직행으로 2시간이면 갈 수 있는 곳을 4시간이나 걸리는 먼 거리로 날아가서 산타크루즈에 들렀다 다시 출발하여 오후 4시가 넘어서야 라파즈 국제공항에 도착했으니 돌아도 너무 돌았다. 볼리비아에서 가장 전원적이고 아름다운 도시 산타크루즈까지 비용을 지불하지 않고 가봤으니 그렇게 불평할 일만은 아니었다. 산타크루즈는 너무 조용한 전원도시로서 볼리비아의 부자들이 많이 거주하는 도시였다.

국제공항이 해발 4,000m에 위치한 곳이라 라파즈 국제공항에 착륙할 때 공중도시의 바로 위쪽에 있는 안데스 산맥 위에서 내려왔다. 리마에서 출발하기 전에 고산병 예방약을 먹었지만 착륙이 가까워오면서 약간 걱정이 되기도 했으나 다행히 공항에 내려서 입국장으로 들어서는데 아무런 이상 징후가 느껴지지 않

강의 후에 교회의 여자 집사들과 함께 한 필자 부부

앉다. 필자를 기다려준 이건화 선교사는 라파즈에서 독신 선교사로 활동하다가
연상의 김성재 선교사를 만나서 극적으로 결혼한 커플인데 김 선교사는 필자의
신학교 후배였고 서울의 몇 교회에서 여전도사로 섬기다가 볼리비아 선교사로
파송을 받아 일하다 젊고 잘 생긴 이 선교사를 만나 결혼에 성공했다고 한다. 5
월 21일^수 오후 4시가 넘어 라파즈 엘알토국제공항^{El Alto}에 도착하여 입국 수속을
하고 라파즈 시내 중심가를 가로질러 한참을 내려와서 시내 아래쪽 호텔에 투숙
하니 벌써 어두워져 버렸다. 라파즈 시내는 고도의 차이가 500m가 넘어서 위 아
래로 곤돌라가 운행하고 있었다. 라파즈 시내는 너무 높은 고산 지대라서 나무
를 보는 것도 쉽지 않았고 붉은 흙벽돌집들이 많았다.

라파즈 시내 중심가의 번화가 모습

라파즈는 물가가 아주 싼 곳으로 알려져 있었다. 호텔 옆 유명한 음식점에 가서 하루 종일 여행에 지치고 배가 고파 볼리비아의 유명한 음식인 빠질라다^{Parrilladas}라는 소고기 숯불구이를 시켜 셋이서 실컷 먹었는데도 27불^{US$}을 지불했다. 라파즈 시내의 낮은 지역의 여유로운 주택가 옆 호텔에서 잘 자고 일어나 필자는 오전 강의를 위하여 다시 시내를 가로질러 이건화 선교사가 세운 4,100m에 위치한 예배당으로 한참을 올라가서야 도착했다. 필자의 스페인어 전도지를 강의하기로 이미 시간 계획이 잡혀 있었고 교회 집사들과 학생들이 평일인데도 몰려들어 기타와 드럼, 키보드 반주에 맞춰 아주 열심히 찬양했다. 필자의 강의를 이건화 선교사가 통역하고 한 시간쯤 강의하는데 필자는 머리가 띵하고 약간 몽롱해지고 피곤하다는 생각이 들어서 의자를 가져다 앉아서 강의를 했고 이건화 선교사는 서서 열심히 통역을 해 주었다.

강의 후에 교회에서 준비한 식사로 모두가 함께 즐거운 시간을 가졌다. 라파즈에 사는 교민들에게 들은 얘기로는 공중 도시라 일반 밥솥으로 밥을 할 수가 없고 산소가 모자라서 화재의 염려도 거의 없다고 했다. 볼리비아 여자들은 긴 머리를 땋아 내리고 그 위에 스페인 시대 풍의 높은 창 모자를 눌러 쓰고 있었는데 머리가 너무 길어서 자주 감을 수 없기 때문에 외출 시 물만 자주 묻히는 바람에 머리에서 쉰 냄새가 나서 한국인들은 견디기 어렵다고 했다. 독특한 형태의 치마를 입는데 바느질한 주름의 무늬에 따라서 미혼과 기혼을 구분했다. 오후에 라파즈 시내 관광에 나서며 김성재 선교사가 안내를 했고 가는 중에 달의 계곡 Valle de la Luna 이라는 곳에 잠시 들렀다. 이곳은 모래와 흙이 적당하게 섞인 땅인데 오랫동안 비와 바람의 침식작용으로 달의 표면처럼 거칠게 씻겨 내려간 것이 계곡을 이루어 그 모양이 그대로 유지되고 있었으며 비가 오는데도 흙과 모래 기둥이 무너지지 않고 단단하게 유지되고 있었다.

라파즈 시내 중심가에 들어가 식민지 시대의 건물들과 현대식 건물들이 함께 어우러져 있는 거리 풍경과 밀물처럼 밀려다니는 사람들과 여러 가지 전통 상품들을 파는 상가를 천천히 살펴보았다. 다른 나라에 비해서 여러 가지 물건의 가격은 좀 저렴했지만 마무리의 세련미가 좀 부족했다.

라파즈 시내에 어둠이 몰려왔을 때 중심가에 있는 한국 음식점을 찾아서 이건화 선교사 부부, 창신교회 유상섭 목사, 그리고 필자 부부가 함께 둘러 앉아 볼리비아 선교와 여러 이야기로 즐거운 시간을 가졌다.

2. 티티카카호수 El lago Titicaca

여행 계획을 세울 때 티티카카 호수 관광은 페루 쿠스코 관광을 마치고 버스로 뿌노로 가서 둘러보는 방법을 택할까 아니면 볼리비아 라파즈에 올라가서 보는 것을 택할까 하고 한 동안 고민을 했다. 그러나 쿠스코에서 많은 짐을 가지고 버스를 타고 고산지역을 오랫동안 여행해서 라파즈로 가는 것을 포기하고 리마에서 항공으로 먼 거리를 쉽게 이동해서 라파즈에서 호수를 보는 것으로 정했다. 5월 23일ᄅ에 아침 일찍 서둘러서 호텔에서 체크아웃을 하고 모든 짐을 다 챙겨 대절한 영업용 택시에다 싣고 이건화 선교사, 유상섭 목사 그리고 필자 부부 넷이서 티티카카호수로 향했다. 아침 일찍 서둘러서 라파즈 시내를 한참을 올라갔기 때문에 시야가 좋은 아침 시간에 전망이 좋은 높은 곳에 내려서 라파즈 시내

티티카카 호수로 가는 길 오른쪽의 안데스 산맥

라파즈 시내 언덕 위에서 바라 본 일리마니 산6,480m

를 내려다보며 멋진 풍경 사진을 찍는 절호의 시간을 가졌다.

라파즈 시내 언덕 위에서 바라보는 우뚝 솟은 일리마니 산^{Mount Illimani, 6,480m}은 정말 거대한 장관이었다. 하얀 설빙이 덮여 있는 높은 산 정상을 하얀 구름이 감싸고 넘어가는 광경이 절경이었다. 일리마니 산에 연결되어 있는 하얗게 눈 덮인 안데스 산맥의 줄기가 티티카카 호수의 티키나^{Tiquina}로 가는 동안 오른 쪽에 계속해서 이어지며 장관을 이루었다.

티티카카 호수는 해발 3,812m의 높은 지역에 있으며 페루 뿌노의 서쪽과 볼리비아 라파즈의 북서쪽에 두 나라 사이에 위치하고 있었다. 남북으로 가장 긴 곳

이 190km이고 넓이가 가장 넓은 곳이 80km이며 가장 깊은 곳이 280m라고 했다. 티티카카 호수는 안데스 산맥의 빙하와 강우에 의하여 생겨난 호수이고 다섯 개의 큰 강이 이 호수로 흘러들어오고 있고 20여 개의 작은 강들도 이 호수로 물이 흘러들어오고 있으며 남미 최대의 수량을 자랑하는 호수였다. 호수라고 하나 사실 바다 같이 수평선도 보이질 않는 거대한 호수였고 호숫가에 송어를 양식하는 양식장도 있어서 티키나 부둣가에서 송어구이로 점심을 해결했는데 1인당 3.5달러US였다.

티키나 부둣가에는 코바카바나 섬Isla Cobacabana으로 화물을 실어 나르는 배들이 정박해 있었고 버스를 배로 싣고 이동하고 있었는데 한때 정부에서 이곳에 다리를

티티카카 호수El lago Titicaca 전경

티티카카 호수 안에 있는 코바카바나 섬에서 버스를 싣고 오는 배

건설하겠다고 했을 때 배로 짐을 실어 나르며 살아가는 이 선주들이 극구 반대
했다고 한다.

호숫가 언덕은 너무 높은 고산지역이라서 민둥산들이 대부분이었고 가끔씩 나
무가 몇 그루씩 군식群植으로 서 있었다. 언덕 위 밭들에 밭작물이 심겨져 있었는
데 척박하기 그지 없었다.
티티카카 호수 관광을 하고 돌아오면서 돌아본 풍경 중에 만년설에 덮여 있는
안데스 산맥이 남북으로 길게 계속해서 이어졌고 그 서쪽은 마치 몽골의 초원을
연상하게 하는 넓은 초원이 융단처럼 깔려 평원을 이루고 있는데 소떼와 양들이
평화롭게 풀을 뜯고 있는 모습은 평화의 도시 라파즈에 잘 어울렸다. 라파즈에

티티카카 호수를 사진 찍는데 열중하고 있는 유상섭 목사

가깝게 접근할수록 집들이 붉은 벽돌로 길을 따라서 길가 양쪽에 무질서하게 건축되고 있었는데 도시계획과는 너무 거리가 멀었다. 라파즈로 갈수록 도로를 넓히는 공사도 몇 군데 진행 중이었는데 도무지 완공을 기약할 수 없다고 했다. 선거철에는 도로가 곧 건설이 될 것 같아도 10년을 넘기는 도로 공사가 다반사라고 했다.

라파즈 엘알토 국제공항에 도착하여 공항세를 둘이서 다시 50불^{US}을 지불하고 수속을 하면서 약들을 꺼내놓으라고 해서 아마존에 가서 사용할 모기 물린데 바르는 약을 꺼내 놓았더니 여직원들이 서로 돌려가면서 신기하다는 듯이 한참을 구경하다가 돌려주었다. 출국장에서 안내나 기약도 없이 1시간 쯤 기다렸는데 날씨가 좋지 않아 오후 4시 40분 리마행 항공기는 1시간도 더 지난 다음에 결항이라는 안내가 나왔고 다행히 필자가 타고 갈 산티아고행 항공기는 오후 5시 40분 이륙인데 1시간이 지난 후에 이륙을 한다고 해서 정말 다행이었다. 그런데 라파즈에서 이륙하여 안데스 산맥을 넘어서 칠레로 내려가는 중에 비가 내리고 번개가 치는 악천후로 갑자기 항공기가 공중에서 뚝 떨어지는데 얼마나 놀랐던지 정말 간 떨어지는 남미여행의 묘미(?)를 실감했다.

칠레 이키크카반차 공항^{Iquique Cavancha Airport}에 도착하여 기내의 배낭과 짐을 다 메고 나가서 이민국에서 입국심사를 받아야 했는데 제출한 서류 2장을 작성해야 하는 것을 한 장만 작성하는 바람에 심사관 앞에서 다시 작성해야 했고 캐나다, 멕시코, 알바니아 국민은 입국세를 받았는데 다행히 대한민국 국민은 받지 않아서 그것도 좋았다. 그런데 세관검사는 산티아고 공항에 가서 다시 받아야 함으로 두 곳에서 번거롭게 심사하는 것이 좀 불편했지만 돈도 내지 않고 바로 통과할 수 있어서 좋았다. 이키크 국제공항은 라파즈 국제공항보다 훨씬 더 규모가 크고 현대적이어서 칠레의 경제력을 공항에서부터 느낄 수가 있었다. 칠레 입국 도장을 받은 후에 좀 더 앞좌석으로 다시 좌석을 배정받은 후에 기내로 들어가 밤 자정이 다 되어서야 산티아고에 내렸다.

3. 여행 방법

페루 리마에서 볼리비아 라파즈로 란 항공으로 가서 라파즈 공항에서 입국세를 내고 입국 비자를 받았고, 이건화 선교사의 자동차와 택시로 라파즈 시내를 다녔고, 숙소는 라파즈 시내 아래쪽 칼라코토 호텔^{Calacoto Hotel}이었다. 라파즈에서 티티카카 호수에 다녀오는 관광은 택시를 대절해서 이용했고, 라파즈에서 산티아고로 가는 것도 란 항공을 이용했다.

칠레
Chile

칠레|Chile

칠레는 남미에서 정치적으로 안정되어 있고 경제적으로 잘 살고 치안도 안전한 나라로 알고 있어서 산티아고에서 6박 7일 동안 좋은 호텔에 묵으면서 쉬기로 마음을 정했는데 그 예상은 적중했고 멋진 여행을 했다. 칠레는 세계에서 가장 많은 나라와 에프티에이^{FTA}를 체결할 정도로 정치력과 경제력과 외교력이 탁월한 나라로 우리나라와도 이미 에프티에이를 체결해서 무역을 잘 하고 있다. 미국에서 유학생으로 살았을 때도 칠레산 포도를 자주 먹었고 우리나라에서도 칠레산 포도와 홍어를 먹으면서 이미 칠레가 무역을 잘 하고 있다는 것을 익숙하게 알고 있었지만 현지에 가서 더 분명하게 확인했다.

칠레는 면적이 75만㎢, 인구가 1,700만 명으로 수도 산티아고에 600만 명이 살고 있는 남북으로 길게 뻗어있는 독특한 형태의 나라인데, 산티아고에서 위쪽으로 2,000km이고 남쪽으로 2,300km의 거리로 길게 뻗어있다. 동서로는 175km 정도의 넓이인데 동쪽에는 안데스 산맥이 높은 병풍처럼 길게 뻗어 있고 서쪽에는 태평양이 길게 접해 있어서 안데스 산 위에서 불어오는 바람은 늘 시원해서 온화한 날씨가 연중 계속되므로 포도 재배에는 적격이었다.

외국 관광객들에게는 호텔 숙박과 백화점 쇼핑의 19%의 세금을 면제해 줄 정도로 관광객들에게 호의적인 나라였고 시차는 나라가 길기는 하지만 좁아서 다 똑같은 시간을 사용하니 불편함도 덜하고 안전해서 관광하고 쉬기엔 최고의 나라였다.

산티아고에 디아스포라 한인의 숫자가 2,000명 정도인데 한인교회는 네 개가 세워져서 서로 협력하며 화목하게 잘 지내고 있었다. 거기다가 부지런하게 장사를 잘 해서 경제적으로 안정되어 잘 살고 있었는데 경제적으로 안정되니 다툴 일도 더 적어 보였다. 1인당 개인소득GNP은 대한민국보다 낮았지만 산티아고의 한인들은 미국에 사는 일반적인 한인들보다도 더 잘 살았다.

출발 전부터 연락을 했던 산티아고의 정용남 목사와 왕익상 목사를 만나서 전혀 예상하지 못한 뜻밖의 융숭한 환대를 받았다. 산티아고 시내의 주요 관광지 산크리스토발 공원, 아르마스 중앙광장, 중앙어시장, 그리고 피에드라로자 연못에 가보았고, 남미 태평양 최대의 항구 도시 발파라이소에 가기 위하여 콘콘으로 가서 휴양도시인 비냐델마르를 거쳐 바닷가 해안도로로 내려가면서 발파라이소에 들러 태평양으로 떨어지는 환상적인 석양을 바라보았다. 태평양 한 가운데에 있는 칠레 국적 이스터 섬을 여행하는 것을 현지에 가서 판단하고 결정하기로 했으나 관광경비와 관광효과 등을 숙고한 후에 산티아고에서 계속 머물기로 했다.

아침 해가 안데스 산맥 위에 떠오르는 해돋이 장면을 보기 위하여 아침 6시에 산티아고 국제공항에서 이륙하는 란 항공으로 푼타아레나스로 향했으나 구름으로 여의치 않았고 파타고니아의 관문 푼타아레나스공항에 내려 직행버스로 푸에르토나탈레스로 올라가 세계 10대 국립공원 가운데 하나라는 토레스델파이네국립공원을 자동차로 돌아보았다. 원래는 그 공원을 걸어서 며칠 동안 돌아보려고 했으나 겨울이라 트레킹 하는 사람이 없어 배가 다니지 않아 자동차로 돌아볼 수밖에 없었다.

푸에르토나탈레스에서 직행버스로 안데스 산맥을 넘고 아르헨티나 국경을 통과하여 빙하의 도시 엘칼라파테로 향하며 칠레 여행을 마무리했다.

1. 산티아고Santiago

볼리비아 라파즈에서 1시간 늦은 저녁 7시가 다 되어 이륙하는 바람에 산티아

고의 아르투로 메리노베니테스 국제공항^{Arturo Merino Benitez International Airport}에 자정이 다 되어서 도착했다. 한국에서 출발할 때 준비하여 간 음식물 박스가 사과박스였는데 리마와 라파즈에 이어서 또다시 산티아고 세관에서 뜯겼다. 뜯어서 햇반, 일회용 떡국, 일회용 컵라면, 미소 된장, 김과 간단한 밑반찬 등을 들어보고는 그대로 돌려주어서 다시 묶어 공항엘 나와서 인터넷에 나와 있는 호텔 셔틀버스를 찾았으나 없었다. 호텔에 전화하여 알아보니 셔틀버스는 원래 없는데 인터넷에

산크리스토발 공원에서 바라본 산티아고 시내와 안데스 산맥

는 잘못 표시된 것이 낭패였다. 자정이 다 되어 공항에서 수많은 택시 운전사들이 필자에게 다가와 호객행위를 하여 당황하였으나 호텔까지의 택시 요금을 호텔 직원에게 확인하였기에 필자에게 가장 가까이 다가온 택시 기사와 흥정을 한 후에 택시를 타고 호텔로 향하였고 20페소를 요구했으나 페소가 없어서 40불^{US$}을 주었다.

호텔 창문에서 바라본 산티아고 시내 주택들

서울의 남산처럼 산티아고 시내 가운데 산크리스토발 공원^{700m}이 있었는데 정용남 목사의 자가용으로 공원을 올라가 산티아고 시내와 그 뒤에 병풍처럼 둘러쳐진 안데스 산맥의 환상적인 풍경을 바라보았다. 그런데 라파즈에서 산티아고로 오는 기내 옆 좌석에 앉았던 독일인 부부를 다시 공원에서 만나 반갑게 인사말을 다시 주고 받았다. 긴 여행은 참 쉽게 친구를 만들어 주어서 좋았고, 거기다가 보편적으로 영어로 대화를 할 수 있어서 좋았고, 그리고 여러 나라 사람들을 더 잘 알아가고 사귈 수 있어서 좋았다.

산티아고는 안데스 산맥 아래에 위치하고 있고 태평양 바다가 멀지 않은 곳에 위치한 평화로운 도시였고, 기후도 5月말은 우리나라의 늦가을 같은 날씨로 서늘한 가을 날씨여서 좋았고, 그리고 아침저녁으로 조금 쌀쌀할 때도 있었지만 전혀 문제가 없었다. 한가지 문제는 칠레에서 지진이 자주 난다는 것이었는데 시내 중심가 큰 빌딩들은 지진에 대비해서 이미 건물의 벽이 두꺼웠고 건물과 건물을 서로 연결해서 건축을 하여 지진에 잘 대비하고 있었다. 2010년 산티아고 남서쪽 325km 지점에 8.8의 강력한 지진이 발생하여 700명의 목숨을 앗아갔지만 산티아고 시내는 여러 가지로 지진에 대한 대비가 비교적 잘되어 있는 것 같았다.

필자가 인터넷으로 예약하여 묵은 호텔은 비교적 백인들이 많이 거주하는 안전한 동네여서 아침에 일어나서 반바지를 입고 동네를 이쪽저쪽으로 걸어서 신나게 산책을 했다. 여행에서 누리는 여유로움과 특권을 누렸다. 전날 밤에 호텔 프런트에서 체크인을 할 때 호텔 예약 영수증을 제시했음에도 예약자 명단에 필자의 이름이 없다고 해 참 난감했지만 6박을 예약한 관계로 다음날에 확인하기로 했다. 필자가 사진작가^{photographer}라고 했더니 방을 꼭대기 쪽에 전망 좋은 방을 주어서 창문으로 호텔 주변을 잘 볼 수 있어서 좋았고 나중에 예약관계도 확인이 되었다.
호텔의 아침식사는 하루 여행의 시작이기 때문에 식사가 잘 나오는 것은 기분을 좋게 하고 호텔의 수준을 평가하는 기준도 되는데 디렉토 호텔^{Hotel Director}의 식당의 분위기와 아침 식사가 좋았고 칠레답게 과일도 다양하게 나왔다. 장거리 여행은 아침식사를 잘 하는 것이 중요한데 나라마다 새로운 음식이 나오고 아침식사비용도 지불하지 않으니 조금씩 과식을 하는 편이었고 그 힘든 2개월의 여행이 끝나고서 몸무게가 줄기는 커녕 오히려 2kg이 더 늘었다.

산티아고 시내 중심가 아르마스 광장을 둘러보았고 그 주변의 중앙로 거리들을 좀 걸어서 칠레인들을 관찰하며 산책했고 세계 10대 수산시장 가운데 하나라는 산티아고 중앙어시장에도 들렀다. 산티아고 중심가에 한인이 경영하는 횟집에 가서 필자가 정말 즐기는 싱싱한 회와 익힌 생선을 실컷 먹었다. 지진이 자주 일

산티아고 시내 중심가에서 그림 그리는 화가

어나는 태평양 연안 도시라서 그런지 산티아고 중심가의 건물 벽들의 두께가 대단히 두꺼웠고 옆 건물들과 거리도 바로 가깝게 건축하여 함께 연결해서 건축이 되어 있었다. 중심가에는 사람이 많았고 그 중에 미인들이 많이 보였고 여행객들도 많이 보였다. 남미의 3대 도시가 상파울루, 부에노스아이레스, 그리고 산티아고인데 산티아고가 가장 활기찼고 사람들도 생동감이 넘쳐 무엇보다도 여행하기에 안전하였고 정치 지도자들에 대한 평가도 좋았다.

산티아고 시내 중심가 모에다 대통령궁은 1973년 9월에 아우구스토 피노체트 Augusto JoséRamón Pinochet Ugarte 국방장관이 이끄는 쿠데타군이 소아과 의사 출신으로 사회주의 정책을 고수했던 살바도르 아옌데 대통령Salvador Allende Gossens이 집무하는 대통령궁을 폭격하는 쿠데타를 일으켜 집권하여 17년간 독재정치를 하며 철권을 휘둘렀던 곳이었다. 아옌더 대통령은 쿠데타군의 계속적인 폭격에 망명을 치욕이라며 거절하고 권총을 들고 끝끝내 투쟁하다 총으로 자살했고 그로부터 일주일 후에 1971년 노벨 문학상 수상자 파블로 네루다^{Pablo Neruda}도 아옌더 대통령의 동지였는데 병상에서 격렬하게 항의시를 쓰다가 심장마비로 죽은 아픈 역사가 칠레 모에다 대통령 궁 앞에 섰을 때 생각났다. 독재자 피노체트 전 대통령은 연금된 상태로 법정에는 서지 않았지만 2006년 91세로 병상에서 죽었고 국장이 치러지지도 못하고 가족들의 유언에 따라 화장되어 묻혔다. 정치지도자는 누구에게나 다 명암이 있기 마련이지만 칠레는 남미의 여러 나라들과 달리 정치가 민주화가 되면서도 치안만은 피노체트 대통령 때의 치안을 그대로 유지하고 있어서 남미에서 가장 안전한 나라로 인정받고 있었다.

산티아고 시내는 다른 도심에 비해서 유달리 벽화가 많이 그려져 있었다. 20여

산티아고 시내의 아름다운 여인의 눈과 이마 부위 벽화

년 전 뉴욕에 살았을 때 뉴욕의 벽화는 아주 위험하고 높은 벽에 상당한 수준의 실력으로 몰래 그려놓은 낙서 수준이었는데, 산티아고 시내는 오히려 제대로 비용을 지불하고 벽화를 그리게 하는 역발상으로 시내를 특색 있게 단장을 해놓은 것이 참 인상적이었다.

산티아고 시내에서 북쪽 교외로 산과 터널도 지나고 한참 달려서 치쿠레오^{Chicu-reo} 지역에 있는 피에드라로자 연못^{laguna de Piedra Roja}가에 가서 붉게 물든 아름다운 석양을 바라보았다. 석양은 연못에 비친 반영이 더 아름다운데 연못 속에 비치는 여러 반영을 헤엄치는 오리들까지 함께 황홀하게 바라보며 여행 중에 망중한을 즐겼다. 연못가에 바로 큰 쇼핑몰이 있어서 아이들을 데리고 온 부모들은 아름다운 저녁 시간에 연못에서 헤엄치는 오리떼에게 먹이를 주며 아주 평화로운 시간을 보내며 쇼핑도 하고 그 주변 여러 식당에 앉아있는 행복한 모습을 보여주었다.

페루, 볼리비아, 그리고 아르헨티나에서 선교사를 찾아서 필자의 스페인어 전도지를 보냈는데 칠레에서는 선교사를 찾을 수 없어서 조금 당황이 되기도 했었다. 그런데 산티아고에 네 한인교회가 있어 그 중에 두 교회의 담임목사를 산티아고에서 만나 5월 25일 주일낮예배는 소망교회에서 설교했고, 28일 삼일밤예배는 연합장로교회에서 설교하는 최고의 대접을 받았다. 이번 남미여행에서 스페인어권 선교사들을 만나 필자의 전도지를 소개하여 전달하고 점심식사를 대접해 드리기로 맘을 먹고 준비했다가 오히려 산티아고에서 필자가 더 많은 대접을 받았으니 주의 섭리는 놀라웠다. 세계한인회의 여러 주요 직책을 역임한 장홍근 장로는 2007년 상파울루의 한 호텔에서 잠시 만난 적이 있었는데 산티아고에서 다시 만나 융숭한 대접을 해주었고, 김영택 장로도 라파즈에서 사시다 오셔서 볼리비아의 여러 풍습을 재미있게 들려주시며 환대해 주셨다. 최철수 장로는 산티아고 중심가에 한인이 경영하는 횟집으로 초청하여 감성돔과 흑돔과 연어 회 등 여러 가지 해산물 요리를 융숭하게 대접해 주셨다. 태평양에서 잡은 큰 돔들이라 제대로 회 맛이 들어서 한참을 즐겼는데 끝무렵에 다시 8kg 짜리 흑돔 머리를 그대로 익혀서 접시 위에 담아 나오는 바람에 과식인 줄 알면서도 필자가 머리뼈를 하나씩 골라내고 그 뼈 사이사이에 감춰진 깊은 맛이 나는 살을 꺼내 먹으며 어두일미라는 생선 진미를 모처럼 실컷 즐겼다. 평소에 생선 회 요리를 즐기고 감성돔 머리 구이를 좋아하는 편이라 태평양에서 나는 8kg 짜리 큰 돔을 만나 몸통은 회로 뜨고 대가리를 그대로 삶아 가지고 접시 위에 가져와서 제대로 맛이 든 돔 한 마리를 다 먹어보는 실력을 맘껏 발휘했다.

서순옥 권사는 사업을 하시는 분이신데 주일 새벽부터 일어나 집안에서 여러 가지 음식을 진수성찬으로 손수 장만하여 주일저녁에 정용남 목사 부부와 필자 부부를 초청하여 융숭한 대접을 해 주셨다. 산티아고에서의 대접은 이것으로 끝이 아니었다. 산티아고 중앙어시장은 1812년에 개장하여 현재에 이르렀고 세계 10대 어시장에 들어갈 만큼 유명한데 그 부근에서 김성심 집사가 사업을 잘 하고 있었다. 김 집사가 산티아고 중앙어시장에 있는 168년의 역사를 가진 가장 유명한 아구스토^{Donde Agusto}라는 음식점으로 정 목사 부부와 필자 부부를 초청하여 대게 요리를 대접해 주었다. 대게가 많이 나는 우수아이아에 가서 먹으려고 했다가 거기서는 금어기라서 구경도 못하고 대게가 나지도 않는 산티아고에서 먹었다는 것은 참 아이러니가 아닐 수 없다. 점심을 거의 먹어 갈 시점에 중년의 나이에 기타를 둘러멘 세 신사가 바로 필자 뒤에 다가와서 '베사메무쵸^{'besame mucho, 나에게 키스를 많이 해 주세요} 한 곡을 쭉 뽑았는데 필자는 이렇게 스페인어를 모국어로 사용하는 가수들이 감미롭고 감칠맛 나게 화음을 넣어 노래하는 것을 들어본 적이 없었다. 분위기 좋은 식당에서 대게로 점심식사를 거의 마쳐갈 무렵에 포만감으로 기분이 좋아진 시점에 딱 맞추어 찾아와서 그것도 그들이 가장 잘 부르는 노래 한 곡을 불러주었고 우리에게도 익히 잘 알려진 곡이라서 한참을 그 노래 소리 화음에 푹 빠져 즐겨서인지 팁을 많이도 요구했다.

28일 수요일밤예배에 산티아고에서 설립된 지 가장 오래된 연합장로교회에 가서 설교하는 기회가 주어졌다. 왕익상 목사가 오래된 예배당과 교육관을 리모델링 해서 현대적인 시설의 예배당으로 잘 꾸며 놓았고 거기다 클래식 음악 감상실까지 잘 꾸며놓은 것이 퍽 인상적이었다. 수요일밤이라 신자들이 많이 나오질 않았지만 나온 분들은 오래된 핵심 신자들이 대부분이었다.
산티아고에서 6박 7일을 묵으면서 돌아본 여행은 이보다 더 좋을 수가 없는 유쾌하고 즐겁고 편안한 여행이었다. 산티아고 시내를 정흥남 목사의 안내로 시내

168년 된 아구스토 식당 내부의 모습

①	②
③	④
⑤	⑥

① 산티아고 소망교회 앞에서 정용남 담임목사^{오른쪽}, 장홍근 장로^{연합교회}, 우리 부부
② 서순옥 권사의 집에 초청받은 정용남 목사와 필자 부부
③ 연합장로교회의 수요일밤예배를 인도하는 왕익상 목사
④ 산티아고의 연합장로교회의 삼일밤예배에서 설교하는 필자
⑤ 산티아고의 아구스토 식당에서 점심 때 필자부부 뒤에서 노래해준 가수들
⑥ 아구스토 식당 주인과 점심을 대접해 준 김성심 집사^{오른쪽}와 우리 부부

의 주요 명소, 콘콘, 비냐델마르, 그리고 발파라이소까지 잘 돌아보았다. 산티아
고 여러 맛집으로 다니며 두 목사가 교대로 대접해 주어서 황홀했다.

먼 이국땅에 이민 와서 힘들게 살아왔던 애환을 진솔하게 들려주어서 좋았고,

그리고 좋은 호텔이 면세여서 비싸지 않게 묵을 수 있어서 좋았고 편히 쉴 수 있어서 정말 좋았다. 페루와 볼리비아에서 좀 힘들었는데 산티아고에 내려와서 정말 잘 먹고 편히 쉬며 충전이 되었고 많은 사람을 만나보는 유익한 경험을 했다.

2. 콘콘, 비냐델마르, 그리고 발파라이소 Con Con, Vina del Mar, and Valparaiso

태평양 너머로 떨어지는 황홀한 석양을 보기 위하여 산티아고에서 점심식사 후에 정 목사의 자동차로 바로 서쪽을 향해 떠났다. 발파라이소는 산티아고에서 120km 거리의 서쪽 태평양 연안에 접하여 형성된 오래된 항구도시로 칠레 해군기지도 있었다.

발파라이소 Valparaiso 라는 말의 뜻은 '낙원의 골짜기' Valley of Paradise 라는 뜻으로 칠레가

발파라이소 해안에서 바라본 태평양 너머의 석양

스페인에서 독립한 후 발전하기 시작한 태평양 연안의 항구도시다. 미국의 서부 개척시대의 골드러시와 칠레산 밀의 수출로 태평양에서 무역을 하는 배들은 칠레 남단의 마젤란 해협을 지나 대서양으로 가면서 발파라이소 항구에 잠시 기항하였다가 가면서 항구는 발전했다. 스페인과 독일, 이태리의 이민자들이 이곳에 몰려 들어 오면서 더 발전하고 커졌는데 1906년 강진[8.8]으로 3,000명이 죽고 많은 건물들이 파괴되면서 황폐되었다. 자연재해에 이어 1914년 파나마 운하가 개통되면서 태평양에서 마젤란 해협을 거치지 않고도 바로 대서양으로 직행할 수 있었기 때문에 무역항이었던 발파라이소는 급격히 쇠퇴했다. 그 후 발파라이소의 언덕 위에 살던 부자들이 비냐델마르로 이주하여 새 집을 건축하여 새로운 도심을 만들고 대형 리조트가 속속 건축되기 시작하면서 비냐델마르는 해운대처럼 신도시로 형성되었고 발파라이소는 더욱 위축되었다. 그러나 파블로 네루다와 가난한 많은 예술가들이 태평양이 한 눈에 내려다보이는 언덕 위의 도시이자 태평양의 진주인 발파라이소로 이주하여 들어오면서 다시 활기를 되찾기 시작하였다. 그 언덕 위 가난한 동네는 수많은 벽화를 그려 넣어 예술적인 모습을 드러냈고, 사람이 사는 모습을 있는 그대로 보여주면서 되살아나 마침내 2003년 유네스코에서 세계문화유산으로 지정되었다.

필자는 우선 콘콘[Con Con]의 해안으로 다가가서 멋진 해안선을 따라 아름다운 모래사장이 융단처럼 깔려져 있는 그 부드러운 모래를 밟고 또 밟아 발자국을 뒤로하고 파도소리를 들으며 먼 태평양의 수평선을 바라보며 한참이나 걸어보았다. 해안은 해운대 백사장을 여러 개를 합친 것보다 더 크고 넓고 둥그렇고 경포대 해수욕장보다도 훨씬 더 넓은데 그 앞에서 밀려오는 파도는 더 높아서 윈드서핑을 하기에 좋았다. 콘콘의 태평양에서 몰려오는 파도 위에서 윈드서핑 하는 사람들을 한동안 재미있게 바라보며 구경했다.

콘콘에서 멋진 해변을 뒤로 하고 해안선을 따라서 내려가니 바로 비냐델마르^{Vina del Mar}에 도착했다. 해안의 바위 절벽과 파도가 멋있었고 그 끝에서 바라보는 해안선도 장관이었다. 태평양이 바라보이는 여러 언덕에 수많은 리조트들이 다양한 형태로 건축되어 있었다. 발파라이소 항구는 크루즈선이 잠시 들렀다 정박하는 항구였고 거기엔 충분히 멋진 풍광들이 많았다. 비나델마르는 미국의 새로운 교외와도 같은 신도심으로 많은 새 아파트들이 들어서 있었고 해군기술학교와 해군 기지가 있었다. 며칠 밤이라도 비냐델마르에서 자고가고 싶은 충동이 생겨났지만 이미 묵고 있는 산티아고의 호텔이 있었기 때문에 다음을 기약해야 했다. 산티아고에 사는 사람들이 여름 휴가철에 이곳 리조트에 와서 휴가를 보내기에는 그만이었다. 리조트 앞에 정박된 많은 요트를 보면서 여러가지 생각이 들었다.

콘콘의 바다로 윈드서핑 하러 나서는 연인

비냐델마르 언덕 위 경사진 리조트들

비냐델마르에 건축된 리조트와 아파트는 이곳이 신도시이고 휴양도시라는 것을 금새 알게 했다. 구부러진 모퉁이를 지나서 해안선으로 넘어갈 때 그 모퉁이 바위 절벽 아래 파도가 태평양에서 밀려오는 물이라서 거대한 장관을 이루었다. 해안사구들이 모퉁이 해안가 언덕 위에 자리 잡고 있었는데 어떤 사람들은 그 모래 언덕에서 미끄러지면서도 기를 쓰고 올라가려고 했고 또 어떤 사람들은 서로 경주를 하며 올라가고 있었다.

비냐델마르에서 10km 아래 구도심 같은 발파라이소 항구가 금방 나왔고 항구의 배들도 스치듯이 살짝 보고 지나가서 해안도로 포인트 지점을 자리 잡고 태평양 너머로 떨어지는 가장 멋진 석양 사진을 찍을 수 있도록 삼각대를 고정했다. 발파라이소는 태평양이 바라보이는 언덕 위에 건설된 도시로, 칠레에서 3번째

석양의 발파라이소의 항구와 함정과 그 뒤 언덕 위 동네의 모습

로 큰 도시이자 첫 번째 항구도시였는데 왠지 부산의 구도심 분위기가 물씬 풍겼다. 해군사령부가 이곳에 있다는 것을 바다 위에 해군 함정들이 여러 척 정박되어 있는 것에서 느낄 수가 있었다. 태평양의 시애틀, 엘에이, 리마, 그리고 파라카스 항구 등에서 아름다운 석양을 보고 사진 한 장을 찍고자 했으나 번번이 실패했다. 이번에 마음먹고 남미의 태평양 최고의 항구도시 발파라이소의 최고 명당에서 500mm 렌즈를 끼운 사진기를 삼각대에 장착했다. 다행히 날씨가 좋아 석양의 모습을 구름이 가리지 않아서 좋았고 할 수 있다면 오메가 모양의 해가 태평양 바다 아래로 떨어지는 장면을 찍고 싶은 욕심도 있었다. 붉은 태양이 태평양 아래로 떨어질 때까지 한참 동안 사진기 셔터를 계속해서 누르며 황홀한 석양을 찍을 수 있어서 행복했다.

푼타아레나스로 처음 이주하여 온 칠레인들을 기념하는 기념물

3. 푼타아레나스^{Punta Arenas}

산티아고에서 멋진 6박 7일간의 편한 여행을 마치고 새벽 4시에 호텔에서 출발할 수 있도록 프런트에 전날 택시를 부탁했다. 이제 초가을 좋은 날씨의 산티아고를 벗어서 안데스 산맥의 남쪽 바람의 땅 파타고니아^{Patagonia, 거인의 땅이라는 뜻}에 추운 겨울에 내려가려고 새벽 3시에 일어나 겨울 파카와 겨울 바지에다 겨울 모자까지 다 바꾸어 입고 겨울장갑까지 준비하니 이제 본격적인 여행을 제대로 하는 것 같았다.

호텔 프런트에서 나와 기다리던 택시를 타고 공항을 향하여 달려서 4시 30분 산티아고 국제공항에 도착해, 국내선이라 복잡하지 않은 짐 수속을 마치고 아침 6시 정시에 란항공으로 푼타아레나스^{Punta Arenas}로 향하여 이륙했다. 산티아고에서

기내 창가에서 내려다 본 마젤란 해협의 해안

푼타아레나스로 갈 때 미리 예약한 왼쪽 창가 좌석에 앉아 하얗게 눈덮인 안데
스 산맥 위로 떠오르는 붉은 아침 해를 보고자 간절히 바라고 카메라도 준비했
으나 이날 구름이 끼어 그 광경을 볼 수가 없어 약간 실망이 되었으나 인생살이
가 마음먹은 대로 되는 것이 어디 얼마나 있던가.

오전 9시 30분 도착 예정이었으나 20분이나 단축한 9시 10분에 파타고니아의 관
문 푼타아레나스 프레스이비나스국제공항에 도착했다. 창가에 내려다보이는
바다가 그 유명한 태평양에서 대서양으로 이어서 연결해주는 마젤란 해협^{Estrecho}
^{de Magallanes}이었고 푼타아레나스 항구도 한눈에 들어왔다. 푼타아레나스는 1914년
파나마운하가 개통하기 전까지는 수많은 배들이 마젤란 해협을 통과하며 이곳
에 들러 석탄을 공급받았던 관계로 상당한 번성기를 누렸는데 파나마 운하의 개

통과 연료유를 쓰는 관계로 푼타아레나스 항구는 쇠퇴기를 맞이했다. 이곳에 해군 기지가 있고 최근에 파타고니아와 남극으로 여행하는 여행객들이 많아지면서 다시 활기를 되찾았고 인구도 12만 명이라니 상당히 큰 도시로 성장했다. 필자가 푼타아레나스 국제공항에 국내선으로 도착했기 때문에 세관 검사도 없이 쉽고 빠르게 나올 수 있었다. 공항의 여행 안내소에서 물어 공항에서 푸에르토 나탈레스 행 버스표를 구입해서 그곳으로 바로 올라 가고자 했으나 푼타아레나스 시내에 있는 버스터미널로 가서 거기서 버스표를 구입하여 가라고 안내해 주는 바람에 택시로 정반대 방향인 푼타아레나스 시내로 내려가야 했다.

버스터미널에 도착하여 여권을 내고 버스표를 구입한 후에 짐을 맡겨놓고 2시간 정도의 시간을 시내 투어에 나서서 가장 먼저 칠레인들이 푼타아레나스에 상륙을 기념한 바닷가 동상에 도착했다. 푼타아레나스는 산티아고에서 남쪽으로 2,200km 멀리 떨어진 곳이고 남위 50도 정도에 위치해 있다니 먼 남쪽으로 내려왔다는 감이 잡혔다. 마젤란 해협은 남아메리카 대륙 끝과 그 남쪽 티에라델푸에고 섬 사이에 있는 해협으로 아르헨티나와 접하는 동쪽 끝부분을 제외하면 해협 전체가 칠레 영해 안에 있고 길이는 560km, 너비는 3~32km로 알려져 있다. 포르투갈인 마젤란^{Fernando de Magallanes}이 스페인 국왕의 도움을 받아 최초로 대서양에서 1520년 10월 21일 이곳 마젤란 해협으로 향해하여 태평양으로 가는 가장 짧은 수로를 개척하여 지나 간 날이 그해 11월 28일이라고 해서 한 달이 넘게 이곳을 향해한 그의 이름을 따서 이 해협의 이름이 마젤란 해협이 되었다고 한다.

그 유명한 마젤란 해협으로 나가 모래사장도 걸어보고 항구 쪽으로 한참을 내려가다가 시내로 방향을 틀어 시내 거리의 한 모퉁이를 돌아 다시 터미널에 돌아왔을 때 맡겨놓았던 짐은 그 자리에 그대로 있었다. 직행버스에 올랐을 때 승객

푼타아레나스 항구(위)   마젤란해협에 정박된 크루스 선과 부서진 철길 위의 펭귄들(아래)

은 필자 부부와 딱 한 사람으로, 세 사람이 전부였는데 겨울철이라 토레스델파
이네국립공원을 트레킹하기 위하여 푸에르토나탈레스로 올라가는 사람이 거의
없는 것 같았다. 바깥 날씨가 약간 추운 영상 4도라 장갑을 끼는 것이 좋았고 으
시시하고 약간 춥게 느껴졌으나 바람의 고장에서 바람이 불지 않는 것만으로도
참 다행이었다. 푼타아레나스 시내는 옛 건물과 새 건물이 함께 어우러져 있었
고 깨끗하고 안전하고 조용한 도시였으며 친절하다는 인상을 받았다. 항구 앞에

푼타아레나스 조용하고 아담한 시내 거리

상당히 멀리 떨어져 화물선 3척과 크루즈 선 한 척이 정박되어 있었고 푼타아레나스 항구는 작았지만 마젤란 해협은 망망대해였다. 항구에서 조금 북쪽 해안에서 바다 쪽으로 길게 나무를 박아서 철로 길을 만들어 놓았는데 부분 부분이 오래되어 망가져 없어져 버려서 아마 석탄이나 음식, 화물을 그 철도로 운반하여 그 곁에 정박한 배에 쉽게 싣기 위하여 만들어 놓은 것으로 보였다. 파타고니아 지역에 거센 바람이 몰아칠 때는 사람이 제대로 똑바로 서서 걸어 다니기가 어렵고 나무들도 한쪽으로 기울어 서 있었는데 이곳 마젤란 해협에 파도가 휘몰아치면 그곳을 지나가는 배들이 어떻게 그 무서운 풍랑을 이겨냈을까 하는 데까지 상상이 미치자 아찔한 생각이 들었다.

4. 푸에르토나탈레스 ^{Puerto Natales}

푼타아레나스에서 버스를 타고 푸에르토나탈레스로 향해 올라 가면서 필자가 조금 전에 내렸던 푼타아레나스공항에 들러 다시 몇 사람을 태우고 올라가기 시 작했다. 버스로 올라가는 길은 4시간 정도 걸리는 250km 거리였는데 파타고니 아의 여러 풍경들을 보면서 올라가는 길이라서 신기하고 지루하지 않았다. 그 러나 새벽부터 일어나 먼 거리를 이동해서 버스를 타고 올라가는 관계로 졸기도 하며 구경도 하고 사진을 찍으면서 새로운 미지의 땅 하얗게 눈 덮인 파타고니 아를 향하여 계속해서 올라갔다. 드디어 하얀 산들이 가까워지면서 푸에르토나 탈레스의 동네가 보이기 시작했다.

푸에르토나탈레스^{Puerto Natales} 항구의 멋진 풍광

파타고니아는 바람의 고장인데 겨울철이라 바람은 불지 않아서 천만다행이었으나 서 있는 나무의 가지와 잎들이 한쪽으로 기울어져 있는 것에서 얼마나 바람이 거세게 부는지를 쉽게 짐작할 수 있었다. 안데스 산맥 8,000km를 산악인 엄홍길씨를 내세워서 멋진 안데스 산 여러 산들을 트레킹하는 KBS 특집방송을 본 일이 있었다. 특히 토레스델파이네국립공원에서 트레킹할 때 바람 때문에^{최대} ^{풍속은 60m/sec} 엄홍길씨가 몸을 제대로 가누지도 못하고 걷는 모습을 보면서 걱정을 좀 했는데 바람이 불지 않아 다행이었다. 북쪽 푸에르토나탈레스 쪽으로 보이는 산들은 하얗게 눈이 덮여있는 것이 토레스델파이네국립공원의 절경과 아르헨티나 쪽 빙하국립공원의 비경이 상상이 되고 기대되었다.

푸에르토나탈레스는 토레스델파이네국립공원에 가는 관광객들의 전초기지와 베이스캠프로 발전하고 성장하여 인구가 2만 명에 가깝게 성장하였는데 여름의 트레킹 철 6개월 정도는 관광객들로 북적거리지만 나머지 추운 계절은 사람들이 많지 않아서 한가하다고 했다. 필자가 이곳을 찾은 날은 겨울이라 거리에도 사람이 많지 않았고 버스터미널에 내려서도 택시를 불러서 타고 정한 호텔로 갈 수 있었다. 호텔은 산티아고와 비교할 수 없는 수준이었지만 그런대로 조용한 2층 방이었고 아침 식사로 빵과 시리얼을 준비해 놓은 식당도 있었고 간편하게 물을 끓일 수 있고 전자레인지가 있어서 우리가 준비한 햇반과 떡국 등을 먹을 수 있어 그런대로 편리했다.

원래 필자는 토레스델파이네 국립공원으로 올라가서 더블유^W 코스를 따라 짧은 트레킹이라도 한 번 하고자 하는 마음이 있어 여유 있게 일정을 잡았는데, 겨울이라 그곳으로 올라가는 배가 다니지 않고 도무지 트레킹을 할 수 없다고 해 포기할 수밖에 없었다. 차선책으로 버스를 타고 토레스델파이네국립공원으로 올라가서 주요 지점에 멈춰 잠시 내린 후 부분적으로 트레킹을 하는 코스를 선택했는데 평소 1인당 하루 60불^{US}에 운행하는데 다음날에 필자 부부 둘만 남아서

180불US을 지불했다. 토레스델파이네국립공원을 더 돌아볼 수 없다고 판단하고 그 다음날 아르헨티나 엘칼라파테로 넘어 가는 버스표를 미리 구입하기 위하여 시내 끝에 있는 터미널까지 한참을 걸어서 천천히 시내를 구경하며 올라갔고 여권을 내밀고 국경을 넘어 가는 표를 구입했다. 칠레 푸에르토나탈레스에서 아르헨티나 엘칼라파테로 국경을 넘어 가는 버스는 겨울철엔 일주일에 2~3회 밖에 없기 때문에 정한 날짜에 이동하고자 한다면 표는 더욱 미리 예매해야 했다.

표를 구입하고서 푸에르토나탈레스에서 가장 멋있는 풍경을 찾아 바다와 산이 가장 잘 보이는 전망 좋은 나탈레스 항구puerto로 내려갔다. 조그만 시골 항구엔 해군들이 이용하는 부두가 따로 설치되어 있었고 그 옆에 정박되어 있는 고기잡이배들도 있었다. 바다 위에는 다양한 종류의 새들이 날아다니며 헤엄을 치기도 했고 그 건너편은 넓은 초원과 그 뒤 하얗게 눈에 덮인 높은 산들이 병풍처럼 가로 막고 있는 풍경이 시원한 장관이었다.

여긴 연 강수량이 5,000mm가 될 정도로 비가 많이 내리는 지역이라서 산들도 정상 부근에는 하얀 눈이 덮여 있었고, 그 아래엔 가을 정취를 느끼게 하는 나무숲과 누런 초원이 넓게 깔려 있었다. 그 앞은 하얀 파도와 푸른 바다가 출렁이는

푸에르토나탈레스 동네와 그 뒤 바다와 산들

푸에르토나탈레스 항구에서 바라본 바다와 들판과 숲과 하얀 산

평화로운 곳으로 바다의 고깃배가 몇 척 떠 있었으니 참으로 낭만적인 풍경이었다. 토레스델파이네국립공원에서부터 아르헨티나 빙하국립공원의 높은 하얀 산 아래에 빙하가 50여개나 있다니 이보다 더 멋진 풍경이 또 어디에 있겠는가. 겨울이라 철지난 해수욕장처럼 조용하고 한가하여 사람이 많아 북적거리는 것보다 싫지 않았고 호텔 안의 간이 주방에서 가져 간 몇 가지 음식을 꺼내 모처럼 한국식으로 저녁식사를 해결하고 다음날의 토레스델파이네국립공원의 좋은 일기와 멋진 풍경을 기대하며 바로 잠자리에 들었다.

5. 토레스델파이네국립공원 Parque Nacional Torres del Paine

해가 뜨기 훨씬 이른 새벽에 벌써 필자를 태우러 밴이 호텔 앞에 대기했고 다른
호텔 두 곳을 더 돌아서 콜롬비아에서 온 젊은 연인과 칠레의 산티아고에서 온

두 계절이 함께 하는 토레스델파이네국립공원

중년 부인 등 두 팀을 더 태워서 일행이 여섯이나 되었는데 스페인어와 영어를 말하는 가이드와 운전사를 포함해서 여덟 사람이 토레스델파이네국립공원을 향하여 출발했다. 겨울이라 쌀쌀한 새벽에 호텔에서 주는 아주 간단한 빵 몇 조각과 주스로 아침식사를 해결하고 겨울 등산복으로 무장하고 그렇게 기대했던 토레스델파이네국립공원으로 향할 때 전날의 예상과 달리 여섯 사람의 일행이 함께 출발해서 참 다행이었다. 어두운 새벽에 나탈레스에서 120km나 더 올라가는 아스팔트와 시멘트도로를 지나 비포장도로로 이어지는 토레스델파이네국립공원으로 들어서서 해가 떠 올라오기도 전에 밀로돈 동굴^{Mylodon Cave Natural Monument} 입구에서 가이드는 국립공원 입장료를 두 번째 지불하고 동굴로 안내하였다. 토레스델파이네국립공원 안에서 붉은 해가 높은 산 위에 떠오르는 장관을 잘 찍을 수 있는 장소로 급히 이동하여 혼자서 황홀한 아침 풍경을 설레는 마음으로 찍었다.

토레스델파이네국립공원은 1978년에 유네스코에서 생물다양성 보존지역으로 지정되었고 세계 10대 국립공원 가운데 하나로 알려져서 수많은 트레커들을 전 세계에서 불러들이는 곳이었다. 이 공원은 눈 덮인 산과 빙하, 푸른 호수와 강, 숲과 바람, 그리고 수많은 동물과 새들이 함께 어우러져서 때 묻지 않은 자연의 순수함이 그대로 남아 멋진 풍광을 이루는 곳이었다. 트레킹 도로가 잘 나 있었고 대피소도 잘 갖추어져서 몇 날 며칠이고 걷고 사진 찍고 쉬면서 느림의 트레킹 정수를 맛보아야 하는 곳이었다.

필자가 오랫동안 꿈꾸다 마침내 방문한 날은 한겨울이라 사람이 많지 않은 것은 좋았지만 구름이 잔뜩 끼여 그 경치를 제대로 볼 수 없었고 오후에는 눈과 비가 함께 내려서 아쉬움이 많이 남았다. 출발할 때 토레스델파이네국립공원에 배로 올라가서 더블유^W 코스를 따라서 짧은 트레킹이라도 며칠 하고자 하는 마음이 있어 여유 있게 일정을 잡았는데 겨울이라 배가 다니지 않으니 도무지 트레킹을 할 수 없어 자동차로 돌아보고 명소 몇 곳에 내려서 잠시 걸어서 돌아보며 트레킹의 맛만 보는 것으로 만족할 수밖에 없었다. 이 국립공원 입장료는 1인당 한화로 3만 6천원이었고 따로 더 내는 입장료가 있었다.

토레스델파이네국립공원에 트레킹의 계절인 2월에 다시 한번 와서 한 일주일

정도는 하얀 눈이 덮인 산들과 화려한 여러 들꽃들이 활짝 핀 초원의 장관을 감상하며 빙하의 깨끗한 물들이 흐르는 맑은 소리를 들으면서 그 멋지고 황홀한 풍경 속을 요리저리 걸어 다니며 잠도 중간 중간의 쉼터에서 자고 아침저녁으로 시시각각으로 변화무쌍하게 변하는 붉은 색 풍경을 수도 없이 사진을 찍고 싶은 마음은 그대로 남겨두었다.

토레스델파이네국립공원은 철조망이 군데군데 쳐져 있었고 누런 초원이 좋아 소들이 한가하게 풀을 뜯고, 과나코^{Guanaco}들도 무리지어 풀을 뜯는 평화로운 풍경이었다. 공원에는 다양한 여우 등 여러 가지 동물들이 살고 있었고 산 능선에서 새 중에 덩치가 큰 새인데도 날지 못하는 레아^{Rhea}를 보았는데 이 공원이 바로 레아의 서식지라고 했다.

토레스델파이네국립공원의 바위산에 비친 붉은 아침 햇살

①	②
③	④

① 토레스델파이네국립공원의 누런 초원에서 풀을 뜯는 소들
② 토레스델파이네국립공원 안에서 풀을 뜯는 과나코들
③ 토레스델파이네국립공원의 관광 자동차 도로와 하얀 산
④ 토레스델파이네국립공원의 관광 자동차 도로와 넓은 초원

토레스델파이네국립공원에서 백미는 토레스델파이네^{Torres del Paine}에 가까이 걸어
가 그 바위 산 앞에 있는 호숫가에서 우뚝 솟아있는 토레스델파이네를 올려다보
는 것인데 그걸 할 수 없다 할지라도 볼 수 있는 전망이 좋은 지점이 몇 군데 있
었으나 이날은 구름에 가리어 볼 수 없었다.
토레스텔파이네^{2,850m}는 '세 개의 푸른 탑'이라는 뜻으로 세 개의 화강암으로 된
봉우리가 맑은 호수 뒤에 우뚝 솟아 있는 것이 장관이고, 그 봉우리 정상 부분에
검은 띠를 두른 것같이 점판암으로 덮여 멋을 더하고 있는데 이날 구름으로 볼
수 없었다. 파타고니아는 산세가 뛰어난 절경을 이루고 그 산봉우리에 눈이 하

얇게 덮여 빙하로 흘러 내렸고 푸른 빙하 호수와 강들이 함께 어우러져 여러 동물들과 다양한 새들이 함께 깃들어 살고 있으면서도 때묻지 않은 깨끗한 자연을 그대로 간직하고 있어서 비교할 수 없는 비경이었다. 토레스델파이네국립공원은 노르웨이의 설산에다 스위스의 호수를 더하고 거기다가 몽골의 초원을 합쳐놓은 것같은 분위기라고 표현해도 좀 부족할 것 같았지만 그 멋진 풍광을 눈으로 목격하며 천천히 걸어서 돌아보는 것은 말할 수 없는 상쾌한 기쁨이었다.

토레스델파이네국립공원에 또 다른 비경 하나는 살토그란데 폭포^{Salto Grande Waterfall}

토레스델파이네국립공원에 또 다른 비경 하나는 살토그란데 폭포^{Salto Grande Waterfall}
인데 높이는 20m, 폭은 14m로 빙하의 호수에서 흘러내리는 순수한 물이 하얀 폭포를 이루어 장관을 이루었다.
살토그란데 폭포는 빙하가 녹은 물이라 순수해서 그런지 흘러내리는 폭포의 물보다도 하얗게 퍼져서 수정같이 맑고 순수한 풍광을 잘 연출하고 있었다. 그 폭포 위의 호수까지 한참을 걸어 올라가서 호수 건너편의 우뚝 솟은 눈 덮인 하얀 산들의 기세에 약간 눌리긴 했지만 웅장하고 멋진 풍경을 쭉 둘러보고 다시 돌아와서 점심 식사와 휴식을 취하러 호숫가의 대피소와 벤치가 놓여있는 쉼터에서 잠시 정차하였다. 그런데 그 지점이 바로 호수 건너편 뒤에 토레스델파이네의 우아한 비경을 구름 속에서 희미하게나마 볼 수 있는 이날의 최고 포인트였다. 호숫가 단풍이 든 나무들과 누런 초원은 늦은 가을 풍경이었고 그 위에 눈 덮인 하얀 산은 한겨울 풍경이라 두 계절이 선명하게 드러나는 진풍경을 그대로 같은 장소에서 한눈에 볼 수 있어서 더 좋았다.

콜롬비아에서 온 연인이 벤치에 앉아 점심을 먹고 와인을 마시는 동안에 필자는 여러 곳으로 삼각대를 옮겨가며 사진을 찍는데 시간을 다 보내다 삼각대를 접고 그레이 호수^{Lago Grey}를 보러 다시 일행과 함께 이동했다. 산엔 눈이 내리는데 아

래는 겨울비가 내리고 있었지만 토레스델파이네 가까이 있는 그레이 빙하 호수
를 보기 위하여 비 맞는 것도 마다하지 않고 나무로 만든 출렁다리를 건너고 숲
속을 통과해 언덕을 내려가니 검은 돌들이 잘게 다듬어져 굵은 모래밭을 만든

빙하의 물이 하얀 물보라로 떨어지는 살토그란데 폭포

푹신푹신한 모래광장이 나왔다. 지름길로 가로 질러 걸어가는데도 발은 전혀 빠

지지 않는 스펀지 같은 길을 편하게 지나 둑으로 올라가서 호숫가로 다가갔다.

호수 아래는 바로 검고 작은 돌들이 저수지 둑처럼 언덕을 이루고 있었고 거기

가 바로 그레이 빙하 호수가 막혀있는 끝 지점이었고 호수 중간 중간에 커다란 빙산Iceberg이 떠내려 와 멈춰서 장관을 이루고 있었다. 아내는 비닐 우비를 입고서도 추위에 떨었지만 필자는 고어텍스 등산복을 입고 비를 그대로 맞으며 호숫가로 무거운 카메라 배낭을 메고서 걸어갔다 왔음에도 철없는 소년 마냥 힘든 줄도 모르고 아무튼 아무 걱정 없이 신나게 경치에 젖고 비에 젖어 트레킹에 푹 빠져서 다녀왔다.

카메라 배낭을 메고 제일 일찍 도착하여 풍경을 보며 사진을 찍었고, 다시 갔던 길을 되돌아 언덕으로 올라 숲속 길을 지나서 주차장 쉼터로 향했다. 돌아오는 길에 숲을 자세하게 보니 숲 속의 나무들이 이끼를 짊어지고 겨우살이를 머리에 이고 그대로 서 있었고 넘어져 있는 나무들도 이끼를 잔뜩 한 짐 안고서 그대

살토그란데 폭포 위의 호수와 하얀 설산

로 썩어가고 있는 것이 자연 그대로의 깨끗함이 숨 쉬고 있었다. 트레킹 도로는 걷기에 적합하게 잘 단장되어 있었고 중간 중간에 쉼터와 화장실도 잘 준비되어 있어서 몇 날 며칠이고 느림의 트레킹하기에 안성맞춤이었다. 눈 덮인 산, 빙하, 호수, 강, 숲, 그리고 초원이 있고 거기에 수많은 동물들과 새들이 깃들어 살고 있으니 구경하기 좋고 사진 찍기에 그만이고 길은 부드러워 걷기에 좋고 높지도 않아 공기도 신선하니 힐링에 이보다 더 좋을 곳이 어디에 있겠는가! 물론 토레 스텔파이네로 올라가는 중간에 거친 너덜겅이 좀 있고 가파른 언덕이 약간 있긴 하지만 어느 산치고 그 정도의 거친 가파름이 없는 산이 어디 있던가. 단지 무서운 바람만 좀 피해서 이 길에서 걸을 수 있다면 더함이 필요 없는 행운이 아닐까 라는 생각을 했다.

그레이 빙하 호수에 찾아온 날은 5월 30일, 겨울인데도 호수 밑 낮은 언덕 위에

그레이 호수의 빙산과 그 뒤 눈 덮인 설산

있는 풀들이 아직도 푸른빛을 그대로 띠고 있는 것으로 봐서 사철나무 잎인지 정확하게 알 수는 없었지만 겨울에 푸르름을 볼 수 있어서 반가웠다. 물론 높은 산은 하얀 눈으로 늘 덮여 있었고 얼어붙은 빙하가 계속 밀려 내려오는 것으로 봐서 추운 날씨는 분명한데 필자가 찾아간 날도 겨울비가 내리는 것을 보면 호 숫가 아래 지역은 쌀쌀한 아열대 지역으로 거기에서 자라는 사철 식물들일 것이 라는 생각도 들었다.

토레스델파이네국립공원 자동차 여행은 어두운 밤이 되어서야 돌아오는 길로 들어섰지만 지름길로 가려다 오히려 길을 막아 놓아 아침에 올라갔던 길로 다시 되돌아서 올 수밖에 없었다. 아침에 출발할 때 들렀던 기념품점은 기념품 판매 와 카페테리아와 환전소를 겸하면서 기념품과 함께 간단한 샌드위치와 커피도

그레이 빙하 호수까지 겨울비를 맞고 걸어 간 필자 부부

팔고 있었는데 저녁에 올 때도 들렀고 아르헨티나로 넘어갈 때도 그 집을 들렀
다 넘어갔다. 기념품점은 난로를 피워 따뜻하고 아늑한 분위기였지만 밖은 통나
무 판을 이어서 붙인 집이라 자연스러운 투박함이 있었다. 국립공원이라서 자연
그대로의 멋을 살리기 위함과 바람과 추위 때문에 단단하게 물샐 틈도 없게 들
어가는 문도 쪽문처럼 만들어 놓았다. 기념품점 한가운데 태극기가 걸려있는 것
으로 봐서 여기도 한국인들이 많이 찾아오는 것이 틀림없는 것 같았다. 이날 늦
은 밤이 돼서야 나탈레스의 숙소에 돌아올 수 있었고 여섯 사람이 함께 여행을
했기 때문에 60불은 다시 호텔에서 되돌려 받았다.

2박 3일 동안 나탈레스에 머물면서 필자가 준비하여 여기까지 힘들게 가져갔던
음식물 박스의 음식을 부지런히 먹었기 때문에 그 내용물이 많이 줄어 나머지를

여행용 가방에 옮겨 담으면서 다행히 짐 박스 하나가 줄었다. 토레스델파이네국립공원을 아쉽게라도 돌아본 뿌듯함으로 깊은 단잠에 빠질 틈도 없이 그 다음날 새벽녘에 부리나케 일어나 토레스델파이네국립공원을 뒤로 하고 버스로 안데스산맥을 넘어 아르헨티나 국경검문소를 거쳐 넓은 평원의 아르헨티나로 들어갔다.

6. 여행방법

볼리비아 라파즈에서 칠레 산티아고로 가는 것은 란항공을 이용했고⁴시간, 이퀴크공항에서 입국도장을 받고, 산티아고 공항에서 세관검사를 한 후 입국했다. 공항에서 택시를 타고 호텔로 이동했고 호텔에서 공항으로 이동할 때도 호텔 프런트에 부탁한 택시를 이용했다. 산티아고 시내 관광은 산티아고에서 한인교회를 담임 목회하는 목사들의 자가용을 이용했고, 그리고 콘콘과 비냐델마르와 발파라이소에 다녀오는 것은 정 목사의 자가용으로 다녀왔다. 산티아고에서 푼타아레나스로 가는 것도 란항공으로 이동했고³시간 10분, 공항에서 푼타아레나스 시내로 갈 때는 택시를 이용했고, 푸에르토나탈레스에 갈 땐 버스로 이동했고⁴시간, 푸에르토나탈레스 버스터미널에서 택시를 타고 호텔로 이동했고, 그리고 버스표를 미리 구입하러 버스터미널에 갈 때는 걸어서 시내 구경을 하며 이동했다. 토레스델파이네국립공원은 호텔에 부탁하여 비용을 지불하고 밴으로 하루 종일 돌아보았고 군데군데 내려 걸으면서 공원을 돌아보았고, 그리고 푸에르토나탈레스에서 예약한 버스로 안데스 산맥을 넘어 국경검문소를 거쳐 4시간이 걸려서 아르헨티나 엘칼라파테로 넘어갔다.

아르헨티나
Argentina

아침 해 뜰 무렵의 페리토모레노 빙하

아르헨티나^{Argentina}

아르헨티나^{은(銀)이라는 뜻}는 목축과 탱고와 축구가 유명한 나라다. 2010년 5월 아르헨티나 독립 200주년 기념행사가 열렸던 7월 9일 거리^{Av. 9 de Julio} 행사장 바로 옆 호텔에 필자가 묵으면서 독립 200주년을 거국적으로 밤낮 며칠간 기념하는 행사를 직접 눈으로 목격하는 기막힌 행운을 잡았다. 아르헨티나는 국토의 크기가 남미에서는 두 번째로 커 세계적으로는 8위인 276만㎢이고 인구는 국토의 크기에 비해 4,000만 명으로 비교적 적다. 부에노스아이레스^{Buenos Aires} 시내에 300만 명이 살며 그 근교 그란 부에노스아이레스에 1,300만 명이 살고 있었다. 부에노스아이레스 시민들은 부에노스아이레스 근교까지 합하면 인구 2,000만 명이 될 것이라고 했다.

국토는 남북의 길이가 3,700km여서 4,300km의 칠레보다는 짧지만 동서로는 1,700km여서 175km 칠레와는 비교할 수 없는 거대한 국토를 자랑했다. 아르헨티나는 목축과 농업이 발달한 1차 산업 중심의 나라인데 국토의 40%가 방목지여서 가는 곳곳마다 철조망을 쳐 놓고 목축을 하는 넓은 초원을 볼 수 있었는데 소는 인구의 두 배인 8,000만 마리라고 했다. 아르헨티나는 팜파스^{Pampas}와 파타고니아^{Patagonia} 초원과 같은 넓은 초원이 있는데다 그 초원의 풀이 좋아서 소들이 스트레스를 받지 않고 그 풀만 먹고 건강하게 잘 자라는데다가 소고기의 육질과 지방질이 적당한 비율로 섞여 있고 브라질에서 소가 4-5년을 자라야 장성하는데 비하여 아르헨티나에서는 2년에 다 성장하기 때문에 소고기의 육질이 연해서 최고의 맛을 낸다고 했다. 브라질에서도 아르헨티나 소고기를 최고로 알아주었다.

아르헨티나의 목동을 가우초라고 해서 독특한 가우초 문화까지 생겨날 정도로

목축이 유명했으며 관광 상품으로 관광객들을 불러들이고 있었다. 2010년에 부에노스아이레스 시내의 가장 번화가인 플로리다 거리에서 탱고를 추면서 둘러선 구경꾼들에게 반강제로 돈을 거두어들이는 것도 재미있었고 그 거리에 여러 가지 재미있는 구경거리들이 많아 그걸 보려고 몰려든 사람들까지 다 구경거리였다. 탱고에 흥이 나고 아사도 소고기 맛에 반하고 멘도사 와인에 취하고 축구에 열광하고 경치에 빠지는 곳이 바로 아르헨티나였다. 100년도 넘은 나무로 만든 나무의자의 지하철을 타보며 오랜 역사를 느꼈지만 일본에서 운행하다가 일본어가 그대로 새겨진 지하철 헌 객차가 부에노스아이레스 지하철 철도에서 아직도 그대로 운행되고 있는 것을 보면서 아르헨티나 경제의 현주소를 봤다.

2010년에 호텔 스파 사우나의 공중탕에 다 벗고 그냥 들어갔는데 벽에 걸어놓은 팬티를 입고 탕에 들어가라는 주의를 받고서 누가 몇 사람이 입었는지도 알지 못하는 팬티를 입고 탕에 들어가야 했던 일화는 남미와 우리네 나라가 먼 거리만큼이나 문화도 어떤 것은 정반대일 정도로 달랐다. 아르헨티나의 주민은 이태리와 스페인에서 유입한 이민자들이 가장 많았고 나중에 프랑스와 영국에서도 이민인들이 들어와서 유럽인들이 인구의 97%를 차지하고 있어서 유럽의 어느 도시에 온 것 같은 느낌이 들었다. 박정희 전 대통령의 이민정책으로 한인들도 부에노스아이레스에 17,000명이 살고 있었고 한인교회도 29곳이 있었다.

얼마 전에 아르헨티나가 디폴트를 선언할 정도로 경제적인 사정이 어렵기 때문에 은행에 맡겨놓은 돈을 몇 년 후에 내준다고 하면서 예금한 달러^{US$}를 내주지도 않아 교민들이 많이 불편하다고 했다. 아르헨티나의 페소화가 약세고 달러의 가치가 높아서 여행객들에게는 유리했다. 아르헨티나의 경제 사정 때문에 부에노스아이레스 번화가 거리에서 "깜비오 달러, 깜비오 유로"^{달러 바꿔요, 유로 바꿔요}라고 소리치는 사람이 많았다. 필자는 이번에 아르헨티나에서 세 번 환전을 했는데 100달러^{US$}를 엘칼라파테에서 1,000페소로, 부에노스아이레스에서 개인에게 1,100페소로, 그리고 환전소에서 1,150페소로 환전했다. 호텔이나 백화점에서 계산할 때 100달러를 700페소로 공식적으로 계산하기 때문에 필자는 신용카드보다는 아르헨티나 페소로 모든 비용을 계산했다. 문제는 경제가 어려우니 부에노스아이레스에 권총강도들이 많아져서 선교사들도 한 두 번은 다 강도를 당했다고 말하는 바람에 불안감이 더 커졌고 약간 후미진 거리의 음식점 문 앞에 경찰이 총을 들고 지키는 것을 쉽게 볼 수 있었다. 최고 번화가 플로리다 거리는 2010년엔 여러 가지 볼거리들이 있었고 사람들도 넘쳤는데 2014년엔 하나의 구경거리도 볼 수 없었을 뿐만 아니라 문을 닫은 가게도 여러 곳이 있었다. 그 거리에 걸어 다니는 사람도 많지 않아 제대로 구경을 하러 맘 놓고 걸어 다니기도 쉽질 않았고 거기에서 카메라를 꺼내서 사진을 찍을 수가 없었다.

2010년 5월에 브라질 아마존 신학교에 강의하러 갔다가 상파울루에서 부에노스아이레스로 들어갔다 나왔는데 이번엔 칠레 산티아고를 거쳐서 아르헨티나를 들어가야 했을 때 어느 지역으로 입국해서 들어가 어디를 관광할 것인가에 대해 고심을 좀 했다. 산티아고에서 안데스 산맥을 넘어 멘도사^{Mendoza}로 들어가서 바릴로체^{Bariloche}를 거쳐 파타고니아로 내려갈 것인지 아니면 칠레 푸에르토몬트 $^{Puerto Montt}$로 해서 여러 개의 호수를 배로 건너 버스도 몇 번 갈아탄 다음에 바릴로체로 들어갔다가 파타고니아로 내려갈 것인지도 숙고했으나 오랜 시간 버스를 타고 가야하는 여행에 발광이 날 정도로 고생하고 질린 적이 있어서 일찌감치 아내와 함께 가야하는 장거리 버스 여행은 포기했다. 산티아고에서 칠레 남단의 푼타아레나스까지 항공으로 날아가서 거기서 버스로 나탈레스로 올라갔다가 꼭 가고 싶었던 토레스델파이네국립공원을 먼저 들려서 돌아보고 나탈레스에서 아르헨티나 엘칼라파테$^{El Calafate}$로 버스로 넘어가는 길을 선택했다. 일단 엘칼라파테로 넘어가서 빙하국립공원$^{Los Glaciares National Park}$ 중에서 가장 유명한 페리토모레노^{Glaciar Perito Moreno} 빙하를 가서 본 다음 잘 생긴 피츠로이 산에 가까이 다가가
서 제대로 한 번 바라보고, 다시 엘칼라파테로 돌아와서 남미 최남단의 도시 우
수아이아^{Ushuaia}에 항공으로 내려갔다. 안데스 산맥의 최남단 도시 우수아이아에
내려서 2박 3일간 돌아보며 비글해협^{Canal Beagle}에 한 번 나가서 그 유명한 땅끝 등
대가 있는 데까지 나가서 돌아보았고, 다시 죄수들에 의해서 세워졌다는 국립공
원^{Parque Nacional Tierra del Fuego}에도 갔다가 돌아와서 항공으로 눈 덮인 하얀 안데스 산
맥을 위에서 내려다보며 남미의 파리라 불리는 부에노스아이레스로 들어갔다.
부에노스아이레스에서 한인 선교사들을 만나 필자의 스페인어전도지를 소개하
고 전달해 준 다음에 점심도 대접해 드렸다. 선교사가 개척한 현지인교회와 한
인교회에도 가서 설교하며 돌아보았다. 부에노스아이레스의 명동이라는 가장
중심가 플로리다 거리와 보카 지구를 좀 걸어보았고, 탱고쇼^{Senor Tango Show}도 이
번에 감상했다. 거기서 푸에르토이구아수^{Puerto Iguazu}로 날아가서 이구아수 폭포를
윗길과 아래 길을 다 걸어 다니며 신나게 구경했다. 악마의 목구멍은 너무 많은
폭우로 길이 막혀 가질 못하고 브라질 쪽으로 넘어가서 브라질 쪽 이구아수 폭
포를 돌아보았다.

1. 엘칼라파테^{El Calafate}

5월 31일 새벽 5시 30분에 나탈레스 호텔에서 일어나 준비해서 6시 30분에 빵
몇 조각으로 아침식사를 하고 7시에 호텔프런트에 부탁한 택시를 타고 버스터
미널에 도착했다. 버스터미널에 내려서 겨울인데다 아침이라 도로가 살짝 얼어
서 많은 짐을 가지고 움직이는 것이 조심스러웠다. 푼타아레나스 행 버스는 여
러 대가 출발을 준비하고 있었으나 엘칼라파테로 넘어 가는 버스는 크기도 작은
한 대가 유일했다. 토레스델파이네국립공원으로 가는 삼거리의 그 기념품점 앞

에서 우회전하여 가다 칠레 국경검문소에서 출국신고를 하고 다시 안데스 산맥의 산봉우리 하나를 넘어서 내려가는 길목에 아르헨티나 국경검문소에서 입국신고를 했는데 인심 좋게 90일 체류허가를 해 주었다. 국경검문소에서 겨울이라 그런지 짐을 꺼내보라는 말도 하지 않고 신고서를 기록해서 여권과 함께 제출한 것이 전부였다. 어느 나라나 공항에서 입국 심사를 할 때가 긴장이 되는데 부에노스아이레스에서 너무 멀리 떨어진 산악 국경검문소라서 젊은 처자 직원들이 있는데 바로 입국도장을 찍어 주어 입국이 허락되었다.

국경검문소를 지나 산을 내려가니 드디어 초원이 시작되었고 끝도 없이 계속 이어졌다. 이렇게 넓고 좋은 초원에서 소떼들이 무리 지어 자유롭게 풀을 뜯고 있어서 최고의 소고기 맛을 내는 비결인가보다 하는 생각이 들었고 군데군데 철조망으로 경계를 지어 쳐 놓았다. 초원은 겨울이라 풀이 누렇게 색깔이 변했는데 푸른 덤불 나무들이 초원에 가득 심겨져 자라고 있었고 그 색깔이 다 달랐고 초원과 멋진 조화를 이루고 있었는데 가축들이 겨울에도 푸른 이 나무덤불들을 뜯어 먹어서 건강하게 자라고 있는 것 같았다. 버스가 중간 동네에서 몇 번 사람을 태우느라 잠시 정차 했으나 세 시간을 달리고서야 시골 한복판 조그만 동네의 주유소가 있는 휴게소에 정차했다.
이 초원의 끝 지점 낭떠러지에서 몇 번 꼬불꼬불하게 커브를 틀어서 800-900m 정도를 계속해서 내려갔는데 마치 대관령 언덕 위에서 옛날 아흔 아홉 고개를 굽이굽이 돌아서 강릉을 향하여 내려가는 것처럼 한참을 내려가더니 아르헨티나에서 가장 큰 호수인 아르헨티노 호수^{Lago Argentino}가를 따라 다시 평야지대로 달렸고 제일 좋은 명당에 엘칼라파테 시내가 터를 잡고 있었다. 시내로 들어가는 중간 오른쪽에 국제공항이 있었고 그 길로 좀 더 깊이 들어가더니 드디어 엘칼라파테 버스터미널에 도착했다. 필자가 예약한 린다비스다아파트 호텔^{Lindavisda}

페리토모레노 빙하로 가는 관광버스

Apart Hotel에서 보낸 택시가 필자를 찾아 와서 그걸 타고 호텔로 향했다.

엘칼라파테는 인구 2만으로 빙하국립공원을 관광하러 찾아오는 사람들을 위하여 건설된 도시로 공항까지 건설되어 있어서 접근성이 좋았다. 엘칼라파테는 호텔들을 중심으로 숙박시설이 많았고 트레킹하는 관광객들을 위한 쇼핑몰이 있었고, 그곳 주민들을 위한 주거시설과 마트와 카지노도 몇 군데 보였다. 거기에 갔을 때 기후는 초겨울 날씨였지만 며칠은 영하로 내려갔고 눈도 내렸으며 약간 쌀쌀하게 느껴졌다. 남미에 있는 민박 사이트에서 린다비스타아파트 호텔을 찾아서 방문 전에 여러 차례 메일과 전화를 주고받으며 이미 여러 정보를 교환했다. 린다비스다아파트 호텔을 경영하고 있는 권여사가 푸에르토나탈레스의 호

텔을 예약하고, 토레스델파이네국립공원 트레킹 정보를 알려주었다. 그리고 엘칼라파테 행 버스표 예약 정보와 피츠로이 산^{Monte Pitz Roy}을 보러 엘찰텐^{El Chalten}에 가는 버스와 그곳 호텔 정보를 주었다. 처음 방문하는 곳의 모든 정보는 다 새로워서 여행자의 에너지를 절약하게 하고 여행을 아주 원활하게 하기 때문에 아주 중요했다. 린다비스다아파트 호텔은 이름 그대로 아파트처럼 침실과 화장실과 부엌이 따로 있었고, 다락방도 있어서 5-7명의 일행이 와서도 함께 묵을 수 있을 정도로 여유가 있었고, 호텔처럼 침실이 깨끗하고, 부엌과 그릇, 식탁이 있어서 필자가 가져간 음식들과 마트도 가까운 곳에 있어서 이보다 더 좋을 수가 없었다.

호텔에서 제일 가까운 마트로 가서 세계 여러 나라 소고기 중에서 가장 맛있는 아르헨티나 산 소고기의 가장 부드러운 안심^{1kg에 1만원 정도}을 등심과 섞어서 부담없이 여러 날 먹을 만큼 로스구이용으로 얇게 썰어서 샀고 여러 가지 야채와 과일, 옥수수, 생수, 그리고 감자와 고구마 등 장바구니 가득 차게 제대로 장을 봤다.

아내가 장 봐온 것으로 실력발휘를 했는데 미소 된장에다 소고기와 감자를 넣어 소고기된장국을 끓이고, 얇게 썰어서 사온 안심으로 로스구이 요리를 해서 소금과 후추를 조금 뿌리고 찰진 흰쌀밥에다 한국에서 가져간 밑반찬과 몇 가지 더 요리한 반찬으로 점심과 저녁을 실컷 먹었다. 아르헨티나의 오지 엘칼라파테에 와서 둘이 오붓하게 좋은 호텔방에서 맛있는 요리까지 더하여 호사를 누리다니 뜻밖에 횡재를 한 기분이었다. 무엇보다도 2010년 5월에 부에노스아이레스의 고급식당에서 저녁 식사로 먹었던 아사도 소고기 요리보다는 아내가 아파트호텔 부엌에서 직접 요리하고 구운 안심 로스구이에 소고기 된장국을 더하여 한식반찬을 곁들여서 먹는 것이 마치 집안 식탁에서 먹는 것처럼 편하게 먹어서 맛도 더 있고 고기도 부드러워서 최고 일미였다. 린다비스다아파트 호텔에서 5일

페리토모레노 빙하의 웅장한 모습

간 묶으면서 먹었던 아르헨티나 산 안심과 등심 로스구이 맛은 아직도 잊혀지질 않는다.

1) 페리토모레노 빙하 Glaciar Perito Moreno

6월 1일 아침 식사는 맛있는 한식으로 방안 부엌에서 해결하고 호텔에서 주는 아침 식사 빵을 점심 식사로 가지고 오전 9시 15분 호텔 앞에 온 관광버스를 타고 아직 아침 햇살이 떠오르기 전 어둑어둑한 때에 엘칼라파테 시내에서 서쪽을 향하여 출발했다.

빙하국립공원에서 가장 대표적인 빙하가 바로 페리토모레노 빙하인데 그 빙하를 보러 가면서 넓은 들판을 찬찬히 보니 초원은 누렇게 변했는데 먼 산은 눈으로 하얗게 덮여 눈이 확 떠지는 경치였다. 가는 중간에 쉬는 지점에서 멀리서 바라 본 아침햇살이 비치는 높은 설산과 그 아래의 빙하는 그야말로 환상적이었다.

파타고니아의 빙하는 남극과 그린란드에 이어서 세계에서 세 번째 빙하 지역으로 알려져 있는데 칠레와 아르헨티나의 국경을 중심으로 위 아래로 48개의 크고 작은 빙하들이 즐비하게 산 아래로 흘러내리고 있었다. 보통 빙하는 2,500m 정도의 높은 산악지형에서 형성된다고 알려져 있는데 파타고니아 지역은 남위 50도 부근에 위치할 정도로 남극에 가깝고 토레스텔파이네^{2,850m}, 피츠로이 산 ^{3,405m}, 그리고 토레 산^{3,102m} 등의 높은 산들이 안데스산맥으로 계속해서 이어져 있고 그 중간 중간의 산들도 1,500 ~ 2,500m 정도의 산봉우리들로 즐비하게 함께 연결되어 있는데다 강수량도 연 5,000mm 정도 되기 때문에 많은 눈이 쉽게 빙하로 형성되어서 아름다운 빙하국립공원을 이루고 있었다.

페리토모레노 빙하는 파타고니아를 19세기 최초로 탐험한 아르헨티나 탐험가 Francisco P. Moreno의 이름을 따서 붙여졌다고 한다. 페리토모레노 빙하는 빙하국립공원 중에서 가장 잘 생겨서 1981년에 유네스코 문화유산으로 지정이 되었다. 문화유산으로 지정이 되어서인지 관광객들이 제일 많고 입장료도 비싸며 경치도 제일 장관이었다.

페리토모레노 빙하는 파타고니아 빙하 중에서 가장 유명하고 잘 생겨서 가장 많은 관광객들이 찾는 빙하였는데 엘칼라파테에서 서쪽으로 78km 떨어진 지점 왼쪽에 우뚝 솟은 모레노 산$^{Cerro\ Moreno,\ 1,640m}$과 그 뒤에 거대한 피에트로벨리 산$^{Cerro\ Pietrobelli,\ 2,950m}$과 오른쪽에 도스피코스 산$^{Cerro\ Dos\ Picos,\ 2,053m}$ 사이에 위치하고 있었다.

페리토모레노 빙하와 거대한 유빙

여러 빙하가 녹으면서 만들어진 아르헨티노 호수가 흐르고 있어서 경치좋은 절 터처럼 잘 자리 잡고 있었다. 빙하 중간지점 바로 앞에 작은 언덕이 자리 잡고 있어서 빙하를 한눈에 관망하기에 그만이었다. 그 언덕 제일 전망 좋은 지점에 전망대 겸 휴게소가 세워져 있었고 도로와 주차장까지 잘 단장되어 있어 빙하 관광에 최적이었다. 관광객들이 항공으로 왔다가 자동차로 쉽게 접근할 수 있어 서 좋았고 피츠로이 산과 우수아이아까지 함께 연결해서 볼 수 있기 때문에 더 많이 찾는 것 같았다. 빙하 전망대에서 빙하를 바로 눈앞에서 볼 수 있도록 빙하 쪽 언덕 아래로 철제 산책로와 나무 난간이 여러 층으로 계단과 함께 잘 단장되 어 설치되어 있어서 빙하에 가까이 다가가서 눈앞에서 바라볼 수 있게 잘 꾸며 져 있었고 맨 아래는 의자와 약간 넓은 공간까지 있어서 편안하게 의자에 앉아

서도 무너지는 빙하의 장관을 볼 수 있었다.

빙하 유람선을 타는 바조라스솜브라스 선착장에 도착했을 때 여러 관광버스에서 관광객들이 쏟아졌는데 중국인 단체 관광객들이 제일 많았다. 페리토모레노 빙하는 넓이가 5km, 길이 30km, 빙벽의 물 위에서 평균 높이 74m로 물속 얼음의 깊이까지 합하면 170m에 이르는 거대한 빙하로 빙하 전체가 한눈에 들어오는 것이 절경이었다. 왜 그렇게 유명한지 금세 알 수 있었다. 우선 여러 관광버스에서 내린 관광객들이 국립공원 입장료와 별도로 빙하 관광비용을 다시 지불하고 배를 타고 아르헨티노 호수에서 빙하 가까이 나아가 빙하를 먼저 관광하였다. 선착장으로 다시 돌아와 주차장에서 빙하 전망대로 이동해서 주차하고 전망대에서 식사와 휴식과 빙하 관광 등을 자유롭게 할 수 있도록 1시간이 넘게 시간을 주어서 빙하 관광을 맘 놓고 할 수 있었다.

겨울철이라 빙하 트레킹 관광은 하지 않고 배를 타고 빙하 가까이 다가가 바라다보는 것과 언덕 위 전망대에서 빙하를 조망하는 관광 두 가지를 했다. 겨울철이라 빙하 뒷산에 눈이 덮여 있는 풍경이 거대한 모레노빙하와 함께 일체된 절경을 이루고 있어서 더 웅장했다. 겨울철인데도 관광객들이 많았고 토레스델파이네국립공원에 온 사람들과는 비교도 되지 않을 만큼 성황을 이루었다. 땀 흘리며 힘들게 걸어 다니면서 여러 날을 보아야 하는 트레킹 관광보다는 항공과 버스로 바로 접근하여 한눈에 멋진 경치를 바라보고 감동하는 쉬운 관광을 사람들이 더 좋아하고 여행사도 비용과 시간도 줄여야 하니 더 선호하는 것 같았다.

페리토모레노 빙하 중심부는 하루에 2m씩 아래로 이동하고 가장자리는 40cm씩 아래로 이동을 하며 계속해서 자라고 있는 빙하였다. 이것이 바로 빙하의 끝부

◀ 페리토모레노 빙하의 순백 대리석 기둥 같은 거대한 전경

순백의 페리토모레노 빙하

분이 계속해서 조금씩 무너져 내리는데도 불구하고 줄어들지 않고 같은 위치에 같은 크기를 유지하고 있는 비결이었다. 빙하^{(스)glaciar, (영)glacier, (한)氷河}는 거대한 무게의 얼음덩어리이기 때문에 아래로 쓸려 내려오면서 바위와 흙까지 함께 쓸고 내려오며 피오르드^{Fiord}도 만들어내고, 그 빙하 속에는 돌과 흙을 섞어 함께 쓸고 내려와 깨끗하지 않는 지저분한 형태를 그대로 드러내고 있는 곳도 있었다.

토레스델파이네국립공원의 기념품 집에서 만났던 독일 세 숙녀를 칠레에서 아르헨티나로 올 때 같은 버스를 타고 넘어왔고 페리토모레노 빙하를 관광하는 날 다른 관광버스였지만 같은 배를 타고 전망대에서 함께 걸어 다니며 관광을 했다. 엘찰텐의 피츠로이 산을 필자가 보고 오는데 이들을 가면서 중간휴게소에서 또 만났고 다시 부에노스아이레스에서 필자가 묵었던 아바스타호텔을 메일로

페리토모레노 빙하 옆쪽 산위의 춤추는 구름(위)
페리토모레노 빙하를 배경으로 독일인 세 숙녀(맨 왼쪽이 Freya)와 함께 한 필자 부부(좌)
페리토모레노 빙하 오른쪽 아르헨티노 호수 전망대(우)

알려 주었더니 찾아 와서 함께 찍었던 사진들을 전하여 주면서 또 만났다. 세 숙
녀 중에 제일 키가 큰 처자의 이름이 프레야^{Freya Beyer}로 24살이고 다른 친구도 24
살, 나머지 한 명은 22살 대학생인데 아르바이트로 돈을 모아서 자신들의 키만

큼이나 큰 배낭을 짊어지고 여행을 하던 당차고 예쁜 숙녀들이었는데 필자가 이들을 '예쁜 숙녀들'Beautiful Ladies이라고 부르며 함께 즐겁고 유쾌한 여행을 했다. 이들은 엘칼라파테에서 피츠로이 산을 보고 와서 부에노스아이레스로 가서 이구아수폭포, 상파울루, 히우를 둘러보고 콜롬비아로 갔다가 7월 말에 독일로 돌아간다고 했는데 대단히 용감한 숙녀들이었다.

겨울인데도 전망대 주차장에 여러 명의 빙하 관광 안내원들이 친절하게 안내해주었다. 삼각대를 접고 카메라도 정리하여 무거운 카메라 배낭을 짊어지고 다시 버스에 올라타면서 페리토모레노 빙하관광을 마무리했다. 정말 굉장한 빙하의 장관을 보았고 이날 날씨도 좋아서 빙하관광은 환상적이었고 오랫동안 기억에 남아 삶을 풍요롭게 해주었다.

  2) 스페가찌니 빙하Glaciar Spegazzini, 웁살라Glaciar Upsala
페리토모레노 빙하를 관광하고 그 다음날 엘찰텐El Challen으로 올라가서 피츠로이

전망대 가장 아래에서 바라 본 페리토모레노 빙하 전경

산^{Monte Pitz Roy}을 1박 2일 일정으로 둘러보고 와서 다시 6월 4일 7시 35분에 엘칼라파테의 호텔에서 아르헨티노 호수의 서쪽 방향으로 캄캄할 때 출발하여 반데라선착장^{Puerto Bandera}까지 50km를 1시간에 달려서 8시 35분에 도착하였다. 스페가찌니 빙하를 보기 위하여 이미 호텔에서 관광버스비를 지불했는데 페리토모레노 빙하로 갈 때 국립공원 입장료^{1인당 215페소}를 다시 지불하고 또 빙하 관광비^{1인당 80페소}를 지불하고 여러 관광버스에서 내린 관광객들과 함께 승선하여 산봉우리에도 아직 해가 떠오르지 않아서 캄캄한 8시 55분에 크루즈 배가 빙하를 향하여 출발했다. 겨울의 이른 아침이라 눈발까지 날려 너무 추워서 다들 선실로 들어가서 점잖게 앉아 있었다. 아르헨티노 호수는 페리토모레노 빙하, 웁살라 빙하^{Glaciar Upsala}, 그리고 스페가찌니 빙하까지 빙하국립공원을 서쪽에서 감싸 안았고 엘칼라파테 공항 끝에서도 한참을 더 동쪽으로 더 이어지는 거대한 호수임을 크루스선을 타고 가면서 더 실감했다. 웁살라 빙하와 스페가찌니 빙하를 보러 가는 것은 한참을 아르헨티노 호수 상류인 북쪽으로 올라가는 것으로 그 호수 양쪽은 깎아지른 바위산들이 병풍처럼 높이 서 있어서 마치 노르웨이의 피오르드를 배

스페가찌니 빙하 전경

로 여행하는 것 같았다.

한참을 호수 상류 북쪽으로 올라가면서 서서히 붉은 아침 햇살이 산위에 비치기 시작했으나 이날 아침은 구름이 산들을 덮어서 희미했다. 드디어 아름다운 경치가 나타나기 시작하자 배안에 편히 앉아있던 관광객들이 하나 둘씩 바람 부는 선상으로 나오기 시작했다. 깎아지른 설산 사이에 얼음처럼 차갑게 흐르는 호수와 그 호수 위로 떠다니는 하얀 빙산은 반지의 보석 같았고, 군데군데 산허리 중턱을 덮은 안개는 몽환적인 분위기를 연출했다. 멀리 빙하가 하얀 대리석 벽처럼 희미하게 보이는데 그 주변 높은 산 아래 호숫가에 푸른 나무들이 숲을 이루고 있었고 그 위에 까만 바위들과 또 그 위에 하얀 눈이 덮여 있는 산꼭대기에

눈 덮인 까만 바위산 아래 호숫가 바위산 위 나무숲

붉은 아침 햇살이 살짝 비쳤다. 금방이라도 호수로 쏟아질 것 같은 하얀 빙하들이 산언덕 여기저기에 널려있는 이런 희한한 풍경을 선상에서 바라다보는 것은 장관이었다.

웁살라 빙하는 스웨덴의 웁살라대학의 빙하 연구 후원으로 연구되어져서 웁살라 빙하 Glaciar Upsala 라고 이름이 지어졌다고 한다. 웁살라는 스웨덴의 스톡홀름 바로 위 대학도시이고 웁살라 대학은 굉장히 큰 대학으로 유럽의 많은 젊은이들이 몰려와서 공부하고 있었는데 필자는 2005년에 이 곳을 방문해서 교정에 13세기에 건축된 그 유명한 루터교회를 둘러 보았고 그곳이 바로 오래 전에 더불유시시 WCC 세계대회가 열렸던 곳이었다. 웁살라 빙하는 지구 온난화로 인하여 계속해서 빙산이 무너지면서 급격히 줄어들고 있는 관계로 2008년부터 빙하에 접근이 금지되었다. 웁살라 빙하는 아르헨티노 호수의 북쪽 상류에 위치하고 있으며 길이는 50km, 넓이는 10km, 수면 위의 높이는 수 백m나 되는 빙하국립공원에서 가장 큰 빙하 가운데 하나였는데 필자가 탄 배는 이 날 아침에 빙하가 희미하게 보이는 먼 지점에서 멈춰서 배를 돌려 스페가찌니 빙하로 향했다.

스페가찌니 빙하로 향하여 가는 호숫가의 경치는 빙산과 하얀 산과 막 흘러 내리려는 빙하와 호숫가 나무 숲 등 볼 것이 많았다. 빙산의 일각이라는 말이 있듯이 물 위에 떠있는 빙산보다는 물 속에 감추어진 빙산이 7~8배나 더 크다고 하니 보이는 빙산의 전체 크기는 실제로 엄청난 규모였을 것이다. 웁살라 빙하

스페가찌니 빙하의 가운데 모습

스페가찌니 빙하에서 멀리 떨어진 크루즈 선상에서 사진을 찍는 사람들

의 거대한 빙산이 무너져 내리는 것으로 인하여 생겨나는 그 물보라 파도와 무너지는 소리 때문에 크루즈 선들이 가까이 접근하지 못하도록 단단히 금하고 있었다.

스페가찌니 빙하Glaciar Spegazzini는 이탈리아계 아르헨티나인 스페가찌니가 처음 탐험을 했다고 해서 스페가찌니 빙하라는 이름이 붙여졌다고 한다. 스페가찌니 빙하의 길이는 25km, 넓이는 1.5km, 그리고 높이는 80-135m가 된다고 하니 넓이가 다른 빙하에 비해서 짧지만 높이는 페리토모레노 빙하보다 높다고 알려져 있었다. 관광 크루즈 선이 비교적 스페가찌니 빙하 가까이 접근해서 빙하를 보도록 했는데 이날 크루즈 관광의 백미였다.

크루즈 관광을 하는 겨울 이른 아침의 날씨는 눈발이 날리고 바람이 불어와 추워서 선상으로 나가 관광을 하고 사진을 찍기가 쉽지 않았지만 많은 사람들이 선상으로 올라가서 눈발과 추위도 아랑곳하지 않고 스페가치니 빙하를 구경하고 사진 찍는 일에 몰두했다. 빙하를 겨울에 찾아서 매서운 바람으로 춥긴 했으나 빙하 뒷산까지 온통 눈으로 덮여서 빙하와 더불어 경치는 더 절경이었고 사람이 적어서 사진 찍기도 좋고 더 오붓했다. 호수 양쪽의 가파른 산중턱까지 눈이 내려서 쌓여 있고 그 바위산 아래 호숫가 지점엔 나무가 숲을 이루고 있어서 피오르드 계곡 같은 차가운 빙하 호수를 양쪽 높은 산 사이에서 크루즈로 다니며 눈 내리는 추운 겨울에 절경의 빙하 관광을 신나게 했으니 참 즐거운 하루였다. 반데라 선착장에 내려서 린다비스다아파트 호텔로 돌아오니 오후 2시였고 다음날 우수아이아 여행을 위하여 호텔방에서 사진을 정리하며 그냥 오후 내내 쉬었다.

2. 엘찰텐El Chalten 피츠로이 산Monte Pitz Roy

파타고니아 빙하국립공원 안에 있는 엘칼라파테와 엘찰텐은 다 아르헨티나의 산타크루즈 주에 속하며 두 지역 사이의 거리는 214km로 버스로 3시간 30분이 걸렸다. 남미 버스 여행의 특징은 미리 예약을 하고서 그 버스를 타야했는데 아무 때나 수시로 표를 사서 버스를 타고 가는 우리네 사정과 좀 달랐다. 린다비스다아파트 호텔에서 시내를 걸어서 구경하며 버스터미널로 가서 여권을 제시하고 원하는 일정의 왕복버스표를 전날 미리 구입했다. 엘찰텐에서 첫날 일정을 마치고 밤에 눈이 내린다는 예고에 그 다음날 오후 5시에 예약한 버스표를 아침

피츠로이 산의 전경

7시 30분으로 호텔 프런트 직원에게 부탁하여 겨우 변경했다. 무엇보다도 묵었던 호텔이 엘찰텐의 산골 호스텔이라 시설이 미비해서 자는 것도 너무 춥고 불편했다. 눈이 내리면 시야가 가려져 볼 수 있는 풍경이 별로 없을 것 같아서 아침 일찍 돌아가기로 변경했는데 참 잘한 결정이었다.

엘칼라파테 버스터미널에서 아침 8시에 출발하여 아르헨티노 호수 동쪽 끝 지점에서 돌아 북쪽을 향하여 올라갔는데 그 길은 바릴로체로 올라가는 40번 국도였다. 또 중간에 라레온나^{La Leona} 휴게소에서 한번 쉬었다가 비에드마 호수^{Lago Viedma}를 왼쪽으로 끼고 23번 지방도로로 올라가면 설악산 남쪽에 있는 오색 같은 피츠로이 산 동남쪽에 엘찰텐이라는 산골 동네가 나오는데 오전 11시 30분에 도착했다. 가는 중간에 비에드마 호수에 가까운 라레온나 시골휴게소에 잠시 정

엘찰텐으로 가는 중간 라레온나 시골휴게소에 세워진 세계 유수의 도시와 거리 표시 푯말

차했을 때 간단한 빵을 좀 사고 커피는 작은 잔으로 구입해서^{22페소} 마셨는데 커피 맛도 좋고 한국의 커피 가격보다도 저렴했기 때문에 휴게소에 들를 때마다 커피를 사서 마셨다. 라레온나 휴게소는 시골호텔도 겸하고 있었고 건물 앞에 피츠로이 산을 그린 깃발과 이곳에서부터 세계 유수의 여러 도시까지의 거리를 거리 표시판에 기록하고 국기까지 함께 표시해 세워 놓아 먼 곳이라는 느낌이 들면서 친절하다는 생각이 들었고 위에서 두 번째로 태극기와 서울이 표시되어 있어서 친근하고 더 반가웠다.

잠시 쉬었던 버스가 출발하여 왼쪽에 비에드마 호수를 끼고 엘찰텐으로 들어가는 23번 국도로 달려갔을 때 바로 아침 햇살을 받은 피츠로이 산이 멀리서도 선

왼쪽의 토레 산과 오른쪽의 피츠로이 산

명하게 드러나기 시작했는데 장관이었다. 함께 버스에 동승한 브라질 히우^{Rio de} ^{Janeiro}에서 온 잘 생긴 청년들이 잠시 사진을 찍을 수 있도록 버스를 길가에 좀 세워줄 수 있는지 정중하게 요청했을 때 기사는 흔쾌히 세워 주어서 버스에서 내려 멀리 아침햇살을 받아 선명하게 드러나는 피츠로이 산과 토레 산^{Cerro Torre,} ^{3,102m}의 멋진 아침 풍광을 황홀하게 구경했다.

정해진 시간대로 움직이는 버스여서 금방 정차했다 곧바로 출발했고 필자는 버스의 맨 앞좌석에 앉아서 피츠로이 산과 더 가까워지면서 점점 더 크고 선명해지는 풍경을 사진에 담느라 시간 가는줄 몰랐다. 하나로 연결된 바위가 그대로 쭉 뻗어 올라가서 뾰쪽하게 봉우리를 이루고 있는 모습은 정말 대단한 군계일학의 피츠로이 산 비경이었다. 금강산의 비로봉[1,638m]의 바위가 엄지손가락처럼 생긴 것을 봤고 공룡능선의 뾰쪽한 바위도 봐 왔지만 이렇게 큰 바위산을 바로 눈앞에서 아침에 선명하게 볼 수 있다니 정말 행운이었다. 제일 높은 피츠로이 산 봉우리의 왼쪽 봉우리의 이름이 포인세노트[Poincenot]인데 그 앞에 쌓여있는 눈이 마치 호수 위에 떠있는 빙하처럼 거대한 벽을 이루고 있었다.

버스가 엘찰텐에 다다라서 가장 먼저 도착한 곳이 관광안내소였는데 스페인어와 영어로 안내를 해주었고 피츠로이 산을 육안으로 볼 수 있는 날이 일년에 60여일 되는데 이날이 정말 좋은 날씨라고 했다. 이날 밤에 눈이 내리며 다음날 아침은 등산이 어렵다고 친절하게 안내해 주었다. 버스는 버스회사와 연결된 호스텔에다 내려 주었고 우린 그 숙소에 짐을 내려놓고 공동 부엌에서 라면 하나를 끓여서 요기를 하고 밤에 눈이 내린다는 말에 바로 카메라 배낭을 메고 바삐 서둘러서 피츠로이 산 카프리 호수 전망대 길로 향했다.

피츠로이 산[(스)Monte Fitz Roy, (스)Cerro Fitz Roy, (영)Mount Fitz Roy, 3,405m]은 여러 가지로 표기하며 파타고니아의 국립빙하공원 안에 위치하고 아르헨티나와 칠레 국경에 다 접하고 있는데 봉우리는 아르헨티나 지역에 있었다. 1952년에 프랑스의 등반가 토레이[Lionel Torray]와 매그논[Guido Magnone]이 피츠로이 산을 처음으로 등반했다고 한다. 피츠로이 산은 에베레스트 산 높이의 반도 되지 않지만 깎아지른 높은 바위산으로 되어 있기 때문에 전문적인 산악 암벽등반가가 아니고는 등반하기 어려운 바위산이었다. 모레노 빙하를 탐험했던 모레노[Francisco Moreno]가 1877년 3월 2일에 처음으로 이 산을 탐험했다고 알려져 있고 모레노는 피츠로이[Robert FitzRoy]를 존경해서 피츠로이 산이라고 명명했단다. 피츠로이는 영국의 비글해군함[HMS Beagle]의 함장으로 1834년 산타크루즈 강[Rio Santa Cruz]을 처음으로 탐험했고, 파타고니아 수많은

피츠로이 산봉우리 왼쪽 포인세노트 봉우리 앞에 빙하처럼 눈이 쌓여 있는 풍경

섬의 해안선 지도의 대부분을 그리는 업적을 남겼다.

필자는 이 날 카프리 호수^{Laguna Capri}가의 피츠로이 산 전망대까지 올라가기로 맘 먹고 우선 산을 오르기 전에 숲 속에서 나무 지팡이 두 개를 만들어 아내와 하나씩 나누어 가지고 지팡이에 의지하여 눈이 내리고 얼어서 미끄러운 언덕길과 산길을 올라갔다. 엘찰텐에서 카프리 호수 가의 산 능선에 피츠로이 산이 한눈에 바라보이는 지점까지 산길^{5km}을 안내자도 없이 올라갔다. 트레킹화에 아이젠도 없이 눈길에 무거운 카메라 배낭까지 짊어지고 중간쯤 올라가다가 카메라에 50~500mm 렌즈를 장착하여 삼각대에다 고정하여 그걸 배낭 위 어깨에다 메고 산을 향하여 올라갔으니 오전에 멀리서 바라본 피츠로이 산의 잘 생긴 그 선명

피츠로이 바위산 정상봉우리[3,405m]

한 모습에 반해 끌려서 올라갔다고 해야 할 것이다.

언덕이 시작하는 가파른 초입이 얼어서 미끄러져 넘어지기도 했지만 산 위엔 오히려 눈이 쌓여서 덜 미끄러웠다. 카프리 호수까지 4km이고 거기서 1km는 더 걸어서 사진을 찍으려고 언덕 위 전망이 좋은 바위 위로 눈 속에 빠지는 것도 마다하지 않고 몇 곳을 돌아다니며 삼각대를 고정하여 조리개를 거의 닫아[F22] 구름이 흘러가는 모습까지 서서히 사진을 찍으며 신나게 여한도 없이 피츠로이 산 풍경을 구경하며 카메라에 담았다. 피츠로이 산은 바위산으로 잘 생기고 주변에서 제일 높기 때문에 구름이 왔다가 그 봉우리에 잠시 머물러 흘러가는 모습이

카프리 호숫가에서 좀 떨어진 언덕 위에서 바라본 피츠로이 산

압권이었고 이런 장면을 가까이서 선명하게 보는 것은 행운이었다. 카프리 호숫
가로 다시 돌아와서 삼각대를 접고 큰 렌즈^{50~500mm}를 배낭에 넣고 작은 렌즈^{24~}
^{70mm}를 끼워서 뿌듯하고 후련한 마음으로 홀가분하게 내려왔다. 낮 12시에 올라
가기 시작해서 오후 3시가 조금 넘어서 내려오기 시작했으나 내려가는 길은 더
미끄러워 지팡이를 짚고 의지하며 조심스럽게 내려왔다.

엘찰텐^{El Chalten}이라는 말은 파타고니아 인디오 부족인 테월라족^{Tehueche}의 말로 '연
기 나는 산^{smoking mountain}이라는 뜻이라고 한다. 피츠로이 산은 높은 바위산 봉우
리이기 때문에 일반적으로 구름이 바위산봉우리에 걸려서 흘러가는 것이 마치

산언덕에서 내려다 본 산골 마을 엘찰텐의 모습

연기 나는 모양을 하며 일상으로 늘 넘어가기에 붙여진 이름인 것 같았다. 피츠로이 산과 토레 산이 다 엘찰텐에 속하여 있기 때문에 엘찰텐이라는 이름에 걸맞은 풍경을 이날 목격해서 그런지 정말 이름을 잘 붙인 것 같았다. 저녁때가 다 되어 호스텔에 돌아왔을 때 막 도착한 젊은이들이 로비에서 왁자지껄해서 물었더니 스위스에서 왔다고 하길래 역시 산을 아는 나라에서 온 친구들이 명산을 찾아왔다고 생각했다. 호스텔 방이 추워서 간단한 샤워 조차도 쉽지 않았고 공동 식당에서 끓인 물을 일회용 떡국에다 부어 따뜻하게 데운 떡국으로 저녁을 먹는 둥 마는 둥 했다. 추운 산골의 호스텔 방은 난방이 잘 안 되는데다 이불까지 얇아서 잠자는 것이 힘들었고 다음날 아침에 알람 소리에 일어나니 눈이 쏟아지고 있었다.

일어나자마자 고양이 세수를 하고 짐을 챙겨서 새벽이라 버스 타는 정류장을 향하여 눈이 약간 쌓여 미끄러운 도로를 조심스럽게 걸어서 이동했는데 어제의 청명하고 맑은 날씨와는 전혀 다른 변덕스런 산골날씨의 이중성이 제대로 드러났다. 사람들과 함께 버스에 올랐지만 눈이 많이 내려 윈도우 브러시가 작동하는데도 눈이 깨끗하게 닦여지지 않아서 몇 번을 정차하여 기사가 앞 유리창과 브러시의 눈을 떼려고 애를 썼으나 계속해서 눈이 내리고 브러시가 오래되었는지 허사였다. 버스가 거북이걸음으로 천천히 엘칼라파테를 향하여 이동할 때 모두가 다 함께 긴장을 해야 했고 다행스러운 것은 앞에서 오는 차가 거의 없어서 중앙선도 무시하고 도로 하나를 다 차지하고 달려갔다.

눈이 내린 초원은 하얗게 변했고 소떼와 과나코들은 전혀 아랑곳하지 않고 여느 때처럼 그냥 풀을 뜯고 있었고 비에드마 호수는 그 푸른색을 더욱 선명하게 드러냈다. 라레온나 휴게소에 들러서 요기를 하고 커피도 한 잔 마시면서 여유를 좀 찾았고 독일의 세 숙녀를 다시 만나므로 이런 날씨에 엘찰텐에 가서 피츠로이 산을 어떻게 구경할 수 있을지 남의 일 같지 않게 걱정이 되었다. 라레온나 강을 건너고 엘칼라파테 공항에 도착하니 사람들이 많이 내렸고 필자도 얼마 후 버스터미널에 도착하여 엘찰텐의 피츠로이 산 트레킹을 무사히 마무리 했다.

3. 우수아이아^{Ushuaia}

파타고니아에서 7박 8일간 토레스델파이네국립공원, 빙하국립공원, 그리고 피츠로이 산을 선명하게 바라보며 최고의 관광을 했다. 한 가지 아쉬운 것이 있다면 토레스델파이네 국립공원을 여러 날 트레킹하며 제대로 잘 돌아보지 못한 것이었다. 호텔에서 엘칼라파테 국제공항은 택시로 이동했고 예정된 시간보다 30분 늦게 출발하여 1시간이 조금 더 걸려서 남미 최남단의 우수아이아 이스라스 말빈나스 국제공항^{Ushuaia Islas Malvinas International Airport}에 도착하여 간단한 수속을 마치고

비글해협의 그 유명한 땅끝 등대와 그 뒤 우수아이아 시내

오후 3시경에 공항에 마중 나온 다빈이 어머니를 반갑게 만났다. 다빈이네는 우
수아이아에서 농장을 경영하면서 민박집을 운영하는데 필자가 숙소를 다빈이
네로 정하고 인터넷전화로 연락하며 여러 가지 여행 정보를 얻었다. 다빈이 어
머니는 필자에게 왜 하필이면 볼 것이 별로 없는 겨울에 우수아이아를 방문하느
냐고 했지만 필자의 일정상 겨울을 피할 수가 없었다.

비글해협의 크루즈 선착장으로 가서 멀리 비글해협을 바라다보며 땅 끝 표시판
Ushuaia fin del mundo 곁에서 인증샷을 남기고 바로 아르헨티나 티에라델푸에고 섬과
칠레 나바리도 섬 사이의 비글해협을 관광하는 프란세스코francesco 크루즈 선을

우수아이아 선착장에 정박된 비글해협의 크루즈 관광선

타고 비글해협으로 나갔다. 우수아이아는 남극에 가깝기 때문에 겨울이 짧아서 오후 4시가 지나자 벌써 어두워지기 시작하였고 새 섬과 바다사자 섬을 돌아보고 등대로 갈 땐 벌써 어두워져 버렸다. 아침 해가 10시쯤에 떠올랐고 산이 높아서 햇살이 시내로 비치는 것은 11시가 넘어서 였다.

우수아이아^{Ushuaia}는 티에라델푸에고^{Tierra del Fuego, 불의 땅} 주^州의 가장 큰 섬^{Isla Grande}의 아르헨티나 지역에 위치하고 있으며 주도^{州都}이고, 남미의 최남단의 항구도시로서 남미여행을 꿈꾸는 사람은 누구나 다 한번 가보고 싶어 하는 곳이었다. 티에라델푸에고 주의 가장 큰 섬을 칠레와 아르헨티나가 수직으로 국경선을 그어서

우수아이아 시내 건물

서쪽은 칠레의 땅이고 동쪽은 아르헨티나의 땅으로 나누는데 그 아르헨티나의
남단 비글해협에 접한 항구도시가 우수아이아다. 우수아이아는 어업전지기지
며 국경을 지키는 해군기지가 있고 남극과 비글해협을 여행하는 관광도시였다.
한때는 죄수들이 이곳에 와서 도시 기반 공사와 국립공원을 조성했다. 티에라델
푸에고Tierra del Fuego라는 이름이 붙여진 것은 처음 이곳을 정탐한 영국 선교사들에
의한 것이었다. 선교사들이 초기에 이 지역을 정탐했을 때 이곳에 거주하던 인
디언들the Selknam이 불을 피워서 연기를 내고 있어서 이 지역을 '불의 땅Tierra del Fuego'
이라고 표현한 데서부터 티에라델푸에고라는 이름이 생겨났단다. 우수아이아
는 그 뒤쪽에 높은 산봉우리들이 줄지어 병풍처럼 서 있는 마셜산맥Martial Mountain

크루즈 선상에서 본 우수아이아 야경

Range 으로 북쪽으로 쭉 뻗어 있었고 그 산맥 남쪽아래에 비글해협이 동서로 길게 남미대륙을 가르고 있는 그 지점에 있었다. 비글해협은 그 한 가운데 길게 동서로 아르헨티나와 칠레의 국경선이 지나가고 있었다. 우수아이아는 동북쪽으로 3,000km 가면 부에노스아이레스가 나오고, 남쪽으로 1,000km만 더 내려가면 남극에 닿는다고 하니 얼마나 남쪽으로 내려가 있는지 짐작이 갔다. 우수아이아는 1893년에 도시가 되었고 1901년에 개업한 카페테리아가 그대로 영업을 하고 있는 것으로 봐서 상당히 오랜 역사를 가진 도시였다. 전통을 귀하게 여기면서도 아주 좋은 현대적인 호텔들도 언덕 위에 여러 개가 있어서 관광과 휴가를 보내기도 좋았고 인구는 8만 명이었다.

새 섬의 펭귄 새 무리들

우수아이아는 비글해협의 해안가에서 시작하여 언덕 중턱까지 해안가를 따라 길게 비탈에 약간 남향으로 계단같이 형성된 도시였고, 중간 중간에 광장처럼 넓은 공간이 있었다. 우수아이아 뒷산 마셜산맥이 경사가 급한 높은 산으로 중 턱부터 하얀 눈으로 덮여 있었고, 봉우리에는 구름까지 덮여 있어서 제대로 볼 수도 없었다. 시내도로는 해안선을 따라서 길게 닦여져 있었고, 그 뒤에 또 평행 선을 이루는 도로로, 해안선과 수직으로 도로가 위에서 아래로 나서 바둑판처 럼 연결되어 있었다. 건물들은 높은 건물이 10층 정도였고 눈이 많이 내리는 지 역답게 지붕은 경사가 급하게 삼각형을 이루고 있었다. 우수아이아의 앞 바다는 그 유명한 비글해협이었다. 우리는 크루즈 배를 타고 바다로 나가서 새 섬^{Isla de} Pazaros과 바다사자 섬^{Isla los Lobos}의 바다사자와 새들을 신기하게 바라보았고 좀 더

바다사자 섬의 바다사자들

나가서 펭귄이 알을 낳고 새끼를 부화한다는 마르띠쇼 섬^{Isla Martillo}에 잠시 정박하여 내렸다가 다시 그 유명한 붉은 땅끝 등대^{Faro del Fin del Mundo}가 있는 섬까지 가서는 그 등대섬을 한 바퀴 돌아서 둘러보고 다시 선착장으로 돌아왔다.

1) 비글해협^{Canal Beagle}

비글해협 새 섬의 수많은 새들과 바다사자 섬의 수많은 바다사자들을 보는 것만으로도 신기하고 유쾌했다. 비글해협에 사는 바다사자와 여러 새들은 페루의 바예스타 섬의 수많은 새들과는 좀 종류도 다르고 숫자도 비글해협의 새들이 훨씬 더 많았다. 바예스타 섬에는 펠리컨이 많았는데 비글해협의 섬에는 펭귄 새들이 많았다. 비글해협의 펭귄의 섬에서 펭귄들을 하나도 볼 수 없었는데 겨울이라 북쪽 더 따뜻한 곳으로 펭귄들이 이동을 해서인지 비글해협 펭귄섬에는 펭귄새들만이 그 자리를 지키고 있었다.

펭귄들의 섬 마르띠쇼 섬에 크루즈 선이 도착하여 관광객들을 잠시 내려놓고 돌아보게 하였으나 이 섬에 원주인인 마젤란 펭귄과 젠투 펭귄들이 새끼를 키워 가지고 북쪽 따뜻한 지역으로 갔는지 한 마리도 없었다. 멋진 요트 한 척이 바로 그 섬 해안에서 잔잔한 바다를 유유히 가르고 있었다.

비글해협의 마르띠쇼 섬에서 한참을 더 나가서 조그만 무인도 섬에 서있는 땅끝 등대까지 나가서 그 유명한 등대를 한 바퀴 돌면서 천천히 감상하고서 배를 탔던 그 선착장으로 다시 돌아올 때 어둠은 이미 깔렸고 바닷바람은 쌀쌀해서 추위가 느껴졌지만 그 유명한 해협에 나가서 한 모퉁이에 있는 바다사자와 펭귄새 등을 관찰하며 돌아볼 수 있어서 감동적이었고 뿌듯했다. 프란세스코 크루즈 선사에서 회장과 선장의 이름으로 아르헨티나 파타고니아, 티에라델푸에고 주, 남위 55도 서경 68도의 비글해협에서 좋은 항해를 했다는 증서^{Certificado de Buen Navegante}를 멋지게 만들어서 우편 도장보다 큰 도장을 찍어서 승객들 모두에게 2014년 6월 5일이라는 날짜까지 나오게 해서 하나씩 다 들려주었고 필자는 지금도 잘 간직하고 있다.

다빈이네 집은 대학교 기숙사 같은 민박집이었지만 땅 끝까지 와서 한국인 다빈이 어머니를 만나 우수아이아에서 사람 사는 이야기를 들을 수 있어서 또 다른 기쁨이 있었다.

2) 티에라델푸에고국립공원^{Parque Nacional Tiera del Puego}

다음날 아침 10시쯤에 해가 산 위에 떠올랐고 아침식사 후에 바로 티에라델푸에고국립공원으로 향하여 다빈이 어머니 자동차로 공원입구에 들어가는데 지난

공원 안 로카 호숫가에 있는 로카 호수 카페

밤에 눈이 내려서 나무들이 온통 눈을 하얗게 뒤집어써서 경치가 좋았고 공원 관리인도 아직 나오질 않아서 입장료도 내지 않고 바로 들어갔다.

유럽 이민자들이 우수아이아에 와서 삶의 터전을 만들기 위하여 길을 내고 마을 터를 닦고, 집을 짓기 위하여 나무를 베어서 운반하고, 수송을 위하여 철로를 놓았다. 그 험하고 궂은 일을 시키기 위하여 죄수들을 이곳으로 1884~1947년 사이에 강제 이주시켜 노역을 시켰다고 한다. 땅 끝에 이렇게 아름다운 국립공원이 죄수들의 고된 강제노역으로 이루어졌다니 참 역사의 아이러니가 아닐 수 없었다.

티에라델푸에고국립공원의 라파타이아 만 표지판 앞에 선 필자 부부

로카 호수Lago Roca는 아르헨티나와 칠레 국경에 걸쳐 동서로 길게 나있는 큰 호수로 물도 맑고 경치도 좋고 산세도 안데스산맥 끝자락이라 거칠었다.

자동차로 국립공원 안을 이동하였지만 걸어서 여유롭게 하루 종일이라도 트레킹하기에는 그만이었다. 자연 그대로 흙으로 된 오솔길이 숲속과 냇가와 호숫가로 연결되어 있어서 좋았고, 나무숲이 많아서 공기도 좋았고, 넓은 호수와 만과 눈 덮인 하얀 설산이 있어 무엇보다도 경치가 좋았다. 말과 늑대와 매와 청둥오리와 수달 등이 함께 어우러져 있는 것이 자연 그대로의 멋진 국립공원이었다.

로카 호수가 아르헨티나 쪽에서 칠레 국경 안쪽까지 상당히 깊숙이 들어가 있었

① ② ③ ④

① 띠에라델푸에고국립공원의 말들
② 띠에라델푸에고국립공원에서 자동차에 가까이 다가온 늑대
③ 띠에라델푸에고국립공원 의자에 가까이 다가온 새
④ 띠에라델푸에고국립공원 냇물에 청둥오리 한 쌍

는데 라파타이아 만^{Bahia Lapataia}을 연결고리로 해서 비글해협으로 태평양과 대서양과 남극해까지 연결이 되어 있으니 바다 고기들은 국경도 없이 자유롭게 이 만을 통로로 로카 호수 깊은 안쪽까지 넘나들면서 바다와 호수를 맘껏 활보하면서 살아가고 있을 것이다. 우수아이아 국립공원에서 알래스카까지 17,848km 된다고 하니 이 길이는 남북미 대륙의 전체의 길이로 볼 수 있다면 필자는 이번에 엘에이에서부터 남북미 대륙의 태평양쪽 산줄기를 따라 내려왔으니 중간에 들른 것 말고도 13,000km 정도는 계속 내려온 것 같았다.

티에라델푸에고국립공원 관광은 자동차로 돌아본 것이 좀 아쉬웠지만 시간이 많지 않고 추운 겨울에 국립공원에 들어와서 공원을 잘 아는 다빈이 어머니가 안내를 잘 해주어서 경치 좋은 구석구석을 이리저리 다니며 잘 둘러 볼 수 있어서 좋았다. 국립공원 안에서 자유롭게 풀을 뜯는 세 가지 색깔의 세 마리의 말을 보았고, 큰 길에서 대낮에 늑대를 만났고, 여러 종류의 새들을 보았다. 흐르는 냇물에서 수달과 다정하게 노는 청둥오리도 보았고, 그리고 공중에 날아다니는 여러 가지 새들도 바라보았다. 남극해 쪽에서 불어오는 차가운 공기는 체감온도를 끌어내렸지만 왠지 신선하고 깨끗하다는 느낌이 들었고 진짜 남극에서 바람이 세게 불어오는 날은 얼마나 매서울까하는 생각도 들었다.

3) 우수아이아 시내^{Centro Ushuaia}

우수아이아의 겨울은 7월이 가장 추운데 제일 추울 때가 영하 7-8도 정도라고 했다. 필자가 6월 초순에 방문했을 때 쌀쌀했고 시내는 눈이 내리고 녹아서 질퍽거려서 불편했고 여기 사람들은 좋은 옷을 입고 다닐 수가 없어서 평상복을 입고 일 년 내내 활동한다고 했다. 우수아이아 시내엔 농장과 민박을 하는 다빈이네와 코레아^{Korea}라는 간판을 붙여놓은 옷가게 한 집하고 두 집이 살고 있었다.

1901년 개업을 했다는 라모스 제너럴레스^{Ramos Generales} 카페테리아와 박물관을 겸하는 카페에 들어가서 맛있는 빵을 사서 맛보고 커피도 한 잔 하며 둘러보았다. 초창기에 있었던 물건들, 피아노, 타자기, 냉장고, 그릇과 잔들, 가격표 등이 그대로 있었고 가장 재미나는 것은 화장실 입구 표시판에 남녀 내복을 걸어놓고 남녀 화장실을 표시해놓은 것이었다. 전날 엘칼라파테 공항에서 만났던 아르헨티나 부부도 여기서 다시 만나 필자와 서로 인사를 나누었다. 2010년 필자가 부에노스아이레스에서 100년 가까이 된 호텔에 묵으면서 많이 불편했는데 유럽인들은 옛것을 그대로 간직하고 아끼는 것이 우리네와 좀 달랐다.

1901년에 개업했다는 카페테리아 입구

우수아이아 시내 뒤쪽 마셜 산^{Martial Mountain} 중턱에 자동차가 갈 수 있는 데까지 올라가서 가까이서 산봉우리를 올려다 보았고 또 시내와 비글해협과 그 건너편 칠레의 나바리노 섬^{Isla Navarino}을 내려다 보았다. 산봉우리들은 급경사의 높은 산이었는데 눈이 하얗게 덮였고 산 중턱엔 나무들이 울창했고 구름이 높은 산에 걸려서 제대로 넘어가질 못하고 허우적거리고 춤을 추고 있는 것이 운치가 있었다.

40년 전에 다빈이 할아버지와 할머니가 이민을 와서 우수아이아에 정착을 했는데 한국에서 농업이민 초청을 받고 아르헨티나에 왔기 때문에 약속대로 농사를 지어야 한다는 다빈이 할아버지의 집념이 흔들리지 않았다고 했다. 한국의 고등

①	②
③	④

① 1901년에 개업했다는 카페테리아 남녀 화장실 입구 표시판
② 눈 덮인 마셜 산
③ 다빈이네 농장 앞에서 다빈이 어머니와 필자의 아내
④ 기내에서 바라본 비글해협과 그 건너편 칠레 나바리노 섬

학교에서 국어를 가르치다가 이곳에 이민 왔는데 끝까지 초청목적대로 살기로 고집하여 땅을 불하받아 상추 등 채소 농사를 지어서 해군에 납품하고 시민들에게 팔며 그 성실성을 인정받았다고 한다. 사람들은 원예장 한국인 Vivero Koreano 이라고 불렀고 원래는 티에라델푸에고국립공원 입구 쪽에 원예단지가 있었는데 시에서 현재의 자리로 옮기라고 해서 옮겼단다. 남위 55도의 남극에 가까운 지역에서 비닐하우스로 처음 이민 온 목적 그대로 채소와 원예를 지금까지 재배하여 판매하고 있었고 양국 정부로부터 표창 받았는데 참 대단한 한국인들이었다.

6월 7일 토요일 오후 3시 15분에 출발하는 항공기는 우수아이아 국제공항에서 아르헨티나 국적의 에어로라이나스^{Aerolineas} 항공으로 예정대로 출발하는 부에노스아이레스 직항이었는데 예고도 없이 엘칼라파테로 가서 승객들을 태워가지고 부에노스아이레스 국제공항으로 가는 바람에 공항에서 필자를 기다리던 김진완 선교사가 부에노스아이레스 두 공항 가운데 어느 공항으로 몇 시에 도착하는지 알 수 없어서 애를 먹었다고 했다. 오래 전부터 가보고 싶어 그리워했던 남극에 가까운 우수아이아에 가서 좋은 한국인을 만나서 땅 끝에서 살아가는 사람 사는 얘기에 감동하고 멋진 풍경에 취하여 아쉬움을 뒤로 하고 부에노스아이레스로 향했다.

4. 부에노스아이레스^{Buenos Aires}

우수아이아 국제공항에서 아르젠티나스 1855편^{Argentinas 1855}이 예고도 없이 아르젠티나스 1899편^{Argentinas 1899}으로 변경되었고, 부에노스아이레스 직행이었는데 갑자기 엘칼라파테 국제공항으로 경유하여 부에노스아이레스로 향했고, 도착이 오후 6시 43분이었는데 오후 8시가 넘어서 도착했고, 그리고 도착이 국내선 공항이었는데 국제선 공항에 도착해 버렸다. 부에노스아이레스 공항에서 김진완 선교사가 필자의 항공기번호와 도착시간을 확인하는데 우선 발권한 항공기 번호와 그 도착시간에 도착하는 항공기가 없어져 버려서 피시^{PC} 앞에 있는 친구에게 전화하여 그날 우수아이아공항을 출발해서 부에노스아이레스공항에 도착하는 모든 항공기를 다 검색하여 연락을 주고받다가 다행히 국제선공항 입국장에서 기다리다가 도착하는 필자를 제대로 만났다. 이것이 바로 아르헨티나의 현상황의 한 단면을 보여주는 사건이었다. 정부가 디폴트를 선언하면서 은행이 예금한 돈을 지불해 주지 않은 채 몇 년 유예를 선언해서 일방적으로 연기해 버렸다거나, 부도나는 은행이 여러 곳 생겨났다거나, 미국 달러로 은행에서 환전을

라보카 지역의 카미니토 상점의 두 밀랍인형

해주지 않는다거나 하면서 어쨌든 도무지 예측할 수가 없는 상황이 일어난다고
했다.

우수아이아에서 이륙한 항공기에서 아직 해가 떨어지기 전이라 마셜산맥 위로
날아가며 하얀 봉우리들을 다시 볼 수 있어서 좋았다. 엘칼라파테 부근에 버스
로 갈 때엔 해발 900m의 초원이 초겨울의 풀밭이어서 소와 양들이 풀을 뜯고 있
었는데 며칠 만에 기내에서 내려다보니 온 천지가 하얗게 눈으로 덮여서 자동차
가 다니는 길만이 바둑판의 줄처럼 선명하게 표시되어 있었다. 파타고니아 산들
너머로 떨어지는 붉은 석양도 황홀한 노을빛이었다. 엘칼라파테 국제공항에 다
시 돌아오니 익숙해서 반가웠고 많은 승객들이 기내로 들어오면서 우수아이아

기내에서 바라 본 하얗게 눈이 덮인 설산 봉우리

에서 출발할 때보다 사람이 훨씬 더 많아졌다.

문수태 선교사가 부에노스아이레스 시내에 4년 전에 설립한 아르헨티나인들이
모이는 카미노콘크리스도교회Camino Con Cristo Church의 주일예배에 필자가 참석해서
간단한 메시지를 전하며 아르헨티나 신자들을 예배를 통해 만났다. 문수태 선교
사의 딸이 키보드 반주를 하고 아들이 찬양을 인도하면서 온 가족이 헌신하며
섬기고 있었다. 아르헨티나인 신자들의 숫자는 많지 않았지만 순수하고 진지한
모습을 볼 수 있어서 아주 반가웠다. 어떤 신자들은 빵을 만들어서 가져오고 다
른 이는 음료수를 가져와서 예배 후에 나누면서 함께 교제했다.
오후엔 엄수용 목사가 시무하는 양문교회에 가서 설교하며 부에노스아이레스

에 사는 한인 신자들과 만났다. 엄 목사는 아버지 목사에 이어 2대째 부에노스 아이레스에서 목회하는 목회자 가족이었고 초등학생 찬양대를 사모가 지도하여 오후예배의 찬양을 하며 함께 가족예배로 드리는 것이 아주 특색이 있었다. 주일 오후인데도 집에 돌아가지 않고 아이들과 함께 예배하는 디아스포라 한국인들의 열심은 뜨거웠다.

부에노스아이레스Buenos Aires, '좋은 공기'라는 뜻는 남미대륙의 남동부 라플라타 강Rio de La Plata 하구 변에 위치한 항구도시였다. 16세기 초엽에 스페인인들이 이 지역을 정탐하러 와 정착하며 원주민들Charrua과 많은 갈등 속에 우여곡절을 겪으면서 오늘에 이르렀고 남미의 파리라 불릴 만큼 유럽풍의 도시로 성장했다. 부에노스아이

① 아르헨티나 양문교회의 주일 오후예배 장면
② 카미노콘 크리스도교회의 아르헨티나 신자들과 함께
③ 아르헨티나 양문교회에서 어린이 찬양대원들

레스는 19세기 내전 이후에 현재 연방 특별구^{Capital Federal}로서 자치권을 1994년 헌법에 의해서 부여받은 자치시로서 그 공식명칭이 부에노스아이레스 자치시^{Ciudad Autonoma de Buenos Aires}가 되었다. 부에노스아이레스 자치시의 인구는 300만 명이며 그 근교 부에노스아이레스 수도권을 그란 부에노스아이레스^{Gran Buenos Aires}라고 하는데 인구는 1,300만 명이었다. 라틴 아메리카에서 이 시는 멕시코 시와 상파울루 시에 이어서 세 번째의 인구 집중 지역이었다. 그란 부에노스아이레스 인구가 1,300만 명이라는 수치는 백과사전에서 말하는 것이었고 부에노스아이레스에 사는 한인들은 부에노스아이레스 근교를 포함해서 2,000만 명은 될 것이라고 했다. 범죄율은 부에노스아이레스에 비해서 그란 부에노스아이레스가 10배는 더 많다고 했다.

부에노스아이레스는 카사 로사다^{Casa Rosada, '분홍빛의 저택'이라는 뜻으로 정부청사 또는 대통령궁이라는 불리는 행정부 중심 건물}가 서울의 경복궁 같은 건물로 도시의 중심을 잡고 도로가 거기에서부터 뻗어나가고 건물이 세워지면서 도시가 형성되었다. 거기서 서쪽으로 몇 블록을 가면 가장 유명한 남북으로 길게 쭉 뻗은 7월 9일 대로^{9 de Julio Ave}가 있는데 독립기념일^{7월 9일}에서 따왔고 왕복 16차선 자동차 도로로서 아르헨티나 인들은 세계에서 가장 넓은 도심 도로라고 대단한 자부심이 있었다. 카사 로사다와 7월 9일 대로 중간에 가장 번화가인 플로리다 거리^{Calle Florida}가 있고 그 옆에 독립영웅의 이름을 딴 산마르틴 거리^{Calle San Martin}도 있었다. 2010년에 국회의사당 앞 오월의 광장에서 오월의 거리^{Avenida de Mayo}로 해서 7월 9일 대로로 이어지는 길에서 독립 200주년 행사의 퍼레이드가 진행되었고 행사장은 오월의 거리와 만나는 7월 9일 대로에 설치되었다. 리베르타도르 거리^{Av. del Libertador}는 7월 9일 거리의 북쪽 끝에서 북서쪽 산페르난도까지 이어지는 25km 직선 자동차 도로로서 많은 자동차들이 다녔으며 그 도로 양쪽이 상당한 번화가로 유명한 박물관과 공원 등이 즐비하게 이어져 있었다.

레콜레타공동묘지의 에바 페론의 묘비

레콜레타공동묘지^{Cementerio de Recoleta}는 1822년에 개설된 부에노스아이레스에서 가장 오래된 유서 깊은 공동묘지로 에바 페론^{Eva Peron, 1919. 5. 7 ~ 1952. 7. 26}이 묻혀 있어서 부에노스아이레스를 방문하는 관광객들은 그 흔적이라도 보기 위해서 꼭 방문하는 필수 코스였다. 필자는 수학여행을 온 학생들과 함께 이 묘지를 두 번째 둘러보았다. 이곳은 세계에서 가장 예술적인 묘지라고 불리며 4,691개의 크고 작은 묘가 있는데 이 중에 아르헨티나의 역대 대통령을 비롯한 유명 인사들의 94기 묘는 나라의 문화재로 지정되어 있었다. 필자는 이번에도 '에비타'^{Evita}라 불리는 에바 페론^{Eva Peron}의 묘소를 찾았다. 에비타는 사생아로 시골에서 태어나 15세에 부에노스아이레스로 무작정 상경하여 홀로 힘들게 지내던 중 당시 육군

플로리다 거리에 있는 파시피코백화점 내부 전경

대령이었던 후안 페론을 만났다. 에바는 페론과 결혼하였고 후안 페론이 1946년 대통령 선거에서 당선되자 에비타는 대통령 영부인의 자리에 올랐다. 에비타는 가난한 사람들에게는 성녀로 불릴 만큼 최선을 다하여 그들을 돌보았지만 현실성 없는 선심성 정책으로 나라 경제를 피폐하게 만든 장본인이라는 비난도 함께 받고 있었다. 에바 페론은 아직도 여전히 아르헨티나 인들의 가슴 속에 살아 있었고 필자가 방문한 그날도 두 송이의 꽃이 묘지에 꽂혀 있었다. 페론의 시신은 한 때 그녀의 정적들에 의해 1955년 파헤쳐져서 이탈리아로 16년간이나 은닉되었다가 마드리드에서 망명 중이던 그녀의 남편에게 인도되었고 이사벨 페론 대통령은 그녀의 유해를 본국으로 송환하여 대통령궁 납골당의 페론 전 대통령 곁에 안치시켰다.

플로리다 거리에서 탱고를 추는 사람들[2010. 5.]

2년 후 반대자들에 의해서 에바 페론의 유해는 대통령궁 납골당에서 제거되어 레골레타 공동묘지의 가족묘에 안장되었다. 에비타는 암으로 33살에 너무 일찍 죽었는데도 그녀의 유해는 이태리와 스페인을 거쳐서 다시 고국으로 돌아와야 했고 대통령궁에 묻혔다가 다시 가족묘로 옮겨져야 하는 시련을 겪었다. 살아서도 드라마틱한 생애를 살았는데 죽어서도 영화와 노래로 전 세계인들에게 비운의 생애가 알려지는 바람에 사람들은 그녀를 더 분명하게 기억하고서 애틋한 마음을 가지고 그 묘지에 찾아오고 있었다. 아무튼 에바 페론은 죽어 잠들어서도 외롭지 않은 것 같았다.

부에노스아이레스 시내에서 가장 유명한 번화가 거리인 플로리다 거리[Calle Florida]

를 2010년에 이어서 두 번째로 방문했다. 최근의 아르헨티나의 패션 경향을 여러 가게에 들어가서 보았고 그 거리에 가장 화려한 갈레리아파시피코[Galerias Pacifico] 백화점에 들어가서 현관에서부터 위아래 층을 다니며 보았으나 이전의 활기를 찾아보기 어려웠다. 재미있는 것은 이태리 옛 성당 천장 벽화를 생각나게 하는 백화점의 천장벽화가 고풍스럽게 그려져 있었는데 천장 벽화만 본다면 백화점이 아니라 유럽의 어느 성당이나 오페라극장에 온 것 같은 느낌이 들게 했다.

이번에 돌아본 플로리다 거리는 2010년 아르헨티나 독립 200년 주년 기념행사 때와 비교도 할 수 없을 만큼 한산하고 을씨년스러웠다. 철시한 빈 가게들도 여러 개가 있었고 겨울이라 그런지 그 거리에 아무런 거리 행사도 찾아볼 수 없었고 권총강도가 많아졌다는 얘기에 맘 놓고 거리에서 사진을 찍을 수 없어서 비교적 안전한 백화점에 들어가서 몇 장의 사진을 찍었다.
독립 200주년 기념행사 당시에 최고의 번화가 플로리다 거리에는 활기가 넘쳤고 관광객들이 북적거렸고 사진을 찍는 것도 자유스러웠는데 2014년 6월에 방문했을 때 사람들은 한가했고 가끔씩 '깜비오 달러, 깜비오 유로'[달러 바꿔요, 유로 바꿔요]를 외치는 목소리만 간간히 들려서 가슴이 아팠다.

2010년 5월에 플로리다 거리에서 탱고를 어찌나 진지하게 춤을 추는지 그들의 얼굴 표정에서 그대로 드러났고 여자는 나이가 든 파트너를 향하여 '마에스트로'라고 부르면서 열정적으로 춤을 추었다. 탱고를 열정적으로 추는 것을 가까이서 보면 볼수록 아르헨티나 사람들에게 탱고는 춤 이상의 어떤 예술이라는 생각이 들었다. 서울 명동의 쇼핑가 거리처럼 수많은 가게들이 양쪽에 쭉 늘어서 있어서 다양한 볼거리와 살거리들이 눈에 뜨여 들어가서 보면 목축이 발달한 나라답게 가죽으로 만든 제품들이 많았다.

엄수용 목사의 안내로 그란 부에노스아이레스에 있는 센요르탱고 쇼를 하는 극장에 갔는데 밤 10시에서 12시까지 두 시간을 탱고 쇼를 공연했다. 일체의 사진 촬영이 금지되어 있었다. 탱고 쇼 극장은 4층으로 되어있었고 저녁식사를 하고서 공연으로 이어지도록 짜여져 있었는데 필자 일행은 공연만 관람했다. 탱고를 공연하는 무대는 객석 중앙에 약간 높게 원형으로 만들어 놓았고 전면 무대로 연결되어 무대 전면에서 중앙무대로 자연스럽게 걸어 나왔다 들어갈 수 있게 했고, 1층에서 4층까지 여러 방향에서도 잘 볼 수 있게 설계되어 있었다. 탱고 음악을 연주하는 연주자들은 극장의 전면 무대 위에서 연주를 했고 탱고를 추는 무희들은 중앙 무대에서 춤을 췄다. 탱고 음악을 연주하는 아코디언 비슷한 '반도네온'Bandoneon이라는 악기가 독특해서 악기를 무릎 위에 올려 놓고서 두 팔로 가운데 주름상자를 늘리고 좁히기를 반복하면서 동시에 양손의 손가락으로 둥그런 버튼을 누르면서 빠르게 음악을 연주했는데 애절하고 감미로운 빠른 선율이 심금을 울리고 어깨를 약간 들썩이게 하는 감동으로 밀려왔다. 물론 이날 탱고 쇼에서는 '반도네온'이라는 악기 여러 개가 합주를 하면서 웅장한 음악을 주도했고 몇 개의 현악기를 함께 협연해 더 부드러운 음악을 만들어 애절하며 경쾌하게 춤을 빠르게 출 수 있게 했다.

이날 밤 센요르탱고 쇼는 가장 먼저 프란시스코 교황 즉위와 만델라 전 대통령의 평화선언과 에바 페론의 이야기 등을 영상으로 보여 주면서 바로 탱고 공연이 시작되었다. 탱고의 춤은 일정하지가 않았고 추는 사람에 따라 약간 자율성이 있었고 두 사람이 추기도 하고 여러 사람이 원을 그리며 파트너를 바꾸어 가면서 추기도 하고 잘 생긴 남자들이 웃통을 벗고서 추기도 하고 여자 무희들은 여러 가지 다양한 옷을 입고 나와서 추면서 다양한 탱고의 진수를 보여주었다. 후반부에선 탱고의 음악의 거장들인 70-80대의 센욜Senor 반도네온 연주자들이 나와서 여러 개의 반도네온을 함께 합주로 연주하며 탱고 음악의 정수를 들려주

라보카 지역의 카미니토 입구

었고 청중들은 즐거워하며 많은 박수로 화답했다. 금세 두 시간이 지나 자정이 되었고 플로리다 거리에서 봤던 탱고는 여기에 비하면 그저 맛보기였다.

라보카^{La Boca} 지역은 초기 유럽 이민자들이 들어와 처음 노동을 하며 정착한 부둣가로 탱고의 발생지였고 아르헨티나에서 가장 유명한 프로축구팀인 보카주니어스 팀의 연고지이기도 했다. 1870년에 이태리 등 유럽이민자들이 처음 도착하여 부두 노동을 하며 이민생활을 시작한 곳으로 이민 온 노동자들이 하루의 고된 노동을 끝내고 선술집에서 피곤을 잊기 위하여 여인들과 어울려 정열적인 춤사위를 선보인 것이 바로 탱고의 시작이었단다. 처음엔 상류사회에서 탱고

라보카 지역의 카미니토에 1882년 세워진 한 카페 바

를 무시했지만 파리에서 인정을 받으면서 그들도 점차 인정했고 아르헨티나의
독특한 문화로 자리 잡았다. 카미니토^{Caminito}는 노동자들이 일하고 남은 페인트를
가지고 와서 자신이 사는 집 바깥벽에다 바르면서 화려한 원색의 집들의 거리
를 만들었고 나중에 예술가들에 의해서 독특한 예술의 경지로 승화시킨 벽화로
자리 매김을 했단다. 카미티노 입구의 모퉁이 건물로 1891년에 건축되었는데 2
층 창가에 아르헨티나 출신 프란시스코 교황이 손을 흔들며 내려다보는 밀랍인
형을 세워 놓고 그 집 앞에선 관광객들에게 탱고의 춤사위 폼을 잡아주고 돈
을 받고 있었다. 다른 카미니토 상점 앞에 현존 아르헨티나 최고 실존인물로 교
황과 마라도나의 밀랍 인형을 입구에 세워놓고 사람들의 관심을 끌어 모으고 있

국회의사당의 멋진 야경^{2010. 5.}(좌)　　고급레스토랑에서 아사도 요리를 숯불에 굽는 광경^{2010. 5.}(우)

었다. 라보카 지역의 카미니토 집 색깔들은 거의 원색이었고 2층엔 밀랍 여인들
이 남자를 부르는 것 같은 모습에서 초기 이민자들의 질펀한 삶을 상상하게 했
다. 카미니토는 기념품점, 카페, 음식점 등이 대부분을 차지하고 있었고, 1882년
에 세워져서 132년 된 카페 바는 옛것을 그대로 보존하면서 지금도 오래된 사진
들을 벽에 붙여놓고 영업을 하고 있었다. 이 사람들의 옛것을 보존하는 고집스
러운 집념에 놀라지 않을 수 없었다.

국회의사당은 야경도 조명을 잘 해놓아 은은해 자동차에서 내려 국회의사당 앞
을 둘러보았다. 2014년 6월에 묵었던 호텔은 한국인 단체관광객들이 많이 머물
다 가는 현대적인 건물인 아바스토 호텔^{Abasto Hotel}이었고 바로 그 건너편에 아바
스토 쇼핑센터가 있어서 건너가서 둘러보았다.

2010년 5월 김진완 선교사가 시무하는 주평안교회에서 설교했을 때 한 분이 고
급레스토랑으로 초청해서 저녁식사를 대접해 주셨는데 분위기가 좋고 요리들
이 많아서 밤늦게까지 오래도록 계속되는 아르헨티나인들의 밤 문화를 보았다.
저녁 6시에 문을 열기 시작하여 새벽까지 식당 영업을 한다는 것도 좀 이상했고
밤새도록 그렇게 소고기 요리를 즐기는 것도 좀 의아했다. 송아지를 잡아 통째

아르헨티나 선교사들에게 스페인어 전도지를 강의하는 필자(좌)
한국관에서 아르헨티나 선교사들과 함께 점심식사를 한 필자 부부(우)

로 각을 떠서 쇠꼬챙이에 꽂아 연한 숯불에서 10시간도 넘게 서서히 돌아가면서 기름이 쭉 빠지게 구워서 원하는 부위 고기를 썰어서 계속 주는데 필자는 질려서 먹기가 어려웠다. 물론 다른 요리들도 많았는데 익숙하지 않은 요리라서 어떤 요리를 즐겨야 할지 제대로 알지 못해 약간 당황스러웠다. 최고의 아사도 요리의 가장 맛있는 부위를 처음으로 좀 먹어보며 즐거워했고 분위기가 더 유쾌하고 즐거운 밤이었다.

필자의 스페인어 전도지를 오전에 강의하는데 부에노스아이레스서 활동하는 한인 선교사 11분이 모였고 두 번이나 비용을 지불하고 찾은 그 비싼 전도지를 가지고 강의했다. 혼합적 무속상황하의 미전도인들에 대한 접촉점이 정확하고 복음이 분명하게 정리된 창의적인 전도지라고 모두들 앞에서 대단한 칭찬을 해주어서 보람이 있었다. 강의 후에 한국관에 가서 1인분에 원화로 14,000원 정도 하는 무한 리필 불고기 요리를 시켜서 점심을 먹었는데 다섯 번에서 네 번을 리필해서 실컷 불고기 백반으로 점심을 먹었다. 아르헨티나에선 서민들을 위하여 빵과 소고기 값은 정부에서 관리하고 있어서 상인들이 마음대로 그 가격을 올릴 수 없고 소고기가 1kg에 한화로 1만원이어서 무한 리필 불고기 점심식사도 가능한 것 같았다. 식당 부근에 집이 가까운 김 바나바 선교사가 식사 후 모두를 자

플로리다 거리의 활기 찬 모습2010. 5.

신의 집으로 초청하여 과일과 차를 대접해 주어서 모두 함께 계속 이야기를 이어가며 선교현장의 목소리를 들을 수 있어서 좋았다. 이번 남미여행에서 안데스 산맥을 따라 내려오면서 여러 나라에서 활동하는 선교사들을 그들의 선교 현장에서 만나 그들의 목소리를 들을 수 있어서 좋았다.

오후엔 한국을 떠난 지 한 달이 되어 이발소를 찾아서 모처럼 이발을 했는데 호텔에 가서 샤워하며 머리를 감는다고 했더니 10페소를 깎아주어 130페소를 지불했고원화 12,000원정도, 이발소 옆 환전소에서 여러 날 묵은 호텔비와 푸에르토이과수의 관광비를 예상하여 100달러US에 1,150페소라는 가장 후한 환율로 필요한 만큼 환전을 했다.

5. 푸에르토이구아수^{Puerto Iguazu}

아르헨티나와 브라질 두 나라에 걸쳐 있는 이구아수 폭포^{Iguassu Falls}는 이번에 세 번째 방문이라 단순히 이구아수 폭포를 보는 것보다는 보름달이 비치는 달밤에 폭포수 가에 나가서 유니온 폭포 위에 떠 있는 보름달을 사진 찍고 싶었다. 그래서 양력 6월 11일이 음력 5월 14일 보름이라서 6월 12일에 아르헨티나 쪽 푸에르토이구아수에 도착하여 폭포를 보고 13일에 브라질 쪽의 폭포를 보려고 미리 만월에 방문 일정을 계획했다. 브라질 쪽 이구아수폭포 국립공원 안에 위치해서 하룻밤에 400불도 넘는 벨몬드 호텔^{Belmond Hotel}에 예약을 해야 그 호텔에 머물면서 달밤에 걸어 다니면서 사진을 찍을 수 있을 것 같아서 여러 차례 예약을 하려고 하였으나 브라질 월드컵 특수로 빈 방이 나질 않아서 실패했다. 아르헨티나 쪽도 폭포 가까이 세라톤 호텔^{Sheraton Hotel}이 있으나 폭포와 거리가 너무 멀어서 달밤을 찍는 것은 불가능했다.

필자가 푸에르토이구아수^{Puerto Iguazu}에 가려고 할 때 부에노스아이레스에서 소식을 들었는데 비가 너무 많이 와서 폭포가 온통 붉은 흙탕물이고 악마의 목구멍에 들어가는 길이 아예 막혔다고 했다. 필자가 부에노스아이레스에서 오전 9시에 출발하여 푸에르토이과수의 카타라타스델이구아수 국제공항에 11시에 도착한 날도 비가 간간히 내려서 보름달은 보이지도 않아서 비싼 호텔을 예약하지 못한 것이 오히려 다행이었다. 푸에르토이과수는 부에노스아이레스에서 인터넷으로 세인트조지호텔^{Saint George Hotel}을 예약했고, 포즈도이구아수는 브라질로 들어가서 그 지역에 살고 있는 정정박 목사와 함께 가서 현지에서 이비스호텔^{ibis Hotel}로 갔는데 신축건물이고 비용도 적당해서 좋았다. 푸에르토이구아수는 미시오네스 주^{Misiones}에 속하며 인구는 33,000명이고 브라질과 파라과이와 국경이 접해있었다.

푸에르토이구아수 국제공항에 도착하여 택시 기사와 가격을 흥정하여 세인트 조지호텔에 들렀다 짐을 호텔방에다 내려놓고 아르헨티나 이구아수국립공원 입구에 데려다 주고 다시 저녁 때 공원입구에서 호텔로 데려다 주는 것으로 비용을 정하여 하루 동안 그 택시를 이용했다. 이구아수 폭포를 관광할 경우에 아르헨티나 쪽의 호텔과 음식비용이 좀 더 저렴하기 때문에 여러 날 머물 경우는 아르헨티나 쪽 호텔에 머무는 것이 더 합리적인 선택이었다. 아르헨티나 쪽은 이구아수 국립공원에 들어가서 좁은 협곡기차를 타고 폭포 안으로 들어가는데 이번에 비가 너무 많이 와서 악마의 목구멍으로 가는 길이 막혀버려서 폭포 역 Estacion Cataratas에 내려 윗길과 아랫길을 요리저리 돌아다니며 폭포를 여러 방향에서 돌아보고 사진 찍는 것이 전부였다. 한참 동안 삼각대에 고정한 카메라와 다른 카메라를 두 어깨에 메고 카메라 배낭까지 짊어지고 걸어 다니는 것은 중노동이었지만 모처럼 웅장하고 멋진 폭포 트레킹을 하면서 힘든 줄도 모르고 신나고 즐거웠다.

'이구아수'Iguassu라는 말은 카인강구인디언Caingangue Indians어로 '큰 물'또는 '거대한 물'이라는 뜻이다. 아르헨티나와 브라질 사이에 흐르는 이구아수 강과 이구아수 폭포로 해서 두 나라가 국경을 마주 대하고 있었다. 이구아수 폭포의 개수는 275개이고 가장 높은 폭포가 90m이고 평균 높이가 64m라고 하니 가히 세계 최대의 거대한 폭포라고 할 만 했다. 오래 전에 올랑조페 감독의 영화 '미션'에서 이구아수 폭포의 웅장한 장관에 매료되었고 거기에 처량한 가브리엘의 오보에 연주 소리를 들으면서 이구아수 폭포에 푹 빠져들었던 적이 있었다. 이구아수 폭포는 이구아수 강을 따라서 2.7km 걸쳐서 여러 모양의 병풍처럼 쭉 펴져 있어서 여러 곳을 따라 여러 방향에서 다양한 모양의 폭포를 구경할 수 있었다. 이번 폭포 관광은 하루는 아르헨티나 쪽에서 둘러보았고 또 그 다음날은 브라질 쪽에

아르헨티나 윗길 다리 난간에서 바라 본 이구아수 폭포 ▶

윗길에서 바라 본 이구아수 폭포

서 둘러보았다. 미국의 루스벨트 대통령 부인 엘리나^{Eleanor}여사가 이구아수 폭포를 보고서 "오 불쌍한 나이아가라 폭포여!"^{O Poor Niagara!}라고 외쳤다고 하니 2013년 북미대륙을 자동차 횡단 여행하면서 보았던 나이아가라 폭포에 비해 비교할 수 없는 웅장한 장관이었다. 2007년 7월에 노시영 선교사와 같이 이구아수에 와서 브라질 쪽만 둘러보고 가는 바람에 아르헨티나 쪽 폭포에 대한 아쉬움이 남아 있었다. 2010년 5월에 아마존 신학교에서 강의를 마치고 상파울루에 들렀을 때 혼자서 포즈도이구아수 국제공항으로 와서 택시를 대절하여 브라질 쪽을 보고 바로 아르헨티나로 넘어가서 악마의 목구멍까지 가서 하루에 다 둘러보고 돌아간 적이 있었다. 2014년 6월에 벌써 세 번째로 이구아수 폭포에 아내와 함께 둘이 부에노스아이레스에서 왔기 때문에 아르헨티나 쪽으로 먼저 와서 윗길^{650m}과

윗길에서 바라 본 이구아수 폭포

아랫길^{1,400m}로 해서 멋진 트레킹을 하며 차분히 아르헨티나 쪽 폭포를 돌아보았다. 그런데 폭포물이 황토물이고 어마어마한 양이라서 그 폭포 소리가 거대하고 웅장했지만 하얗게 떨어지는 폭포와 그 물보라가 위로 올라가는 멋진 광경을 볼 수 없어서 아쉬움이 좀 남았다.

아랫길에서 물의 양이 적으면 폭포 아래로 내려가서 바래 폭포 아래 중간에 있는 산마르틴 섬^{Isla San Martin}으로 건너가서 한 바퀴 돌면서 트레킹을 하고 그 섬 뒤에 웅장한 산마르틴 폭포^{Salto San Martin}도 감상할 수 있었을텐데 물이 너무 많고 물살이 세서 배가 다니질 않아 그저 눈으로 바라볼 뿐이었다. 아르헨티나 독립 영웅의 이름은 이구아수 폭포와 그 아래 가운데 있는 섬에도 붙여놓았고 부에노스아이레스 번화가 거리에도 붙이는 등 잊지 않고 기념하는 것이 참 대단했다.

윗길 쪽에서 떨어지는 아다니에바 폭포Salto Adany Eva

이구아수 폭포는 높은 절벽 위에서 떨어지는 관계로 넓은 강에서부터 바위 절벽 아래로 떨어지며 생겨나는 하얀 물보라, 물안개, 돌이끼, 바위섬, 절벽과 계곡, 파란 하늘, 물보라 위에 모여든 독수리 떼, 그리고 무지개 등이 함께 어우러져 웅장한 장관을 이루고 있었다. 최고 절경은 제일 안쪽에 있는 '악마의 목구멍'(스) Garganta del Diablo, (포)Garganta do Diabo, (영)the Devil's Throat이라는 지점인데 그 모양은 유U자형으로 높이가 90m, 그 가운데 넓이가 150m, 빙 둘레의 길이는 700m였다. 하필이면 이름이 악마의 목구멍이라고 지은 것에 대한 전설을 이미 들었지만 그것보다는 오히려 이곳에 빠지면 다시 살아날 수 없다는 뜻이 아닐까? 아니면 마치 악마가 삼키는 것처럼 모든 것을 삼킨다는 뜻은 아닐까? 목구멍 역^{Estacion Garganta}에서 내려 악마의 목구멍으로 향하여 가는 긴 다리를 걸어갈 때부터 멀리서 물보라가 하늘로 올라가는 것이 점점 더 선명하게 다가왔다. 악마의 목구멍에 다가갈수록 그 웅장한 폭포소리는 웅장했고 폭포의 물은 말할 수 없는 장관이었다. 마치 악마의 목구멍에 다 빨려 들어가는 것 같았고 볼수록 장관이었다. 지난 번 2007년에는 여길 오지 않아서 아쉬움이 남아 2010년에 두 번째로 이구아수 폭포에 일부러 와서 악마의 목구멍을 들렀다. 지금도 이구아수 폭포 관광의 백미는 바로 악마의 목구멍을 둘러보는 것이라고 말하고 싶다.

악마의 목구멍 앞에 선 필자^{2010년}

악마의 목구멍 폭포와 무지개^{2010년}

악마의 목구멍 지점은 브라질과 아르헨티나의 국경선에서 아르헨티나 지역에 속하고 전체 폭포의 2/3는 아르헨티나 지역에 속했다. 악마의 목구멍은 그 높이가 90m에 그 가운데 넓이가 150m라서 초당 6만 톤이라는 가늠하기 어려운 거대한 물의 양이 떨어지기 때문에 폭포 위에서 물고기가 떨어지면 바위에 부딪혀서 거의 다 죽고 어떤 물고기도 이 폭포를 타고 위로 올라갈 수가 없다고 했다. 2014년 6월에 악마의 목구멍을 다시 한 번 더 돌아봐야 하는데 비 때문에 물이 너무 많아서 길이 막혀 볼 수 없다는 사실에 많은 아쉬움이 남았었다.

폭포 관광을 마치고 기다리던 택시를 타고 세인트조지 호텔로 돌아와서 짐을 정리하고 호텔 식당에서 먹었던 저녁 식사는 여러 가지 요리에다 맛있게 여러 부위를 적당하게 잘 구운 아사도 요리가 나왔는데 이번엔 익숙해져서 꿀맛이었다.

6. 여행방법

칠레의 푸에르토나탈레스에서 여권을 제시하고 미리 구입한 버스표로 안데스 산맥을 넘어 가는 버스를 타고 아르헨티나의 엘칼라파테로 넘어온 것은 아르헨티나 초원의 여러 풍경을 볼 수 있는 좋은 기회였다. 국경검문소에서 겨울이라 사람이 많지 않아 짐 검사도 없이 칠레에서 출국하고 아르헨티나의 입국을 통과하여 4시간을 달려 엘칼라파테에 도착했다. 엘칼라파테 시내는 짐이 없을 때는 걸어서 다녔고 짐을 가지고 호텔, 터미널, 공항을 갈 땐 택시를 이용했다. 페리토모레노 빙하 하루 관광, 스페가찌니 빙하와 웁살라 빙하 하루 관광도 묵었던 린다비스다아파트 호텔에다 비용을 지불하고, 빙하관광 예약을 했더니 호텔 앞으로 빙하 관광버스가 와서 그걸 타고 빙하에 편하게 갔다 돌아왔다.
피츠로이 산을 보기 위하여 엘찰텐으로 이동할 땐 버스터미널에서 아침 8시에 출발하여 11시 30분에 엘찰텐의 호텔로 갔다. 짐을 호텔방에 내려놓자마자 바로 카프리 호수 전망대로 눈길을 걸어 올라가서 선명한 장관의 피츠로이 산을 몇 곳을 옮겨 다니며 바라보고 사진을 찍고 내려왔다. 밤에 눈이 내려서 바로 다음 날 아침 일찍 버스로 출발하여 눈 내리는 미끄러운 도로를 달려오느라고 엘칼라파테로 돌아가는 시간은 좀 더 걸렸다. 우수아이아는 엘칼라파테 공항에서 항공으로 우수아이아 공항에 도착하였고 바로 크루즈를 타고 비글해협을 돌아보았다. 민박으로 예약한 다빈이네로 가서 묵었고 국립공원과 우수아이아 시내는 다빈이 어머니 자가용으로 돌아보았고 공항에도 그 자가용으로 다 태워다 주어서 아주 편하게 우수아이아 관광을 마쳤다. 우수아이아에서 바로 부에노스아이레스로 가는 직항을 예약했는데 갑자기 엘칼라파테로 돌아가 경유하였다가 부에

노스아이레스로 늦은 저녁에 5시간이 걸려서 도착했다. 부에노스아이레스에서
아바스토 호텔에 묵었고 김진완 선교사의 밴으로 이동하여 관광을 했고, 중심가
에 들어갈 때 지하철을 이용했고, 그리고 번화가에선 걸어 다녔다.

아르헨티나 내에서 항공으로 이동할 땐 아르헨티나 항공을 이용했고 푸에르토
이구아수 공항에서 세인트조지 호텔로 갔다가 이구아수 폭포에 다녀오고 세인
트조지 호텔에서 브라질 포즈도이구아수로 이동할 땐 택시로 이동했다.

브라질
Brasil

살바도르 역사지구에 설치된 한 연인 구조물 사이에 또 한 연인 ▶

브라질^{Brasil}

브라질은 브라질 연방공화국^{República Federativa do Brasil}을 줄여서 표현한 것으로 27개의 주의 연방공화국으로서 연방 중심의 정치가 이루어지며 연방경찰이 공항에서 출입국을 관리하고 주경계선을 넘어갈 때 여권 검사도 하고 연방경찰이 월드컵 경기 때도 주요 치안을 담당하는 등 연방의 힘이 센 나라다. '브라질'이라는 이름은 브라질 나무에서 비롯되었는데 브라질 나무는 '불타는 숯처럼 붉은 나무'라는 뜻의 '파우 브라질'^{pau-Brasil}이라는 이름으로 불리면서 브라질이 되었다고 한다. 브라질은 라틴 아메리카에서 가장 큰 나라이며 국토의 크기로는 러시아, 캐나다, 중국, 미국에 이어 세계에서 다섯 번째인 851만㎢이고, 인구수도 중국, 인도, 미국, 인도네시아에 이어 다섯 번째로 2억 260만 명이다. 공용어는 포르투갈어^{Portuguese}이며 수도는 브라질리아^{Brasilia}이고 최대도시는 상파울루이다. 브라질 최대도시 상파울루의 인구는 1,000만 명이고 그 광역도시는 2,000만 명이며 브라질에 사는 디아스포라 한인들의 숫자는 5만 명이었다. 상파울루 시내에 한인들의 상권을 형성하고 있는 봉헤치로^{Bom Retiro}가 남미 패션의 일번지로 발전하였고 많은 브라질 인들도 한인 패션 거리에서 일하고 있었다.

브라질은 세계에서 가장 다양한 인종들이 더불어 살아가고 있으면서도 인종차별이 심하지 않는 좋은 장점을 가진 나라였으며 삼바축제와 축구와 커피가 유명하였다. 전 국민의 축구에 대한 열정은 축구장을 통해서도 확인할 수 있는데 아마존의 밀림 속 작은 마을에도 축구장을 만들어서 골대를 세워놓았고 어떤 호텔에는 잔디 구장을 갖추고 있었다. 국토는 넓어 자동차도로가 전 국토에 잘 연결되어 있었지만 2차선으로 오래되어 낙후된 도로가 많아서 물류비용이 너무 많이 들었고 앞으로 국가가 가장 관심을 기울여 개선해야 할 부분이었다. 아마존의 최대 도시 마나우스 인구가 180만 명인데 네그루 강다리가 2012년에야 처음으로 아만존 강에 건설되어 자동차로 연결이 될 정도로 국가 기간산업이 낙후되어 있었다. 브라질은 무한한 자원의 부국이고 해안선의 길이가 장장 7,000km가 될 정도로 거대한 국토였고 그 해안선을 따라 수많은 도시들이 건설되어 있었음에도 철로가 건설되어 있지 않아서 육로 의존이 너무 높았다. 캄피나스^{Campinas}에서 상파울루^{Sao Paulo}를 거쳐서 히우데자네이루^{Rio de Janeiro}로 이어지는 고속철도를 건설한다는 말이 언론에 오랫동안 무성했고, 브라질 월드컵과 히우 올림픽 전에 건설한다는 말까지 들었다. 대한민국도 그 고속철도의 건설 입찰에 참여했다는 말은 들었는데 아직 어느 나라로 결정이 되었다거나 고속철도를 언제 건설한다는 말을 아직도 들어보질 못했다.

브라질의 북쪽은 아마존 강 유역으로 아마존 강들과 밀림들로 구성되어 세계의 허파의 역할을 하고 있었다. 남부는 고원 지대로 높은 산과 넓은 초원이 형성되어 있어 수많은 강들이 대서양으로 흘러들었다. 대서양 연안을 따라서 길게 수많은 도시들이 대서양이 바라보이는 전망 좋은 곳에 건설되어 있어서 항공 이외에 제대로 된 고속도로나 철로가 있다면 기간산업과 관광산업은 한층 더 발전할수 있을 것 같았다. 권총 강도에 대한 얘기는 여행 중에 수도 없이 많이 들었고 특히 대도시에서 당한 사람들이 많았는데 자동차로 대서양의 해안도로를 따라서 여러 지역을 여행하면서 위험하다는 생각은 전혀 들지 않았다.

2007년 7월에 브라질 한인선교사회의 여름수양회가 상파울루 북쪽 리메이라 시^{Limeira}에서 개최되었을 때 필자는 고 방지일 목사님과 함께 강사로 초청되어 강의했다. 그 후에 상파울로, 산토스^{Santos}, 히우데자네이루, 그리고 이구아수 폭포^{Foz do Iguassu}를 돌아보았다. 2010년 5월에 아마존의 마나우스 신학교의 초청을 받아 강의하러 가면서 마나우스^{Manaus}, 최북단 호라이마^{Roraima} 주 보아비스타^{Boa Vista}, 영어를 사용하는 나라인 가이아나^{Guyana}, 상파울루, 캄포스도조르딩^{Campos do Jordao}, 아르헨티나 부에노스아이레스^{Buenos Aires, Argentina}, 그리고 이구아스 폭포^{Iguassu Falls}를 다시 돌아보았다.

2014년 6-7월에 세 번째로 브라질의 포즈도이구아수^{Foz do Iguassu}, 히우데자네이루^{Rio de Janeiro}, 마나우스^{Manaus}, 포르탈레자^{Fortaleza}에서 살바도르^{Salvador}까지 렌터카로 대서양의 아름다운 해안선을 따라서 자동차 여행을 했고, 그리고 상파울루에 들러서 한인들의 삶의 터전인 봉헤치로^{Bom Retiro} 시내와 이비라푸에라 공원^{Parque do Ibirapuera}을 중심으로 돌아보았다. 브라질은 광활한 국토와 풍부한 자원과 거대한 인구를 가진 대국으로 대한민국의 삼성전자, 현대자동차, 엘지전자, 포항제철, 동국제강 등 수많은 대기업들이 이미 진출하여 브라질과 많은 경제적 교류를 진행하고 있었으며 앞으로 더 많은 교역이 이루어질 것으로 전망되었다. 브라질은 관광자원이 풍부하여 앞으로 아마존 지역의 강과 밀림의 투어나 남쪽 고원지역과 대서양 연안 지역의 자동차관광과 크루즈관광이 이루어진다면 큰 주목을 받게 될 것이다. 물론 아르헨티나 부에노스아이레스에서 우루과이 몬테비데오를 거쳐서 브라질 히우데자네이루까지 갔다가 돌아오는 크루즈 관광이 여름철에만 있는데 앞으로 살바도르와 포르탈레자와 마나우스까지도 연결되어 수많은 사람들이 찾는 날이 올 것이다.

1. 포즈도이구아수^{Foz do Iguassu}

포즈도이구아수 시는 브라질 파라나 주^{Parana}에 속하는 인구 8만의 브라질 관광도시였고 이구아수국립공원으로 들어가는 관문이었다. 포즈도이구아수 시에 거주하는 정정박 목사가 아르헨티나 푸에르토이구아수 시에 필자가 묵었던 호

브라질 쪽 최대 유니온 폭포^{Toca Union} 전경

텔로 와서 함께 포즈도이구아수 시로 들어갔다. 엄격해진 출입국 검문소에서 아르헨티나의 출국 신고와 브라질의 입국 신고를 하고서 브라질로 넘어가서 아이비스호텔^{Ibis Hotel}에다 우선 숙소를 정하고 이구아수 국립공원의 이구아수 폭포 관광을 가기 전 그 공원 입구 오른쪽에 조성된 조류원^{Parque das Aves}에 들어가서 앵무새, 레아, 부엉이, 독수리, 그리고 가장 이구아수 국립공원을 대표하는 투칸^{Toco Tucan}이라는 새 등을 살펴봤다. 투칸은 몸이 주로 검은 털을 하고 있었고 붉고 노란 긴 부리가 특징인데 긴 부리 끝이 까맣고 목은 하얗고 눈 주위가 파랗게 보였는데 그 피부가 푸르기 때문이라는데 까만 검은 눈동자가 제일 귀엽고 예뻤다. 검은 몸뚱이 털에 하얀 목털은 옛날 여고생들의 검은 교복에 하얀 카라처럼 멋이 있었고, 부리가 황색과 오렌지색과 붉은 색으로 색칠해지고 그 끝이 까만색

이구아수국립공원 입구의 조류원에 있는 이구아수의 보석이라는 투칸Toco Tucan

으로 마감된 투칸은 이구아수의 보석이었다. 여러 가지 색깔의 앵무새들이 둘씩 짝을 이루어서 나뭇가지에서 다정하게 놀았고, 날지 못하는 새 레아 몇 마리가 걸어 다녔고, 독수리는 나무 위 둥지에서 먹이를 뜯고 있었다. 조류원은 여러 가지 새들이 섞이지 않고 그 종류대로 잘 살 수 있도록 여러 구역을 나누어서 어떤 곳은 철망이 쳐져 있었고 어떤 곳은 자연 그대로 두어서 모처럼 여러 종류의 새들을 한 자리에서 볼 수 있어서 좋았다.

포즈도이구아수 시의 아이비스 호텔로 저녁 때 돌아와서 방에서 짐을 정리하는 중에 여행의 여러 가지 정보와 느낌을 기록해 놓은 여행수첩이 보이질 않았다. 택시를 대절하여 국경을 넘어 아르헨티나의 전날 묵었던 세인트조지 호텔로 한

걸음에 달려가서 두고 온 수첩을 찾으러 갔다가 찾지 못하여 크게 실망했다. 전화번호와 이메일 주소를 남겨놓은 채 아르헨티나 국경 검문소를 통과하여 브라질 국경 검문소에 다다랐을 때에 수첩을 찾았다는 전화를 받고 택시를 돌려서 다시 아르헨티나 국경을 넘어 호텔에 들어가 수첩을 찾아가지고 돌아올 땐 개선장군의 발걸음이었다.

이구아수폭포^{Cataratas do Iguassu}는 1541년 스페인의 탐험가에 의해 처음 발견되었고 폭포의 지형도는 1892년에서야 처음으로 만들어졌는데 브라질에선 비행기를 발명한 알베토 산토스 듀몬트^{Alberto Santos Dumont}에 의해서 1916년에 그 아름다운 장관이 재발견되었다. 이구아수 폭포는 원래는 한 개인^{Alberto Santos Dumont}의 소유였는데 모든 사람이 볼 수 있도록 브라질 정부의 소유로 귀속되어 규모가 좀 더 넓혀지고 1939년에는 브라질 제1국립공원으로 지정되었다. 이구아수 폭포는 이구아수 강이 파라나 강과 합류해서 브라질과 아르헨티나와 파라과이 세 나라의 국경선이 만나는 곳에서 상류 쪽으로 23km 지점에 위치해 있었다.

이구아수 폭포는 아르헨티나와 브라질 두 나라에서 모두 국립공원으로 지정되어 이미 전설적인 세계적 관광 명소가 되었다. 엘로우스톤이 미국의 제1국립공원으로 1872년에 지정되었고 지리산이 1967년에 한국의 제1국립공원으로 지정되었으니 이구아수 폭포는 미국보다는 늦지만 한국보다는 상당히 빠르게 국립공원이 되었다. 이구아수 폭포가 유네스코에 세계자연유산으로 1986년에 등재되었고 그 무렵에 나온 영화 『미션』으로 많은 사람들에게 더 잘 알려졌다. 이구아수 폭포의 브라질 쪽에서 가장 웅장한 지점에 이구아수 폭포를 처음 발견하여 이구아수 국립공원으로 지정되게 한 공로로 실물크기의 듀몬트씨의 동상이 건립되어 있었다.

보름달이 브라질 쪽 가장 웅장한 유니온 폭포 위에 떠있는 장관을 그 폭포 아래 악마의 목구멍을 보러 나가는 난간에서 한 번 보고자 하였으나 비가 너무 많이 내려서 폭포는 붉은 흙탕물이었고 비가 계속 내려서 다음을 기약할 수밖에 없었다.

폭포 관광은 지붕이 없는 2층 관광버스를 타고 입장료를 낸 지점에서 타고 8km를 가다가 처음 폭포가 시작하는 지점으로 내려가서 폭포가 잘 보이는 여러 전망대를 따라 가며 오르락내리락하며 수많은 구름 관광객들에게 떠밀려 함께 가면서 구경을 했는데 사진을 찍느라 조금씩 뒤쳐졌다. 브라질 쪽 이구아수 폭포는 이구아수 강을 따라서 2.7km를 걸어 올라가면서 이구아수 강 건너편 아르헨티나 지역에서 여러 모양으로 병풍처럼 펴져서 떨어지는 폭포를 여러 각도에서

아르헨티나의 윗길의 시작 지점의 보세티 폭포Salto Bosetti와 그 위 폭포 관광객들

구경하며 올라가는 것이었다. 아르헨티나 쪽은 폭포 바로 가까이서 보면서 구경하는 것이라면 브라질 쪽은 멀리 강 건너 편에 있는 폭포 전체를 관망하며 구경하는 것으로 상당히 거시적인 폭포 구경이라고 할 수 있었다.

이번 폭포 방문은 비가 너무 많이 내려서 그 폭포의 양이 어마어마하였고 그 폭포의 거대한 물소리와 물보라가 장관을 이루었다. 이구아수 강과 폭포와 그 물보라의 색깔이 하얀 것이 보기에 더 좋은데 황토색의 강과 폭포에다 하얀 물보라의 안개와 함께 보는 것은 좀 별로였다. 이구아수 폭포가 아름다운 것은 단순히 폭포의 규모 때문만이 아니라 이구아수 국립공원 안에 이구아수 강을 따라서 국립공원의 높은 나무숲과 이끼 낀 수많은 바위섬들과 바위절벽, 그리고 수많은

파라과이에 왔다가 이구아수폭포 관광을 온 고석천씨 일행과 정정박 목사가운데

유니온 폭포의 물보라와 물안개 뒤쪽에 악마의 목구멍

희귀한 나무들과 식물들과 새와 야생동물까지 갖추고 있어서 더 아름다웠다. 입장권 요금은 이구아수폭포 시민, 브라질 국민, 남미공동체 회원국 국민, 그리고 외국인 순으로 구분하여 차등 입장료를 받았다. 이구아수 폭포 관광은 마지막 지점의 거대한 유니온 폭포^{Toca Union} 앞에서 절정을 이루었고, 악마의 목구멍 지점을 바라보기 위해서 그 거대한 폭포의 물보라를 온통 뒤집어쓰고서 나무다리 난간 끝 지점까지 걸어갔다가 돌아오는 것이 클라이맥스였다.

2014년에 이구아수 강^{Rio Iguassu}물이 많아서 폭포가 거대하고 물보라도 장관이었고 그 폭포의 떨어지는 소리가 웅장하였지만 떨어지는 폭포의 색깔이 황토색의 흙탕물이라서 시각적으로는 아름다움이 좀 덜했고 너무 많은 물보라와 물안개

유니온 폭포와 그 뒤 악마의 목구멍[2010]

때문에 그 웅장한 폭포의 장관을 제대로 볼 수가 없었다. 가장 안타까웠던 점은 이구아수 강물이 너무 많고 물보라와 물안개가 많아서 악마의 목구멍 지점을 접근은 고사하고 멀리서 바라보는 것 조차 불가능했다. 이 웅장하고 거대한 폭포 앞에서 사람이라는 모습이 너무 초라했다.

이 날은 비가 내리는데도 구름떼 관광객들이 몰려들었고 사람들에 떠밀려서 이동을 해야 했지만 빗속에서 사진을 찍는 것 때문에 약간씩 뒤로 쳐졌다. 정정박 목사는 이구아수폭포 시민이라서 관광객이 올 때마다 이구아수 폭포에 다녀갔겠지만 이날도 안내하며 기꺼이 동행해주었다. 브라질 월드컵 축구경기를 바로 눈앞에 두고 한국 월드컵축구 대표 팀이 이구아수폭포 시에 베이스캠프를 치고 훈련을 하고 있어서 그런지 이 날 한국 관광객들이 많이 보였고 한국 방송국 기자들도 여럿이 관광객들 속에 보였다. 서울에서 온 고석천씨 일행은 파라과이 아순시온Asuncion, Paraguay에 사업차 왔다가 시간을 내서 밤새 이구아수로 달려와서 폭포관광을 왔다가 폭포가 시작하는 지점에서 만나서 반갑게 인사를 나누고 기념사진도 함께 찍고 동행하며 폭포를 구경했다.

관광객들이 제일 많이 몰리는 지점이 유니온 폭포 앞이고 그 앞에 흐르는 폭포 위에 난관이 세워져 있어서 비옷을 입고 쏟아지는 물보라를 맞으면서 그 폭포 난간을 따라서 끝 지점까지 나갔다가 악마의 목구멍 지점을 바라보고 돌아오는 것이 일반적인 관광 코스였다. 유니온 폭포가 떨어지는 지점 바로 옆에 승강기가 있어서 그 승강기를 타고 유니온 폭포를 내려다보며 위로 올라가서 폭포 위쪽 버스가 다니는 도로에 내려서 그 지점에서 다시 가장 웅장하게 떨어지는 유니온 폭포를 위에서 내려다보며 폭포관광을 마무리했다. 브라질 쪽 폭포 관광의 백미는 가장 웅장한 유니온 폭포 앞 폭포 난관에 나가 악마의 목구멍 지점의 양쪽에서 떨어지는 폭포를 보고, 다시 돌아와서 유니온 폭포 앞에서 기념사진을 찍고 승강기를 타고 도로 지점에 올라와서 다시 유니온 폭포와 그 아래 지점과 저 멀리 악마의 목구멍 지점을 정리해서 전체적으로 한번 바라보는 것이었다.

비를 맞으며 폭포 관광을 마무리하고 오전 내내 구경을 하느라고 시장기가 들었을 때쯤 유니온 폭포가 시작하는 바로 위쪽에 위치한 전망 좋은 포르토카노아 Porto Canoas Restaurant 식당에 두 번째로 들어가서 카메라 배낭도 의자 위에다 다 벗어 놓고 쉬면서 차분히 브라질식 뷔페 점심을 먹었다. 이구아수 강이 유니온 폭포 쪽으로 흘러 내려가는 이과수 강물을 바라보면서 악마의 목구멍과 유니온 폭포에서 올라오는 물보라에서 다시 이구아수 폭포의 웅장함을 느꼈다. 정말 신나는 폭포 구경 후에 맛있는 점심식사를 전망 좋은 식당에서 브라질식 음식 요리를 먹는 것도 즐거웠다. '훼 주아다'라는 브라질식 요리가 있는데 오래 전 브라질 노예들이 먹었던 식사로 돼지 혀와 귀, 코, 족발, 갈비 등 돼지고기 각 부위들을 콩과 함께 삶아서 먹는 것인데 기름기가 많아 보여서 맛을 보는 것으로 만족했다. 어쩜 이구아수 강물 속의 물고기들이 폭포가 시작되는 지점을 미리 알고 폭포 위쪽에서 본능적으로 미리 되돌아간다는 얘기를 들었을 때 참 신기했다. 만약에 90m 높이 악마의 목구멍에서 물고기가 떨어지면 보통은 살아남기가 어렵다고 했다.

2007년에 급류 사파리^{Macuco Safari}라고 간판에 달려있는 지점에 내려서 뜨릴라차^{오솔길차}를 타고 하늘을 찌르는 이구아수 국립공원 나무 숲 사이를 지나서 내려가다가 숲 중간에 멈추었고, 600m 거리 정글 숲속 길을 걸어서 보트 타는 지점까지 내려갔다. 그곳에서 신발과 양말을 벗어 놓고 비옷과 구명조끼를 입고 카메라를 비닐 백으로 씌워서 보트를 타고 드디어 이구아수 강가에 정박된 보트에 올랐다. 보트 여행은 이구아수 강을 거슬러 올라가서 아르헨티나 쪽의 중간 지점의 폭포 속으로 두 번을 들어갔다가 나오면서 폭포 물을 몽땅 뒤집어쓰고 사진을 찍기 좋은 지점에서 보트가 잠시 멈춰 서서 사진을 찍을 수 있는 기회도 주었는데 이구아수 강에서 폭포 위로 올려다보면서 바라보는 광경도 웅장한 감동을 주었다.

이구아수 폭포 관광은 강물과 폭포의 양이 올 때마다 다르고 계절마다 달라서 새로움이 있고 다른 감동이 있었다. 이구아수 국립공원을 드나드는 2층 버스에 몸을 싣고 후련한 마음으로 이구아수 폭포를 뒤로 하고 정문을 향하며 폭포 관광을 마무리했다.

이구아수 국립공원 정문을 향하여 가는 2층 관광버스

브라질, 아르헨티나, 그리고 파라과이 삼국 국경선Marcos das Tres Fronteiras의 브라질 국경 기념관에 2007년에 가보았다. 이구아수 강을 경계로 브라질과 아르헨티나가 나누어져 있고 파라나 강을 경계로 파라과이가 브라질과 아르헨티나와 경계를 이루고 있는데 두 강이 만나면서 자연스럽게 세 나라의 국경선을 이루고 있었고 각기 세 나라의 국기와 상징물이 세워져 있었다. 원래 이구아수 폭포는 파라과이에 속했는데 파라과이가 이들 나라와의 전쟁에서 패하면서 세계 제일의 폭포 관광지를 브라질과 아르헨티나에 다 빼앗겨 버렸으니 국가적 위상과 경제적 손실은 말할 것도 없고 수많은 젊은이들마저 전선에서 수 없이 죽어갔으니 삼국의 국경선에 서서 세 나라를 바라보면서 그 가슴 아픈 역사가 슬프게 다가

브라질선곳, 아르헨티나왼쪽, 그리고 파라과이오른쪽 국경지대2007

왔다. 사진에서 필자가 선 곳은 브라질 국경선이고 강 건너 왼쪽은 아르헨티나 지역이며 강 건너 오른쪽은 파라과이 지역이었다. 1903년 세 나라가 두 강이 만나는 지점을 국경선으로 정하여 지켜오고 있는데 국경 확정 100주년을 기념해서 브라질은 사진에서 바로 앞에 보이는 새 기념물을 세웠다. 파라나 강은 브라질 동남부 고원에서 시작하여 거대한 이타이푸 댐Itaipu Dam을 거쳐 이 국경선에서 이구아수 강과 파라나 강이 만나서 하나의 파라나 강이 되어 아르헨티나의 수도 부에노스아이레스로 흘러 우루과이 강과 합쳐져 대서양으로 들어가는 4,880km 길이의 거대한 강이었다.

이타이푸 댐을 배경으로 선 필자[2007]

1982년에 완공된 20세기 최대 토목사업 가운데 하나로 파라나 강을 가로질러 건설된 그 당시 세계 최대의 이타이푸 댐에 올라가서 그 방대하고 어마어마한 댐에 갇혀진 물을 바라보고 그 댐 둑을 자동차로 지나가며 돌아보았다. 이 댐을 건설하기 위하여 수많은 도시와 수목들이 수장되고 7개의 폭포도 사라지고, 물의 길이만도 180km에 달하고 70만 kw의 전력을 생산해서 파라과이 전력의 80%와 브라질 전력의 20%를 공급한다고 했다. 이 댐의 물의 방류량은 그렇게 웅장한 이구아수 폭포의 40배에 달한다고 하니 댐의 규모의 거대함이 실감났다.

이구아수 폭포를 이구아수 국립공원으로 지정하여 그 주변을 잘 보호하고 단장하여 폭포와 숲, 강과 동식물을 함께 보도록 배려한 브라질과 아르헨티나 국민들의 수준과 저력도 함께 느낄 수 있어서 좋았다. 기회가 되면 이구아수국립공원 숲 속 길을 웅장한 폭포 소리와 새 소리를 들으면서 하늘을 찌른 숲 속을 트레킹해 보고픈 마음도 들었다.

2. 히우데자네이루 ^{Rio de Janeiro}

6월 14일^토 이구아수 폭포 관광을 마치고 오후 3시 40분에 포즈도이구아수 국제공항에서 히우데자네이루 국제공항으로 출발하는 탐항공^{TAM}을 탑승하기 위해서 공항 대합실에 출발 2시간 전에 도착했다. 15일 오후에 히우데자네이루의 그 유명한 마라카낭 축구경기장에서 아르헨티나와 크로아티아의 월드컵 축구 경기

코르코바도 언덕 위 구속자 그리스도 상 앞에서 선 사람들

가 예정되어 있었는데 아르헨티나 국가대표팀 상의 복장을 한 응원단들이 벌써 공항대합실에 몰려들기 시작했고 브라질 공항인데도 아르헨티나 공항 같은 착각이 들었다. 아르헨티나 응원단의 숫자가 많아서 대합실의 분위기도 이미 월드컵 축구 열기로 가득 찼고 필자가 탄 탑항공 기내 좌석이 응원단원들로 거의 채워졌다. 필자 부부의 앞뒤 좌석도 응원단원들로 채워져서 그 극성스런 아르헨티나 응원단원들에 포위되어 버렸다. 그들은 좌석에 앉지도 않고 일어선 채로 두 시간 동안에 응원 열기에 들떠서 필자를 가운데 두고 건너 뛰어 자기들끼리 스페인어로 계속해서 끝도 없이 떠들어댔는데 소음 수준이었지만 그저 묵묵히 참을 수밖에 없었다.

히우데자네이루 국제공항에 도착하여 항공기 바퀴가 활주로에 착륙하자 마침내 응원단들이 응원가를 소리쳐 기내가 터지도록 불렀는데 모든게 극성스러운 아르헨티나 축구 응원단들의 화끈한 응원가 소리에 묻혀버렸다. 월드컵 축구경기로 히우에 호텔을 예약할 수 없어 한인이 운영하는 민박집을 예약했는데 그 집에서 공항으로 마중을 나와 주어서 함께 택시를 타고 시내를 한참 가로 질러 올라가서 노르테 쇼핑몰Norte Shopping Mall 부근에 있는 민박집까지 먼 거리를 이동했다. 민박집은 오래된 집으로 집 안에 수영장도 있었지만 제대로 집 단장을 하지 않아서 침대와 욕실이 오래되어 잠자는 것도 먹는 것도 다 편하질 않았다.

주말 밤이라 옆집에서 크게 음악을 틀어놓고 밤새도록 노래를 부르며 떠드는데 익숙하질 않아서 잠자는 것이 쉽지 않았지만 그것도 여행이라고 생각하고 바로 깊은 잠에 빠져들었다. 민박집의 바깥 대문을 도둑이 와서 통째로 떼 가버려서 허술한 안쪽 대문이 집을 지켜 약간 허전한데다 히우에서 있었던 최근의 권총 강도 사건 얘기를 들으니 섬뜩하고 긴장되었다. 강도 얘기는 출발하기 전부터 들었고, 페루에 입국하면서도 들었고, 아르헨티나 부에노스아이레스에서는 더 무서운 강도 얘기를 들었는데, 한인 음식점 입구에 총을 든 경찰들이 지키는 것도 여러 번 봐서 조금 익숙해진 줄 알았는데 히우데자네이루에 도착하자마자 더 섬뜩한 최근 권총강도 얘기를 들으니 필자의 아내는 상당한 충격을 받고 더 긴장했다.

 1) 히우데자네이루 시내 ^{Centro Rio de Janeiro}

히우데자네이루는 브라질 남동부 대서양 연안에 자리 잡은 해안과 산봉우리가 아름다운 도시로 히우데자네이루 주의 주도였다. 브라질에서 가장 유명하고 낭만적인 해변 도시가 바로 '일월의 강'이라는 뜻의 히우데자네이루였다. 브라질 사람들은 간단하게 줄여서 히우^{Rio}라고 불렀고 인구 800만 명의 대도시였다. 히

히우데자네이루 시립 오페라극장

우는 1502년 1월 1일 포르투갈의 항해자 아메리고 베스푸치가 발견했으며 구아나바라Guanabara 만(포)Baia, (영)Bay, (한)灣을 강어귀로 잘못 알고 '히우데자네이루(포)Rio de Janeiro, (영)River of January, (한)1월의 江'라고 부르게 되었다고 한다.

히우는 호주의 시드니, 이탈리아의 나폴리와 더불어 세계 3대 미항이라고 불리는 아름다운 항구도시였다. 코르코바도 언덕 위에서 한눈에 내려다 보이는 히우 시내는 대서양과 과나바라 만과 파도가 부서지는 모래사장과 호수와 산봉우리들과 니테로이 다리가 장관이었다. 히우는 그 명성에 손색이 없이 정말 멋있는 코파카바나Copacabana 해변과 구아나바라 만이 아름다웠고 특히 코르코바도 언덕과 팡데아수카르 봉우리가 아름다웠다. 아름다운 코파카바나 해변 가에 좋은 호텔이 다 몰려있었고 그 앞에 5km 넓은 해변 모래사장에 사람이 인산인해를 이루고 있었는데 하와이 와이키키 해수욕장의 규모와는 비교할 수도 없을 만큼 방대했다.

히우는 1763년부터 1960년까지 브라질의 두 번째 수도였고 남미 최대의 관광도시로 전 세계 관광객들이 몰려오는 곳이었다. 히우는 2월말에 열리는 삼바축제 때문에 잘 알려져 있고 그 때 수많은 관광객들이 전 세계에서 몰려들어오고 동시에 소매치기 등 범죄도 함께 기승을 부린다고 했다. 구아나바라 만에 정박된 수많은 요트들을 통해서 많은 부자들이 살고 있으면서 가난한 달동네이자 슬럼가인 타바레스 바스토스Tavares Bastos가 비탈진 언덕에 함께 공존하는 빈부의 격차가 심한 도시였다. 이 달동네는 지난 10년간 대대적인 치안회복운동으로 새로운 변화의 기회를 맞이해 많이 개선되었다. 삼바축제 기간에 60만 명의 관광객들이 일시에 몰려 들어와서 브라질에 살고 있는 사람들조차 히우에서 숙박과 관광이 어렵다고 했다. 히우에 유명한 코르코바도Corcovado 언덕 위에 있는 구속자 그리

히우의 마라카낭 축구 경기장 밖 월드컵 우승58년의 주장 벨리니Belini 동상

스도 상, 설탕빵이라는 뜻의 팡데아수카르Pao de Assucar 봉우리, 모래가 곱고 해안선이 아름다워 사람들이 많이 모여드는 코파카바나 해변, 삼바축제가 열리는 삼바드로메Sambadrome 퍼레이드 전용거리, 그리고 역사적인 최고의 마라카낭Maracana 축구경기장 등이 주요 볼거리였다. 2014년 월드컵 축구 경기의 주요 경기가 히우 마라카낭 경기장에서 열렸고, 2016년 하계올림픽이 히우에서 열릴 정도로 전 세계인들의 관심이 집중되어 있는 도시였다.

1950년 건설되어 브라질 월드컵이 열렸을 때 20만 명이 넘는 사람이 들어가 브라질과 우루과이와의 결승전에서 브라질의 승리를 확신하고 응원하였다가 2대 1로 역전패 당한 마라카낭의 비극을 연출한 역사적인 마라카낭 축구 경기장을

6월 15일 오후 그 경기장에 가서 그 주변을 돌면서 돌아보았다. 그날이 바로 아르헨티나와 크로아티아의 첫 번째 월드컵 축구 경기가 열렸는데 7만 4천의 관중 중에 5만 5천명이 아르헨티나의 응원단일 정도로 아르헨티나 응원단들이 자국의 승리를 열렬히 응원했다. 축구 경기가 벌어지기 몇 시간 전에 마라카낭 경기장 바깥을 두 바퀴 돌면서 돌아봤는데도 벌써 인사인해를 이루어 계속 입장하고 있었다. 2014년의 월드컵에서 브라질의 비극은 7월 8일 준결승전에서 독일에 7대 1로 대패하면서 미네이랑의 비극을 다시 연출해서 축구에 열광하는 브라질 국민들에게 큰 실망을 안겼다.

히우의 국제공항에서 가까운 중심가 도심에 700m 길이의 삼바드로메 퍼레이드 전용거리에 가보았다. 그 거리의 양쪽에 7만 명의 관중들이 삼바 축제 퍼레이드를 잘 볼 수 있도록 관중석이 서로 마주보고 건축되어 있었다. 삼바축제를 보기 위하여 4일간의 축제 기간에 전 세계에서 60만 명의 관광객이 일시에 몰려들기 때문에 7만 명의 관중석이 가득 다 차고 가장 잘 보이는 앞쪽의 입장료는 300만 원에 달한다고 했다. 매년 2월말에 삼바 축제가 열리는데 그 화려하게 꾸민 꽃차 위에서 화려하고 약간은 야한 복장으로 그 경쾌한 음악에 맞추어서 삼바 댄서들이 오리엉덩이를 흔들어가며 여러 가지 주제에 맞추어 춤을 추며 공식 경연을 열광적으로 펼치는 것을 상상하면서 그 경연장을 둘러보았다.

히우의 국제공항에서 가까운 중심가 삼바드로메 지점에서 조금 내려와서 시립 오페라 극장, 오래된 성당 등 주요 지점에 월드컵 경기 시즌이라 경찰들이 요소요소에 다 경비를 서고 있었다. 그 중심가의 포르투갈 인들이 건설한 건축물들이 아직도 고풍스럽고 운치가 있었다.

삼바드로메의 삼바 경연 퍼레이드 거리와 양쪽 관중석을 보러온 관광차들

코파카바나 해변의 해안도로를 한 바퀴 돌아서 시내 중심가인 보타포구^{Botafogo},
플라멩구^{Flamengo}, 글로리아^{Gloria}, 히우 중심가, 산토 크리스토^{Santo Cristo}, 그리고 히우
항구를 지나서 구아나바라 만 위에 건설되어 니테로이 시내로 건너가는 14km의
히우 니테로이 다리로 건너가면서 크루즈 배들이 정박된 히우 항구와 히우 시내
중심가를 바라보았다. 니테로이 시내의 초입 부근을 가볍게 한 바퀴 돌아보고서
바로 그 다리로 돌아 건너와서 노르테 쇼핑몰 가까이 있는 민박집에 돌아왔다.

  2) 코파카바나^{Copacabana} 해변
코파카바나 해변 가에는 히우의 남부지구의 고급 호텔과 고층 아파트들이 즐비
하게 늘어서 있었고 그 앞에는 끝도 보이지 않는 대서양 바다였다. 해안의 모래
사장 길이는 5km로 하와이 와이키키 해변보다도 훨씬 더 길고 넓으면서 휘어진
활모양으로 운치가 있었고 사람들이 모래사장에 셀 수도 없을 만큼 가득 차 있

히우데자네이루 멋진 시내 풍경

었다. 호텔이 즐비하게 늘어선 바로 앞에 자동차도로는 일방통행이었고, 그 옆에 자전거 전용도로가 있었고, 해변 쪽으로 사람이 걸어 다니는 보행도로가 있었다. 바닷가 쪽 모래사장의 모래는 곱고 부드러웠고, 모래밭에 아르헨티나 축구 선수 상의를 입은 사람들이 보였다. 해변에서 선텐을 하는 사람들이 태양을 향하여 의자에 누워있었고, 바다엔 수영을 하는 사람들과 거친 파도 위에서 윈드서핑을 하는 사람들이 있었다. 이날 필자를 히우 시내, 마라카낭 경기장, 삼바드로메, 코파카바나 해변, 니테로이 다리, 그리고 니테로이 시내까지 안내해 준 사람은 한국어를 배우고 있는 히우 숙녀 레티시아Leticya의 아버지였는데 히우 시내 주요 지점을 자가용으로 안전하게 여러 구석구석 안내해 주었다. 히우에서 친절한 현지인의 안내로 시내의 주요 관광지를 돌아볼 수 있어서 무엇보다 감사했다.

3) 코로코바도 Corcovado 언덕

다음날 민박집에서 오전 9시쯤에 택시로 출발하여 코로코바도 언덕 산악 기차역에 10시에 도착했지만 월드컵 시즌이라 긴 줄을 서서 기다린 끝에 오후 2시 기차표를 겨우 구입하였다. 다시 입구로 나와 한 동안 세계 여러 나라 사람들이 오고가는 모습을 잠시 구경하고 4시간을 기다리려니 너무 지루해 입구에 서 있는 경찰관에게 브라질 음식을 파는 식당을 물었더니 친절하게 그 주변에서 식당

코로코바도 언덕 위에서 내려다본 히우데자네이루 시내2007

손님을 찾는 안내자를 알려주어서 그를 따라 한참을 걸어서 식당에 도착하여 점심 식사²인에 28헤알, 12,000원부터 해결했다. 2007년 7월 아침 8시에 코로코바도 언덕에 올라가는 정거장에 도착하여 오전 8시 45분 첫차로 코로코바도 언덕을 올라가서 아침이라 시야가 좋아 멀리 내려다보이는 풍경을 선명하게 잘 볼 수 있었다. 이번엔 점심을 먹자마자 기차역 대합실에 가서 기다리는데 1시에 올라가는 기차에 좌석이 비었다고 해서 1시간을 앞당겨 코로코바도 언덕에 올라갔는데 진한 안개로 시야가 아주 흐렸다. 이 산악기차Trem do Corcovado는 스위스에서 제작하여 가져온 것으로 언덕을 돌아서 몇 정거장에 정차하며 710m의 비교적 높은 코로코바도 언덕으로 올라갔다. 중간 역에서 기차 안에서 삼바 음악을 연주하며 흥을 돋우고 돈을 거두는 연주자들이 탔는데 그것도 신나고 흥겨웠다. 종착역에서 기차를 내려 승강기를 타지 않고 계단을 따라 돌아가면서 710m 언덕 위로 올라갔는데 히우 시내가 한 눈에 들어오는 것이 세계 3대 미항에 걸맞은 멋진 풍

코르코바도 언덕 위에서 바라본 마라카낭 축구 경기장

광이었다. 그런데 이날은 오후인데다 날씨마저 안개가 끼어 흐려서 경치가 희미하게 보이는 것이 운치는 있었지만 선명하질 않아서 제대로 히우 시내를 감상하긴 어려웠다.

코르코바도 언덕 위에 그 유명한 그리스도상이 서 있는데 그 이름은 크리스토 헤덴톨(포)Cristo Redentor, (영)Christ the Redeemer이라고 우리말로는 '구속자 그리스도'인데 그리스도가 바로 우리의 구속자라는 의미로 신학적으로 잘 붙여진 이름이었다. 이 그리스도상은 1926년 공사가 시작되어 5년 후인 브라질 독립 100주년이 되는 1931년 10월 12일 오후 7시에 불꽃놀이와 함께 세상에 그 잘 생긴 모습을 드러냈다. 이 그리스도상은 히우의 상징을 넘어서 브라질의 큰 선물이 되었고 2007년 7월 세계 7대 불가사의 건축물 가운데 하나로 선정되었다. 이 구속자 그리스도상의 공사는 제뚤리오 바르가스Getulio Vargas 대통령 때 브라질 엔지니어인 실바 코스타에게 맡겨졌고 디자이너는 카롤스 오스왈드Carlos Oswald였고 폴란드 출신 프랑스 건축가 폴 란도프스키Paul Landovski가 조각하고 건축하여 세웠다. 위에서 보면 로마의 베드로 성당 앞 광장의 열쇠모양처럼 디자인을 했다. 폴 란도프스키는 스위스 제네바의 존 칼빈John Calvin 종교개혁 기념비를 조각한 바 있는 종교 전문 조각가였다. 이 그리스도상은 높이 30m, 좌우길이 28m, 손바닥과 머리의 크기 각 3m, 무게 1,145t의 거대한 조각상인데 한눈에 보기에도 균형이 잘 잡히고 웅장한 모습이었다. 조각상 뒤에는 15명 정도 들어갈 수 있는 예배당이 만들어져 2006년 10월에 헌당되었고 누구나 원하는 사람은 여기서 세례를 받을 수 있고 결혼식을 거행할 수 있단다. 이 언덕은 조각상 뿐만 아니라 히우 시내와 해안과 섬들의 전망 경관이 탁월하여 보는 이들로 하여금 '이래서 세계 3대 미항 중의 하나라고 하는구나!' 하는 감탄사가 저절로 외마디처럼 나오게 하는 전망대였다.

2007년에 코르코바도 언덕 위에 올라왔을 땐 첫 차를 타서 그런지 사람이 많지 않았는데 이번에 정말 사람이 많아서 그리스도 상 앞 광장에선 사람들에 밀려서 겨우 한 발짝씩 움직일 수 있었다. 월드컵으로 히우에 방문한 사람들은 다 올라오는 것 같았고 그 전날 크로아티아와 축구 경기에서 승리한 아르헨티나 사람들이 특히 많았다.

4) 팡데아수카르 Pao de Assucar

산악기차에서 내려 도로에 나가서 바로 다시 택시를 잡아타고 팡데아수카르로 향했는데 사람이 많고 차도 많아서 제대로 달리지 못하고 출퇴근 시간 때의 트래픽 잼 같았지만 택시에 맡기고 갈 수밖에 없었다. 팡데아수카르 봉우리는 케이블카를 두 번에 걸쳐서 타고 올라가야 하는데 여기서도 역시 긴 줄을 서서 기다린 후에야 겨우 표를 사서 올라갔다. 팡데아수카르 봉우리는 케이블카로 타고 올라가는 396m의 바위 봉우리인데 1,400m의 케이블카를 타고 한 번 내렸다가 갈아타고 올라가면서 왼쪽에 구아나바라 만을 아래로 내려다보고 오른쪽 뒤로 아름다운 하얀 해안선의 코파카바나 해변을 번갈아 보면서 한참을 올라갔다.

팡데아수카르 봉우리 위에 넓은 우르까 전망대를 만들어 놓아서 수많은 사람들이 의자에 앉아 차와 음료를 마시면서 풍경을 즐기고 있었고 또 다른 사람들은 전망대 주변을 돌아가면서 사진을 찍으며 감탄하고 있었다. 전망대는 바위 위인데도 주변에 아름답고 다양한 아열대 사철나무들이 서 있었고, 그 나무들 사이에 아주 작은 원숭이들이 오르내리고 있었다. 하늘엔 매들이 여유 있게 날았고, 앞에는 구아나바라 만과 뒤에는 대서양이, 왼쪽에는 코파카바나 해변과 오른쪽에는 히우 중심가와 히우 항구, 니테로이 다리, 그 끝에 니테로이 시내가 있어서 돌아가면서 풍경이 아름다운 영상처럼 눈에 들어오는 것이 정말 멋진 미항의 풍

케이블카를 갈아타는 중간 정류장에서 바라본 팡데아수카르 봉우리

경이었다. 이게 바로 세계 제일의 수려한 미항의 경치로구나 하는 감탄사가 저절로 나왔다. 이날 늦은 오후에 전망대에 올라갔기 때문에 안개가 자욱이 끼긴했지만 멋진 석양도 함께 볼 수 있었다.

우르까 전망대엔 부자 관광객들이 찾아오는지 다양한 보석들을 파는 보석상이 있었고, 여러 가지 기념품 상점과 음료와 차와 간단한 음식을 팔고 있는 가두 판매대들이 여럿 있었다. 사면이 탁 트인 해안의 높은 봉우리에 우르까 전망대가 위치하고 있기 때문에 대서양의 파란 바다와 5km에 이르는 해안선에서 하얗게 여러 선들을 만들며 부서지는 파도의 장관이 활처럼 휘어진 코파카바나 해변에서 연출되었다. 팡데아수카르 봉우리 때문에 대서양에서 밀려오는 센 바람과 거

팡데아수카르에서 바라본 코파카바나 해안선과 즐비한 호텔들과 남부시가지

친 파도를 막아주어서 구아나바라 만에는 아름다운 둥근 해안선과 잔잔한 바다
로 수많은 요트들이 정박되어 있었다. 바로 앞 높은 코르코바도 언덕은 안개에
덮여서 그 꼭대기의 그리스도 상만이 그 주변의 산봉우리와 함께 분명하게 보이
는 것도 신비했다. 히우 국제공항에 항공기들이 뜨고 내리는 것을 언덕 위에서
보는 것도 재미있었고 그 오른쪽에 구아나바라 만을 가로 지르는 14km의 히우
니테로이 다리로 연결된 니테로이 시내와 해안선이 아름답게 다가왔다. 아름다
운 풍경을 한 번 보는 것보다는 두 번 보는 것이 더 아름답고 모르고 보는 것보
다는 알고서 보는 것이 더 아름답다. 7년 전 은혼식 때에 혼자 와서 둘러봤을 때
도 설레고 멋있었는데 이번 회갑 때에 아내와 둘이 함께 와서 세계 제일의 미항
히우 풍광을 보니 이전보다 더 아름답고 더 멋지고 더 황홀했다.

이 날 코르코바도 언덕의 그리스도 상을 보기 위하여 산악기차표를 네 시간 후의 것을 사야 할 정도로 관광객들이 많아서 오래 기다리는 것은 좀 인내를 요했지만 그것도 여행이라고 생각하며 즐겁게 구경했고 예정대로 팡데아수카르도 잘 돌아보았다. 이날 식당에 가서 브라질 음식으로 점심을 원화로 12,000원 정도로 두 사람이 해결했고 맛있는 브라질 커피도 3,000원 정도로 사서 마셨고 택시를 하루 종일 타고 다니면서 관광지를 다 돌아보고 다녔는데도 비용이 그렇게 많이 들지 않았다.

민박집에 돌아와서 2년 동안 남미에서 아내와 두 아이와 함께 여행하다가 현재 민박집에 머물면서 남미여행 가이드로 생계를 이어가며 살고 있는 젊은 부부와 여행으로 돌아본 여러 나라에 대해서 많은 얘길 나눴다. 새벽에 도착한 젊은 신혼부부는 필리핀에서 관광 사업을 하고 있는데 최근에 결혼을 해서 50일 동안 신혼여행을 하는 중이었다. 먼저 유럽의 오스트리아, 크로아티아를 돌아보고, 뉴욕의 맨해튼에 들렀다 새벽에 도착했는데 이제 브라질 남부 포르투 알레그레Porto Alegre에 가서 월드컵 예선전을 하는 한국 축구팀을 응원한 다음에 이구아수폭포와 페루 리마를 돌아보고 미국 엘에이를 거쳐서 돌아간다고 했다. 요즈음 한국의 젊은이들은 용감하게 모험을 즐기고 거칠 것이 없이 자신이 꿈꾸는 바를 자신 있게 실행하며 살아가고 있는 모습이 참 대견했다.

3. 마나우스Manaus

6월 17일 낮 12시 35분에 히우데자네이루 국제공항 제2터미널에서 출발하는 탐항공TAM을 탑승하기 위하여 3박 4일간 머물렀던 민박집에서 택시를 타고 공항에 2시간 전에 도착하여 탑승수속을 마치고 대합실에서 잠시 기다리며 팡지게

이조^{Pao de Quaijo, 치즈빵}와 커피를 먹으면서 마치 브라질 사람처럼 여유가 생겼다. 탑승대합실에 크로아티아 사람들이 단체로 모여들기 시작했는데 15일 히우 마라카낭 경기장에 아르헨티나와 축구경기를 했던 크로아티아가 이번에 마나우스에서 18일 카메룬과의 월드컵 경기에 응원하러 가는 중이었다. 탑승하여 좌석에 앉고 보니 이번엔 크로아티아 응원단들에 둘러싸였다. 크로아티아는 아드리안해의 진주라 할 정도로 최근에 한국인 관광객들이 많이 찾는 관광지이고 유럽인들이라서 그런지 상당히 점잖았다. 히우 국제공항에서 12시 20분에 출발하여 오후 4시 40분에 마나우스의 에두알두고메스 국제공항^{Eduardo Gomes Int'l Airport}에 도착했다. 착륙하는 기내에서 내려다보니 4년 전에 마나우스에 왔을 때 건설 중이었던

마나우스 트로피컬마나우스 호텔에서 바라본 네그루강과 네그루강 다리

네그루강 다리는 이미 완공되어 있었다. 공항엔 유지화 선교사와 아들 바울로가 함께 마중 나왔고 4년 만에 다시 해후했다. 4년 전에 마나우스 신학교 강의에 초청해 주었고 보아비스타에 안승렬 선교사와 함께 여행했을 때 바울로는 상파울루에 있어서 말로만 들었는데 이번에 바울로를 만나서 더 반가웠다. 당시 유지화 선교사가 운영하는 선교관이 1층이었는데 그 사이에 2층을 올려서 사택으로 사용하고 있었고 유지화 선교사 부자가 우리 부부를 환대하여 바울로 방에서 큰형님 댁에 간 것 같이 정말 편히 잘 쉬게 배려해 주었다.

유지화 선교사 선교관에서 필자 부부가 도착했으니 우선 브라질 마트와 일본 마트엘 가서 한식 음식재료를 구입했는데 무 하나에 7,000원을 할 정도로 비쌌다.

아마존^{the Amazon}은 희랍신화의 '용감한 여 전사'에서 온 말로 16세기 스페인탐험대가 아마존 강의 용감한 원주민을 아마존이라 부른데서 시작된 말로서 브라질 북쪽의 아마조나스^{Amazonas} 주를 약칭하는 말이고, 아마존 강을 지칭하는 말이고, 아마존 열대우림 지역을 총칭하는 말이기도 했다. 아마존 열대우림지역은 브라질의 아마조나스 주를 중심으로 호라이마 주와 파라 주를 포함해서 볼리비아, 페루, 에콰도르, 콜롬비아, 베네수엘라 그리고 가이아나의 열대 우림지역을 다 포함한 지역을 말하며 그 면적은 740만㎢로 전 세계 열대우림의 절반 정도를 차지하고 있었다. 그 아마존 열대우림 지역의 60%정도가 브라질의 아마조나스 주에 있기 때문에 쉽게 아마존이라고 불렀다. 아마조나스 주의 주도는 마나우스^{Manaus}로 인구는 180만 명인데 아마존 강 지류인 네그루 강변을 따라서 상당히 무계획적으로 건설된 강변도시였다. 마나우스는 마나오^{Manao} 부족 말로 '신들의 어머니^{mother of gods}'란 뜻이라고 했다. 마나우스는 아마존 유역의 열대우림 한가운데에 자리한 도시로 19세기 아마존 유역의 강변 항구도시로 개발되었는데 한때 최고의 고무 산업으로 번영을 누렸고, 번영의 시대엔 열대의 파리라고 불릴 정도였는데 동남아시아의 고무 산업이 발전하면서 20세기 들어서 쇠퇴했다. 세계에서 가장 큰 강 아마존 강은 7,062㎞에 달하며 지류까지 합친다면 배로 여행할 수 있는 강의 길이는 8만여 ㎞에 달한다고 했다. 아마존의 기후는 습도 99%의 고온 다습한 기후여서 여름엔 저녁에도 섭씨 40도를 웃도는 맹렬한 폭염을 자랑하며 필자가 방문했을 때가 겨울인데도 한낮에 에어컨을 켰는데도 시원하질 않았다. 아내는 마나우스에 도착한지 이틀인가 지나서 한밤중에 통증이 너무 심하고 하혈을 하는 비상상황이 발생해서 가져간 진통제를 우선 복용하고서 겨우 잠자리에 들었다.

다음날 마나우스의 보건소를 찾아가서 의사의 지시로 소변검사와 피검사를 하고나서 담석인 것 같다고 하면서 약을 처방해 주었는데 그 약을 먹고서 다른 이상이 없이 좋아졌고 보건소의 진료비는 무료였다. 너무 멀고 긴 오지 여행에 지치고 약간 무리한 것에다, 히우에서 잠자리가 너무 불편한데다 음식이 부실하였고, 권총 강도 얘기 등으로 긴장을 한 탓에 마나우스에 와서도 더운 아마존 열기 아래 부엌에서 먹는 음식을 장만하는 노동으로 약간 힘들었던 것 때문이 아니었을까 생각하며 지금도 가슴을 쓸어내린다.

아마조나스 극장^{Theatre Amazonas}은 1882년에 파리의 오페라극장을 본떠서 670석 규모의 극장을 짓기 시작하여 15년이 걸려서 1896년에 극장이 준공되었다. 세계 3대 오페라극장 가운데 하나였다고 하며 1896년 신년 전야 공연을 시작으로 이 극장에서 공연은 시작되었다. 1996년 오페라 극장 건립 100주년 기념 공연 행사에서 스페인의 호세 카레라스 등 유명 음악가들이 축하 공연을 했고 지금은 관광객들에게 입장료를 받고 오페라 극장을 영어와 포어로 안내하며 투어 프로그램을 운영하고 있었다. 당시 고무재벌들이 오페라 극장을 건축하면서 오페라하우스의 샹들리에와 22개 대리석 기둥과 대리석 계단, 크리스털 거울은 이태리에

유지화 선교사의 선교관 옥상에서 바라온 해 뜰 무렵의 마나우스 시내

서, 철제 계단은 영국에서, 지붕을 덮은 도자기 타일은 프랑스에서, 의자는 오스트리아에서, 커튼은 다마스쿠스에서, 목재는 레바논에서, 그리고 비단은 중국에서 운반하여 왔는데 배로 보통 3개월이 걸렸다고 한다. 이 오페라 극장을 건축하는데 고무재벌들이 당시에 200만 달러라는 거액의 건축비를 들이는 정성을 쏟아 부어서 유럽의 오페라 극장처럼 할 수 있는 대로 세계 최고의 것으로 화려하게 건축했다고 한다.

캐나다 토론토의 카사 로마 대저택이 1911년부터 3년에 걸쳐서 100만 달러에 건축되었고, 미국 사우스 다코다 주 러쉬모아 산의 네 명의 대통령상이 1927년부터 15년 동안 러쉬모아 기념물로 조각되는데 100만 달러가 쓰였는데 이보다 50년도 더 전에 200만 달러를 들여서 아마존 강변에 오페라극장을 15년에 걸쳐서 건축한 것은 대단한 업적임에 틀림없었다. 더운 아마존 지역에 사는 흰 개미떼가 위대한 건축물의 나무를 공격함으로 네 번에 걸친 대대적인 보수공사를 하면서 극장 안에 있었던 진본 귀중품들이 상당히 사라져서 모조품으로 대체했다는 안타까운 소식도 들었다.

마나우스에서 네그루 강 지류인 이가라페타루마아수^{Igarape Taruma-assu} 강을 따라 올라가다가 나무 벌목을 운반하는 지점에서 왼쪽 지류로 올라가서 유지화 선교사가 아마존 밀림에 세운 세 교회당을 방문하러 선착장에서 조그만 배를 대절하여 택시 요금을 지불하듯이 돈을 지불하고 그 배를 타고 강을 따라 1시간 가까이 올라가서 강변에 내려 밀림으로 들어갔다. 아마존 강에 대하여 유지화 선교사는 한강 너비의 강이 1,100개가 있다고 표현했다. 지도를 보면 셀 수 조차 없

아마조나스 오페라 극장 옆면 관중석

는 수많은 강 지류들이 아마존 강으로 거미줄처럼 연결되어 있는데 그 중에 이 가라페타루마아수 강 지류를 따라서 다섯 명이 쪽배를 타고 아마존 강을 이동하는 것은 볼 것이 많아 전혀 지루하지 않았다. 6월은 우기가 끝난 시점이라서 아마존 강물이 많이 불어나서 나무들이 강물에 잠긴 부분이 많았다. 재미있는 사실은 개미들이 물에 잠기지 않는 윗부분에다 집을 짓고 살고 있었는데 어떻게 개미들이 물이 차지 않는 나무 가지를 정확하게 알고서 물이 잠기지 않는 가지에다 집을 지어 살고 있는지, 새들도 물 위의 나무 가지에다 둥지를 만들어서 집을 짓고 살고 있었는데 바로 그 강물이 차오르는 부위를 어떻게 알고 강물이 차오르지 않는 나무 가지 위쪽에다 집을 짓고 사는지 참 신기했다.

아마존 밀림 길로 걸어가는 줄리오 목사^{왼쪽}와 유정환 선교사²⁰¹⁰

강 상류의 배에서 내린 바로 그 언덕에 집 몇 채가 있어서 유지화 선교사가 교회를 개척하였고 히바마 전도사가 주도하여 나무로 찌유교회당을 건축하여 세웠는데 그 교회당 건물이 세워지자 사람들이 모여들었고 바로 그 옆에 마나우스 시에서 초등학교를 세우고 선생님을 파견해서 밀림에 사는 학생들을 초등학교 4학년까지 가르친다고 했다. 교회가 설립될 당시엔 강변에서 밀림으로 들어갈 때 칼로 나무와 풀을 자르면서 길을 만들어 겨우 한 걸음씩 움직이며 들어가는 원시 밀림지역이었는데 그 후에 시에서 나무를 자르고 흙을 다져서 비포장도로를 개설해 주고 도로가에 전봇대를 세워서 전기가 들어오게 해주었다고 한다. 재미있는 것은 전봇대 위에 전선이 원래는 두 줄이었는데 한 줄은 사람들이 잘라서 가져가버려 한 줄만 남아 있었는데 그 한 선이 가정으로 들어가면 선 하나를 땅에 깊이 접지를 해서 서로 연결해 불을 켜면 220볼트의 전선에서 110볼트 정도의 전기가 돼서 전기불이 켜진다고 한다. 찌우교회의 히바마 전도사는 49살인데 자녀가 10명이었고 다 교회 옆 초등학교를 다닌 것이 전부였다. 아마존에서 10명의 자녀는 보통이고 히바마 전도사의 막내딸이 9살인데 큰 외손녀딸은 15살이었다.

2010년 5월에 이 밀림에 두 교회가 있었는데 2014년에 다시 가니 더 깊숙한 곳에 한 교회가 더 세워져서 세 교회가 되었다. 2010년엔 밀림 길을 걸어서 밀림 깊숙한 곳으로 들어갔는데 이번엔 짐 싣는 화물칸이 있는 자가용 자동차로 비용을 지불하고 그 차의 짐칸에 탄 채로 덜거덩거리는 비포장도로를 따라서 밀림 깊숙이 들어갔다. 히바마 전도사의 큰 사위 아흐네니 집사가 밀림 깊숙한 곳에 이미 그란찌교회당을 세워 놓고 젊은이답게 축구장도 만들어 놓았다. 상당히 깊숙한 밀림이라서 야자수 나무, 아사이 나무, 루니 나무가 교회당 마당에 있었고 아흐네니 집사는 바로 야자수 나무에 올라가서 야자수 열매를 따가지고 내려와 야

◀ 아마존 밀림 속에 쭉 뻗은 나무 한 그루

	②
①	③
	④

① 이미그란찌교회당 옆 아마존 밀림의 아사이 나무와 열매
② 꼬뻬라지바교회에서 필자(왼쪽부터), 유지화 선교사, 주니어 전도사와 딸, 필자 아내, 히
　바마 전도사
③ 아마존 강 나무 위에 올라가 물로 뛰어내리며 수영하는 마나우스 아이들
④ 아마존 강변의 개인 요트 장에 정박해 놓은 요트들

자수 물을 대접해 주었다. 2007년도에 아사이를 아이스크림처럼 아사이 가루로 된 것을 사서 처음으로 맛보았고, 2010년엔 유정환 선교사가 선교관으로 2리터 짜리 두 병에 아사이 원액가루를 사가지고 와서 실컷 먹었고, 2014년엔 마나우스의 마트 현관에서 파는 아사이를 사서 여러 번 먹었고, 대서양 해변을 따라 자동차 여행을 하는 중에 살바도르에서 사먹었고, 그리고 상파울루에서 선물을 살 때도 아사이를 여러 개 구입했다. 아사이 열매는 아마존에서 자라는 나무 열매로 블루베리의 항암효과의 33배가 있다고 선전하는 것을 들었다.

꼬뻬라지바교회는 위의 밀림 두 교회 중간 지점에 있고 거기에도 교회당 앞에 축구장이 세워져 있고 그 옆엔 우물과 교회 2층 집이 있는데 주니어 전도사가 거기에 살았다. 주니어 전도사는 교육대학을 졸업한 교사이면서 동시에 전도사로 이 교회를 섬기고 있었다. 교사인 주니오 전도사는 시에서 많지 않은 월급을 받고 있었고 유지화 선교사가 매달 얼마를 후원해서 아내와 딸과 세 식구가 함께 살고 있었다. 지난번 2010년 5월 이곳을 방문했을 때 그 부인과 딸 레아가 말라리아에 걸려 회복 중이었는데 4년 만에 가서 다시 보니 건강하게 잘 살고 있어서 너무 반가웠다. 밀림 깊숙한 곳에 들어갔다가 마나우스로 돌아오는 길에 강변에서 수영하는 아이들을 우연히 봤는데 나무 위로 올라가 물속으로 뛰어내리며 다이빙을 하며 신나게 놀고 있었다. 부자들은 개인 집에 바로 요트 정박장까지 갖추고 있어서 언제든지 집안에서 바로 요트를 타고 강으로 나올 수 있도록 우리네 주차장처럼 아주 편리하게 만들어 놓았다.

2010년에 마나우스에 유지화 선교사의 초청으로 가서 여러 신학교의 40여명 학생들에게 나흘 밤을 강의했고 낮엔 마나우스의 브라질 7명의 목회자들에게 강의했다. 통역은 지덕진 선교사, 최승우 선교사, 그리고 안승렬 선교사가 맡아 주

아마존 강 투어 중인 필자 부부

었다. 안승렬 선교사는 다시 보아비스타에까지 동행하였고 두 교회의 예배에서 설교 통역을 해주었다. 마나우스의 신학생들은 낮엔 열심히 일하고 밤에 와서 공부하며 피곤한데도 집중력을 가지고 열심히 들어주었고, 아마존 밀림으로부터 공부를 위하여 마나우스로 유학을 와서 일과 공부를 병행하는 학생들이 많았다.

2014년엔 유지화 선교사가 후원하는 마나우스 목회자 부부 선교회의를 마치고 특강을 했고 유지화 선교사의 아들 유파울로 선교사가 통역을 했다. 이번에도 다시 마나우스 브라질 목회자들과 강의로 만날 수 있어서 즐거웠다.

| ① | ② |
| ③ | ④ |

① 유지화 선교사의 선교관에서 신학생들에게 강의하는 필자2010
② 마나우스의 브라질 목회자들에게 강의하는 필자와 통역하는 안승렬 선교사2010
③ 마나우스 브라질 목회자 부부에게 강의하는 필자와 통역하는 유파울로 선교사
④ 강의실 앞에서 마나우스 목회자들과 유지화 선교사, 필자의 아내, 히바마 전도사 부부

마나우스 네그루 강변 선착장엘 가서 아마존 강 투어 여행사에서 하루 투어 표를 구입하여 투어에 나섰다. 선착장은 아마존의 여러 강을 오고가는 수많은 배들이 정박하여 있는 큰 부두였고 그 부둣가는 가락농수산시장 같은 큰 시장이 형성되어 있어 다양하고 많은 농수산물들이 쌓여 있었다. 마나우스 시내 마트의 물건의 가격보다는 훨씬 저렴한 가격으로 판매되고 있었다. 아마존 강 유람선 관광은 오전 9시에 출항하여 오후 3시 30분에 돌아왔고 점심 먹는 식당 옆에 유람선을 정박해놓고 작은 배로 옮겨 타서 밀림 속 아름다운 몇 곳을 배타고 다니며 더 돌아보고 선착장으로 돌아와 브라질식 뷔페점심을 먹고 다시 유람선을 갈아타고 나갔다 선착장으로 돌아오는 강 투어였다. 이번 강 투어는 2010년 강 투

어에 비해서 강물이 많아서 그런지 투어 코스가 몇 곳이 생략되어 있었다.

아마존 유람선 강 투어는 선착장에서 유람선을 타고 네그루 강을 따라 내려가며 여러 개의 작은 선착장과 강 주유소와 거대한 정유공장과 대형 유조선이 정박해 있는 컨테이너 부두 시설을 지나서 더 내려갔다. 네그루 강 선착장에서 18km를 내려갔더니 검은색의 네그루 강^{Rio Negro}과 황토색의 솔리모에스 강^{Rio Solimoes}이 만나는 합류지점이 나왔는데 전혀 다른 색깔의 두 강이 합류했는데도 두 강물이 바로 섞이질 않고 그대로 14km를 계속해서 내려가다가 섞인다고 했다. 두 강물이 합류했음에도 바로 섞이지 않는 이유에 대해서 가이드는 물의 온도 차이와 성분 차이, 속도 차이 때문이라고 했다. 아마존 강 유람선 관광은 이런 장관을 보여주기 위해 관광객을 태운 여러 유람선들이 두 강물의 합류지점에 몰려와

마나우스 네그루 강 선착장에 정박해 있는 유람선들

서 그 신기한 광경을 바라보며 한 참 동안 머물면서 사진을 찍도록 하였다. 그리고 다시 돌아서 네그루 강물을 거슬러 선착장 건너편 지류 강을 따라 올라가 식당과 기념품 판매점 옆에 일단 유람선을 정박했다. 거기서 작은 배로 갈아타고 밀림 숲으로 강을 따라가며 멋진 관광지를 둘러보는 것이었다. 솔리모에스 강은 페루의 마추픽추로 가는 길에서 만났던 그 우르밤바 강에서부터 흘러 내려온 물이었고, 네그루 강은 콜롬비아와 베네수엘라 안데스 산맥이 시작하는 산악 지대에서부터 흘러 내려와 마나우스에서 두 강이 합류하여 파라 주의 마카파로 해서 북대서양으로 흘러들어가는 거대한 강줄기였다.

아마존 강은 강물의 높이 차이가 10m에 달할 정도로 건기와 우기의 강우량에 따라 강물이 높아졌다가 다시 줄어졌다를 반복했다. 삐라루꾸^{Pirarucu}는 아마존 보호 물고기로서 정부에서 철저하게 그 개체수를 보호하고 있는데 잡아서 시장에 나올 때도 어느 지역에서 잡는지를 표시해야하고 다 자란 큰 삐라루꾸는 길이가 3m이고 무게는 180kg까지 나간다고 했다. 가이드에 의하면 아마존 강에 사는 물고기 종류만 2,000가지가 넘는데 이빨이 톱니처럼 날카로워 피만 보면 무엇이든지 다 먹어치우고 뼈만 남긴다는 삐라냐^{Piranha}도 그 종류가 23가지나 된다고 하니 아마존 강은 그야말로 물고기의 보고인 셈이었다.

전화나무라는 거대한 사마우마가 서 있는 곳은 아마존 강 밀림 투어의 종점이었는데 이전에는 없었던 아마존 원주민 가족이 느림보와 다른 동물을 안고 있어 관광객들이 신기하다고 사진을 찍었더니 사진 찍은 값을 내라고 했다. 시간이 흐르면서 이들도 돈이 필요하고 뭐가 돈이 되며 어떻게 하면 돈을 벌 수 있는지를 배워나가는 것 같았다. 사마우마라는 높이가 45m까지 자랄 정도로 거대한 나무로 맨 위에 독수리의 둥지가 되기도 하고 아마존 인디언들이 자기들 방식대로 이 나무를 치면 3km 떨어진 지점에서도 그 소리를 듣고 그 뜻을 알아차렸다

아마존강의 일명 전화나무라는 높이 45m까지 자라는 사마우마 나무

고 해서 일명 전화나무라고 불렀다.

유지화 선교사가 후원하여 설립한 브라질 원주민 교회가 6월 21일^토 밤에 설립 19주년 기념감사예배를 드리는 마나우스 시내의 한 교회당엘 갔다. 성도들이 많이 모였고 이웃의 목회자들도 함께 참석하였고 유지화 선교사와 필자는 강단으로 올라와 앉으라고 해서 강단의 의자에 앉아서 시종일관 기념예배를 살펴보았는데 찬양을 아주 열심히 했고 드라마 공연도 역동적이었다. 목사 사모가 목사와 함께 강단에서 예배의 찬양 인도와 상당히 많은 순서를 진행했고, 메시지는 담임목사가 선포했다. 젊은 부부들과 청년들, 어린아이들이 많은 것이 브라질

설립 19주년 감사예배 중에 일어서서 찬송하는 브라질 교회 성도들

교회의 전망을 아주 밝게 했다. 마나우스의 성도들은 그 어떤 나라보다도 그들에게 복음을 전하여 준 한국을 간절히 방문하고 싶어 했다. 유지화 선교사는 벌써 선교관 1층에 사는 줄리오 목사 아들이 군복무를 마치는 대로 서울신학대학으로 유학을 보내기 위하여 장학금도 벌써 한국교회에 부탁하여 준비했다고 한다. 필자가 방문했던 교회의 담임목사의 장모가 그 다음날 소천했는데 바로 그날 장례를 치렀는데 무더운 열대지역이라서 이해가 갔다.

남미에선 밤에 주일예배를 드리는 교회가 비교적 많았고 그 곳에 있는 한인교회는 낮에 예배를 드리고 있는 것과 비교가 되었는데 주일밤에 예배를 드리는 것에서도 남미의 밤 문화라는 말이 실감났다. 유지화 선교사와 유바울로 선교사, 필자 부부, 그리고 유지화 선교사의 선교관에 사는 줄리오 목사 부부랑 함께 예배를 드리러 갔고 이날 밤 줄리오 목사가 감동적으로 설교했고, 유지화 선교사가 격려사를 했고, 그리고 필자 부부는 2중창으로 특별 찬송을 불렀다. 이 교회의 교역자 부인도 25살인데 아이들이 벌써 세 명이나 되었다. 안고 데리고 함께 예배하며 강단에 올라가서 찬송을 여러 곡 인도했다. 브라질의 인구는 현재도 2억이 넘는데 아마존에서 자녀 열 명이 많은 숫자가 아니라니 앞으로도 상당히 많아질 가능성이 있었고 교회도 부흥할 가능성이 많아 보였다.

2010년에 마나우스에 와서 먹었던 요리 중에 가장 오랫동안 기억에 남은 브라질 음식은 소고기 요리인 만조까 가루를 곁들인 삐깡야^{Picanha} 요리였다. 삐깡야 요리는 브라질의 대표 음식인 슈하스까리아^{Churrascaria} 소고기요리의 반값 정도에 더 맛나는 요리로 2014년에 그 식당이 없어져서 다른 곳에 가서 삐깡야 요리를 먹었는데 그 때의 맛이 나질 않았다. 브라질의 대표 음식인 슈하스까리아 요리는 소고기를 부위별로 쇠꼬챙이에 꽂아 숯불에 여러 시간 동안 서서히 구워 직원들이 꼬챙이의 구운 고기를 부위별로 통째로 들고 와서 고객이 원하는 대로 원하는 만큼 계속해서 고객의 접시에 잘라주는 대표적인 전문 소고기 요리였고 이번에도 이걸 먹으러 갔다. 사실 브라질 사람들의 주식은 소고기라고 할 만큼 그들은 소고기를 즐겼다. 필자는 평소에 해산물을 즐기는 편이라서 슈하스까리아 전문 음식점에 갈 때마다 몇 점 먹으면 질려서 금방 배가 불러오는 것 같아 늘 손해 보는 것 같은 느낌이었다. 슈하스까리아 음식점에도 삐깡야 요리가 나오는데 삐깡야의 젤 맛있는 부위는 그 고기 주위를 둘러싸고 있는 기름인데 그걸 먹어야 삐깡야의 제 맛이 난다고 하는 사람과, 그것은 기름이라 벗겨내고 그 안에 살코기만 먹어야 한다고 주장하는 사람이 있는데 이런 두 가지 생각이 함께 떠오르니 소고기 맛은 그 때마다 날아가 버렸다. 그런데 마나우스에서 슈하스까리아 요리를 먹으면서 부에노스아이레스의 아사도 요리와 비교가 되었는데 슈하스까리아는 소고기 부위별로 꼬챙이에 꽂아서 숯불에 굽는 것이라며 아사도는 소 한 마리를 통째로 각을 떠서 연한 숯불에 꽂아 서서히 굽는 것이 달랐다. 아르헨티나 소고기 자체가 연해 최고의 경쟁력이 있었으니 소고기 맛에 있어서 아르헨티나 산이 최고라는 생각은 어쩔 수가 없었다. 마나우스에서 슈하스까리아 요리를 먹으러 가던 날에 옆 좌석에 마나우스의 엘지전자 공장의 한국인 젊은 직원들이 큰 식탁 하나를 다 차지하고 앉았는데 그들은 슈하스까리아 소고기 요리를 차분하게 먹으면서 그 맛을 음미하고 즐기는 것보다 휴대폰으로 사진 찍는데 신경을 쓰며 폼을 잡는데 온통 집중하고 있었다.

2010년 5월 12일^수 한국의 오광수 목사님^{87세} 일행이 마나우스 한국 선교사들을

오광수 목사^{왼쪽에 두 번째} 일행이 마나우스 음식점에서 한국 선교사들 점심 접대²⁰¹⁰(좌)
슈하스까리아 소고기 전문 음식점에서 구운 소고기를 썰고 있는 장면(우)

그 가족들과 함께 마나우스 최고 슈하스까리아 전문 음식점에 초청하여 대접하였는데 필자도 동참했다. 오광수 목사님은 특히 브라질 선교를 위하여 여러 가지로 애를 많이 쓰셨는데 2015년 1월에 91세로 하나님의 부르심을 받았다는 소식을 들었는데 마나우스에서 정정한 모습으로 함께 점심을 먹었던 기억이 생생하다. 그날 점심은 사진에서 오광수 목사님과 그 일행 세 목사가 함께 왔는데 왼쪽 맨 끝에 앉은 목사가 비싼 점심을 대접해 주었다.

4. 아마존의 슈바이처 고 안승렬 선교사와 함께 간 보아비스타[Boa Vista]

안승렬 선교사는 내과전문의와 목사로서 마나우스에서 신학교 사역과 원주민 의료선교 사역을 하다가 2012년 5월 31일 상파울루에서 췌장암 3차 수술을 받다가 52살의 젊디젊은 아까운 나이로 하나님의 부름을 받았다. 중학교 때 부모를 따라 브라질로 이민을 가서 조선일보 장학금으로 상파울루 국립의과대학을 졸업한 내과전문의이며 총신대 신학대학원을 졸업한 목사로 마나우스의 신학교에서 아마존 원주민들을 가르쳤고, 병원선을 타고 아마존 강 깊숙이 사는 원주민들을 찾아가서 치료하며 돌아보았고, 그리고 아이티 지진 때 난민을 돌아보는데 헌신적이었다. 부인은 치과의사인 일본계 2세인 마가렛 유리에 선교사[Yurie An]인데 슬하에 장성한 두 아들을 두었고 한국과 아마존에서 딸 두 명을 입양하였다. 필자는 2010년에 5월 마나우스 유지화 선교사의 초청으로 마나우스 신학생들과 브라질 목회자들에게 강의하러 갔을 때 안승렬 선교사가 통역을 해주었고 브라질 최북단의 호라이마[Roraima] 주도인 보아비스타[Boa Vista, 좋은 전망이라는 뜻]로 여행 갔을 때 동행해서 설교까지 통역해 주었다. 유리에 안 선교사는 2010년 오광수 목사님 일행이 마나우스에서 한인 선교사들에게 점심을 대접했을 때 필자의 옆자리에 앉아서 영어로 선교와 가정 등 여러 가지 얘길 나눈 적이 있었다.

보아비스타에서 렌터카로 가이아나로 가는 중에 안승렬 선교사와 함께 한 필자[2010]

2010년 5월 9일 아마존의 마나우스에 도착하여 일주일간 신학교 강의를 마치고 5월 14일[금] 오후 6시 브라질의 27개 주 가운데 가장 북쪽 호라이마 주의 주도인 보아비스타 행 직행버스에 몸을 실었다. 직행버스는 2층인데 1층엔 두 사람의 운전기사가 타고 승객들은 다 2층에 탔는데 유지화 선교사, 안승렬 선교사, 그리고 필자 셋이서 버스의 가장 맨 앞좌석에 앉아서 17시간이 걸리는 멀고 힘든 여행을 시작했다. 두 도시 사이의 거리는 780km이지만 도로가 좋지 않아 밤새 가야했고 시간이 너무 오래 걸려서 기대와 걱정과 두려움이 함께 몰려왔었다. 아마존의 밀림을 가로 질러서 적도[(포)Eugatur, (영)Ecuador]를 넘어 북쪽으로 가는 도로는 열대 우림 지역이라 연 2,000mm 넘는 많은 강수량으로 인하여 도로에 움푹 파인 곳이 많아 그걸 피하느라고 곡예에 가까운 운전을 하며 도로를 지그재그로

보아비스타에서 가이아나로 가는 광야에 소낙비가 내리는 모습[2010]

흔들리는 버스 안에서 밤을 꼬박 새우며 시달리는 것은 정말 힘들었다. 정상적인 고속도로라면 8시간 정도면 갈 수 있는 거리를 밤을 뜬 눈으로 새우고 출발하여 17시간이나 걸려서 그 다음날 토요일 오전 11시에 보아비스타에 도착했다. 여행을 좋아하고 아마존의 밀림을 버스로 종단하는 것이라 기대가 되었지만 밤을 그냥 새우고 너무 험한 길로 장시간 곡예 버스를 타고 흔들리며 가다보니 여행하는 재미도 사라졌고 사람이 지칠 대로 지쳐서 나중엔 구경이고 뭐고 그저 속히 도착하기만을 바랐다. 직행버스 자체는 좋은 차였지만 도로가 너무 파인 데가 많아서 목적지에 도착했을 땐 배 멀미한 사람처럼 녹초가 되어버렸다.

필자 일행이 보아비스타에 도착하자마자 맨 먼저 렌터카 회사로 가서 차를 빌려 이동 수단을 확보한 후 아침 겸 점심 식사를 그럴듯한 식당을 찾아 여러 과일과 잘 준비된 식사를 맛있게 하며 한숨을 돌렸다. 아침 식사를 유쾌하고 즐겁게 하고 나니 언제 그랬냐는 듯이 다시 새로운 힘이 생겨나고 기분도 다시 좋아졌다. 호라이마 주는 브라질의 아마조나스 주의 북쪽 적도 지역에 위치하고 있으며 북서쪽으로 베네수엘라^{Venezuela}와 국경을 접하고, 동쪽으로는 가이아나^{Guyana}와 국경을 접하고 있었고, 호라이마 주 전체의 인구는 약 25만 명 정도인데 그 절반이 주도인 보아비스타에 거주하고 있었다. 보아비스타는 베네주엘라에서부터 시작하여 아마존의 네그루 강으로 흘러들어가는 브란코^{Rio Branco} 강 서쪽 언덕 위에 위치하고 있었다. 보아비스타는 마나우스에서 베네주엘라와 가이아나로 육로로 갈 때 반드시 들려야 하는 교통의 요충지였다. 필자 일행은 보아비스타에서 3시간이 걸리고 치안이 좋지 않은 베네수엘라보다는 2시간이 걸리는 가이아나로 다녀오기로 하고 브란코 강다리를 건너 동쪽으로 계속해서 이어지는 광야 2차선 도로를 달려갔다. 사람이 거의 살지 않은 벌판이라 자동차도 어쩌다 한 대가 지나가는 조용한 도로라 운전하기에는 그만이었다. 열대 우림 지역으로 초원, 나무, 숲, 그리고 강이 계속해서 이어지는 벌판이어서 미국의 황량한 서부보다는 훨씬 더 경치가 좋았다.

브라질과 가이아나 사이의 국경엔 브라질 쪽에만 국경검문소가 있는데 거기서도 간단하게 기록만하고 타쿠투^{Rio Tacutu} 강다리를 건너서 가이아나 레템^{Lethem} 이라는 동네로 들어갔는데도 가이아나 쪽엔 국경검문소 조차 없이 그냥 들어갈 수 있다는 것이 좀 이상했고 돌아올 때도 브라질 국경검문소에 간단히 보고만 하고 그대로 돌아올 수 있었다. 가이아나는 과거에 영국령이어서 영어가 공용어였는데 그 동쪽의 수리남은 네덜란드령이어서 화란어가 공용어이고, 그리고 더 동쪽

렌터카 안에서 바라본 보아비스타 시내 중심가[2010]

의 프랑스령 프렌치 가이아나는 불어가 공용어라고 하니 남미 여러 나라들이 스페인어 하나로 다 통하고 연결되는 것과는 전혀 달랐다.

가이아나의 국토는 한반도보다 약간 작은 나라지만 인구는 약 77만 명이라니 인구밀도가 정말 낮았고 브라질에 비하면 하나의 작은 주에 불과한 작고 가난한 나라였다. 가이아나의 국경 마을의 창고형 상가건물들은 사실 싼 물건을 사러 온 브라질 사람들에게 물건을 팔기 위해 만들어진 동네였다. 가이아나의 수도 조지타운[Georgetown]은 그 나라의 북쪽 끝 드메라라 강[Demerara River] 하구의 북대서양에 접한 지점에 위치해 있었다. 인구의 절반 가까이가 수도권에 거주하고 있어서

빌라센드랄 인디안 마을 야자수 잎으로 지붕을 이은 교회당[2010]

브라질 국경 부근엔 사람을 찾기가 쉽지 않았다.

토요일 오후에 가이아나에서 브라질로 다시 돌아오며 2시간 동안 탁 트인 광야의 초원을 달려 돌아오는데 평원이 경치가 좋고 전망이 아주 좋아서 마나우스에서 보아비스타로 올 때와는 전혀 다른 상쾌한 기분으로 전환되었다. 유지화 선교사, 안승렬 선교사와 함께 렌터카로 미지의 생소한 나라 가이아나로 다녀오는 자동차 여행은 2차선이었지만 도로가 좋고 자동차가 거의 없어서 한가하고 경치와 공기가 좋아서 유쾌하고 즐거웠다.

보아비스타 시내로 다시 돌아와 한가한 주말 중심가를 좀 돌아보고 유지화 선교사가 개척하여 신축한 예배당에 도착하여 옆의 사택 방에다 짐을 풀었다. 사택 옆 오피스텔엔 더블 침대 하나와 책상 둘이 놓여 있었고 필자 일행은 세 사람이라 두 사람은 그네 침대라는 헤지$^{(\text{포})Rede, (\text{영})Hammock}$를 벽에다 걸고서 그 위에서 잤는데 필자는 헤지에 자는 것이 처음이라서 약간 흔들려서 잠자는 것이 쉽지 않고 불편했다. 헤지가 시원한 것과 운치가 있어서 좋았으나 아침에 일어나보니 허리가 휘어진 것 같아 헤지에서 하룻밤을 자봤다는 것에 만족했고 다음날 밤엔 침대에서 잤다. 안승렬 선교사는 이미 헤지에 익숙해서 자기 전용 헤지를 마나우스에서부터 가져와서 그 위에서 아무런 불편도 없이 편히 자는 것이 이미 아마존 어느 밀림에서도 거칠 것이 없는 훌륭한 선교사였다.

유지화 선교사는 마나우스에서 이 곳 보아비스타에까지 올라와서 두 교회당을 개척하여 건축했다. 유 선교사는 아무 것도 없는 허허벌판에 교회당을 건축해 놓았더니 시에서 그 앞에 새로운 도로를 개설해 주어서 아주 편리해졌다고 한다. 예배당 건물의 창틀은 있는데 유리창이 없었다. 적도 위에 위치한 지역이라 더워서 아예 유리를 처음부터 끼우지 않았단다. 보아비스타의 두 교회에서 필자의 설교 통역을 위하여 안승렬 선교사가 보아비스타까지 함께 동행해 준 열정과 헌신에 지금도 감사하고 있다. 아마존의 슈바이쳐 안 선교사는 사람을 사랑하는 선교 열정으로 가득 차 있었다.

5월 16일 주일에 보아비스타 시내에서 자동차로 1시간 30분 거리에 300가구 1,500명의 탑샤나 인디안 부족들이 사는 빌라센드랄 마을의 교회로 갔다. 이 마을은 가이아나에서 국경을 넘어 브라질로 집단 이주해온 사람들인데 브라질 정부는 이들에게 마을을 제공해서 정착하게 했다고 한다. 이 교회는 오엘 목사라는 분이 보아비스타에서 가끔씩 와서 예배를 인도해 주고 인디언들은 그들이 줄

수 있는 것들을 모아 오엘 목사에게 사례한다고 했다. 이날 필자가 이 교회에서 설교하고 안승렬 선교사가 통역하여 예배를 드렸다.

고 백정선 선교사는 한국에서 상파울루로 이민 온 한국인 백 장로와 권사인 부모 아래서 믿음으로 자랐고 브라질에서 최고 대학인 상파울루대학을 졸업한 치과의사였다. 상파울루에서 개업할 수 있었음에도 브라질의 최북단 호라이마 주 보아비스타의 오지에 처녀 선교사로 와서 용감하게 선교하다가 거기서 미국인 선교사와 만나 결혼하여 계속 선교활동을 하던 중에 결혼한 지 채 1년도 되지 않아 보아비스타의 오지에서 의료선교활동을 하던 중 독충에 물려 병원으로 급히 후송되어 치료받았으나 끝내 회복하지 못하고 숨졌다고 한다. 브라질 최북단 보아비스타 밀림에 와서 목숨을 아끼지 않고 선교하다 순교한 30살의 젊은 새댁 고 백정선 선교사 이야기에 가슴이 저려왔다. 그런데 이 슬픈 소식을 유지화 선교사에게서 안승렬 선교사와 필자가 함께 들었는데 안승렬 선교사도 2년 후에 갑자기 췌장암으로 쉰 두 살에 숨을 거두었다는 소식을 듣고 가슴이 미어졌다.

탑샤나 인디언들은 예배에서도 단순하고 진지했다. 예배 때마다 강단 앞으로 나와 목사에게 안수기도를 받는 것도 좀 색달랐다. 재미있는 한 모녀를 만났는데 어머니는 75세에 딸은 61세였는데 이제는 자매처럼 같이 나이 들어가고 있었다. 탑샤나 인디안 부족들이 사는 빌라센드랄 마을의 추장은 40세의 헤지아였는데 총명하여 이 마을의 1,500여명의 마을 사람들의 여러 일들을 다 챙기는 우리네 이장 같았다. 예배 후에 비가 내리는 중에 이 인디언 마을을 한 번 둘러보았다. 집들은 흙벽돌로 지어졌고 지붕은 야자수 잎으로 덮여져서 오래 전 우리네 초가집을 연상하게 했지만 사람들은 순진했고 대가족들이 모여서 함께 살고 있었다. 집안 군데군데에 헤지가 걸려 있었고 사람들은 그 침대에 누워 내리는 비와 필

|①|②|
|③|④|

① 빌라센드랄 인디안 마을교회당에서 75살의 기도하는 어머니[2010]
② 빌라센드랄 인디안 마을교회당에서 61살의 기도하는 딸[2010]
③ 탑샤나 인디안의 빌라센드랄 마을 추장인 40세의 헤지아와 유지화 선교사[2010]
④ 남편이 아내의 어깨에 손을 얹었다고 부끄러워 눈을 감고 있는 순진한 아내의 모습[2010]

자 일행을 바라보고 있었다. 집안에 들어가 한 중년 부부를 사진 찍어주면서 남편에게 아내의 어깨에 손을 얹으라고 했더니 아내는 남편이 자신의 어깨에 손을 얹는 것을 너무 어색해하며 눈을 감고 수줍어하는 모습이 너무 순진하고 착해보였다. 보아비스타의 인디언마을에서 순진한 인디언들의 순수하고 맑은 영혼을 보았다.

탑샤나 인디안 부족들이 사는 빌라센드랄 마을에서 예배를 드리고 보아비스타로 다시 돌아왔는데 보아비스타 교회의 주일예배를 밤에 드렸다. 교회를 처음 건축할 때 일어났던 끔찍한 일화는 간담을 서늘하게 했다. 예배당을 건축하는 중에 마주시 부족인 주시마라는 청년이 예수 믿고 신앙생활을 하면서 자기 부족을 떠나서 예배당 옆 사택에서 생활하던 중에 새벽 2시 30분 한밤중에 부족 친구들이 사택으로 찾아와서 예수 믿고 친구들을 배신했다고 하면서 칼로 주시마 청년의 심장을 찔러서 죽이는 살인 사건이 예배당 건축 중에 벌어졌다고 했다. 이 예배당을 건축하며 처음부터 순교자를 배출했고, 그 소식 때문에 사람들이 예배당으로 오지 않을까 걱정도 많이 했다고 한다.

밤에 주일예배를 드리러 사람들이 예배당으로 몰려들었고 하무딸여 전도사의 결혼한 아들이 중심이 되어 찬양팀이 구성되어 찬양을 인도했고 사람들도 열심히 찬양했다. 헌금은 앞으로 나와서 한 사람씩 헌금함에 넣으며 헌금했고, 필자는 '예수는 누구신가?'^{요 20:26-29} 라는 제목으로 설교하고 안승렬 선교사가 통역을 했다. 두 사람이 회중석 앞으로 나와서 기도를 부탁했고 함께 찬양으로 예배를 마쳤다. 강단 옆문이 부서진 것은 밤에 도둑이 안에 있는 플라스틱 의자를 훔치려고 문을 부수고 들어온 것 때문이라고 했다. 필자가 설교하려는데 도마뱀 한 마리가 강단으로 기어 올라왔다.

브라질은 열대 우림 기후여서 어느 곳에 가던지 과일의 종류가 다양하고 값도 저렴했다. 보아비스타의 과일 가게를 토요일 오후에 들러서 여러 가지 과일을 구입해 집으로 가져와 깎아서 먹은 것은 브라질 여행에서 누리는 큰 특권이었다. 망고가 잘 익어 깎아서 맛있게 먹었는데 망고가 알러지를 일으키는 줄 전혀 알지 못했다가 먹고 나서 두 곳에 문제가 생겼다. 먼저는 망고가 너무 많이 익어서 버리기 아까워 좀 잘라내고 먹었는데 그것이 배탈을 일으켜서 하루 종일 아무 것도 먹질 못했고, 다른 하나는 망고를 만진 손으로 얼굴을 만졌는지 얼굴이 가려우면서 빨갛게 부어오르기 시작했다. 내과의사인 안승렬 선교사는 알러지

①	②
③	④

① 인디안 마을의 망고나무에 매달린 싱싱한 망고 열매[2010]
② 보아비스타교회 주일예배[에] 참석한 성도들에게 설교한 필자[2010]
③ 보아비스타교회에서 설교한 필자와 통역한 안승렬 선교사[2010]
④ 호리이마 주와 아마조나스 주 경계 검문소에서 바라본 아마존의 석양[2010]

때문에 망고를 전혀 먹질 않는데 필자는 그걸 알지 못해서 망고를 깎아 맘 놓고 먹다가 배탈이 나고 얼굴에 붉은 반점이 생기고 가려워서 먼 여행이 더 힘들어졌다.

5월 17일[월] 오전 9시에 보아비스타에서 다시 그 지겨운 직행버스에 몸을 맡기고 그 길고 험한 장거리 곡예 자동차 여행을 다시 시작했는데 그 전날부터 아무 것도 먹질 못하고 그 먼 길을 물만 조금 마시고 가는 것은 정말 고역이었다. 돌아가는 버스는 더 완행이었고 버스도 중간에 낮에 한 번 밤에 한 번 두 번이나 고장이 나서 두 명의 기사가 내려서 한참을 고치더니 다행히 다시 움직였고 낮엔 에어컨이 약해서 불편했고 밤엔 너무 세서 힘들었다. 브라질엔 연방경찰이 국제공항에서 입국 심사할 때도 여권검사를 담당하고 주 경계선을 넘을 때도 연방경찰이 버스에 올라와서 여권을 다 거두어 내려가서 한참을 검사한 후에 다시 돌려주었는데 연방경찰의 위세가 대단하게 느껴졌다. 하루 종일 버스 안에 앉아서 화요일 새벽 3시가 넘어 출발한지 18시간 만에 마나우스에 도착했을 땐 이틀이나 빈 속에 속이 불편한 상태에서 종일 버스에서 시달렸더니 사람이 거의 녹초가 다 되었다. 다행히 유정환 선교사가 새벽인데도 터미널에 마중을 나와서 숙소에 도착하자마자 더운 물로 샤워를 하고 새벽 4시가 되어서야 깊은 잠에 빠져들었다.

아마존의 마나우스에서 출발하여 보아비스타까지 다녀오는 여행은 정말 멀고 힘든 장거리 여행이었지만 브라질의 최고 오지 가운데 한 곳을 버스로 깊게 파인 험한 길을 다녀오면서 오지의 인디언 원주민들을 만나보고 그들의 주일예배에 참석하여 설교와 교제를 하고 돌아와서 그런지 지식의 범주가 더 넓게졌다. 가이아나라는 잘 알려지지 않은 생소한 나라를 보아비스타에서 자동차로 넓은 평원을 달려갔다 다녀온 것도 좋은 경험이었다. 안승렬 선교사가 마나우스에 돌아와서 배탈과 알러지 치료 약을 가져다 주었는데 그걸 복용하고 마나우스를 떠나면서 거짓말처럼 깨끗하게 다 나았다. 보아비스타 여행이 아마존의 슈바이처 안승렬 선교사와의 마지막 작별여행이 되어버렸으니 그가 떠나 버린 지금 그가 너무 그립다.

5. 포르탈레자(Fortaleza)에서 대서양 해안을 따라 살바도르(Salvador)까지 돌아본 자동차여행

1) 포르탈레자(Fortaleza)

아마존의 최대도시 마나우스에서 아마존 강과 밀림을 둘러보는 아마존 여행을 마무리하고 유 바울로 선교사의 배웅으로 아침 4시가 되기 전에 마나우스 에두 아르도고메스 국제공항 출국장에 도착했다. 마나우스에 와서 이국적인 아마존의 강들과 밀림을 돌아보고, 잘 쉬고 잘 먹고 브라질인들의 시내와 밀림의 몇 교회도 돌아보고, 브라질의 멋진 대서양의 해안을 따라서 자동차 여행을 하러 설레는 마음으로 탐항공에 올라 오전 5시 40분에 이륙했다. 가는 중간에 북대서

주앙페소아에서 헤시페로 가는 중간의 탐바바(Tambaba) 해안 전경

양 쪽에 가까운 마라조 만$^{Baia\ de\ Marajo}$에 위치한 파라 주의 주도 벨렘^{Belem}에 잠깐 경유하였다. 벨렘은 베들레헴이라는 뜻이고 벨렘은 마라조 만의 하구의 길이가 100km 정도 되는 넓은 만에 위치해서 북대서양으로 바로 연결이 되는 인구 20만 명의 아마존 강변도시였다. 벨렘의 공항에서 40분 정도 경유했다가 승객들을 더 태워 바로 포르탈레자로 향하였고, 오전 11시 15분에 포르탈레자 핀토마르틴스 국제공항$^{Pintos\ Martins\ International\ Airport}$에 내려 마중 나온 이원길 선교사 내외를 만났다. 이원길 선교사는 브라질리아에 학교를 세워 선교하다가 포르탈레자로 이동하여 선교활동을 하고 있었다. 마나우스에서 유지화 선교사는 자동차 여행에 필자와 동행하기 위하여 필자보다 하루 전날에 포르탈레자에 도착해서 둘째 아들네 집에 있다가 하루 만에 다시 공항에서 만났다. 이원길 선교사는 오래된 벤츠 벤이 있었는데 이날따라 말썽을 부려서 공업사에다 맡겨 놓고 자동차 여행을 위하여 렌터카회사로 가서 폭스바겐 소형차^{Voyage}를 빌렸는데 브라질은 미국처럼 렌터카의 종류가 다양하지도 않고 소형차 위주의 소규모였다. 다섯 사람의 짐을 한치의 빈공간도 없이 트렁크에 다 넣고 다섯 사람이 타고나니 렌터카가 겨우 숨 쉴 수 있을 정도로 가득 찼다.

포르탈레자$^{Fortaleza,\ 요새라는\ 뜻}$ 시는 브라질의 동북부의 북대서양에 위치한 항구도시로 인구 250명이며 그 광역도시의 인구는 400만 명이라고 했다. 최근의 포항제철과 동국제강의 합작으로 포르탈레자에 철강회사를 건설 중에 있어서 한국인 건설 노무자들이 많이 진출해 와서 철강회사를 건설하고 있었다. 그들의 숙소가 주로 포르탈레자 조금 위쪽 카우까이아^{Caucaia}에 몰려 있어서 이원길 선교사는 그곳에 한인교회를 세워 그들을 섬기고 있었다. 포르탈레자 시내는 18세기 초엽에 네덜란드인들에 의해서 세워졌으나 얼마 가지 않아 포르투갈인들에 넘어가서 성장했고 브라질에서 가장 먼저 노예가 해방되었으며 브라질 중앙 정부 정치인들 중에 상당히 많은 사람이 이 지역 출신이라고 했다. 포르탈레자 시내의 주요 건물은 마치 마이애미 해안에 동향으로 수많은 빌딩들이 해안선을 따라서 길게 건축되어진 것처럼, 포르탈레자 해안가에도 수많은 빌딩들이 즐비하게 길게 동향으로 멋진 대서양의 일출을 잘 조망할 수 있도록 세워져 있었다. 포르탈레자에서 가장 유명한 것 가운데 하나는 라고스타 ^{(포) lagosta, (영) lobster, (한) 바닷가재} 요리인데 베이라두마 ^{Beira do Mar} 해변가 가재 판매점에서 싱싱하게 살아있는 한 마리에 1kg 정도의 라고스타 열 마리와 새우 1kg을 구입해서 그 옆에 불에다 구어서 요리해 주는 음식점에 맡겼더니 가재요리를 해 가지고 가져왔다. 소금을 얼마나 치라고 정확한 지시를 해주지 않아 소금을 조금 많이 쳐 요리한 것이 좀 흠이었지만, 해변 노천 식당의 의자에 앉아서 한 사람이 두 마리의 구운 라고스타 요리를 먹었는데 살아있는 것을 바로 즉석에서 구어서 뜨거울 때 해변에서 대서양에서 밀려오는 파도 소리를 음악처럼 들으며 손으로 잡고 뜯어서 살을 잘 발라내어 먹었는데 맛이 좋았고 운치도 있었다.

저녁 식사를 라고스타 요리로 한 후에 제철회사 건설을 위하여 이곳에 온 한국인들의 숙소가 밀집해 있는 카우까이아로 올라가서 거기 이원길 선교사가 세운 세아라 한인교회당을 둘러보고 그 부근에 호텔을 정하여 묵었다. 다음날 아침에 호텔에서 식사를 마치자마자 바로 포르탈레자 시내를 관통하여 왼쪽에 대서양이 바라다 보이는 해변 도로를 따라서 나타우 ^{Natal}로 향하여 한참을 내리달렸다. 해돈다 ^{Redonda}라는 지역에 가까이 다가가자 길가에 원유 채취하는 소형 시설이 도로변에 수십 개가 설치되어 있는 것이 보였고 나중에 아라카 주^{Aracaju}의 해변에서도 깊은 바다에 원유 채취하는 시추선이 여러 개가 설치되어 있는 것을 보며 브라질도 산유국이라는 사실을 알았다. 해안을 따라서 대서양의 바닷바람을 이용하여 길게 풍력발전소가 여러 곳에 설치되어 있었다.

이원길 선교사는 자신의 벤츠 밴으로 상파울루에서 포르탈레자로 여러 차례 자

해돈다 해안의 라고스타잡이 돛단배와 낚시하는 소년

해돈다 해안의 멋진 풍광과 라고스타잡이 돛단배들

동차 여행을 이미 다녔기 때문에 그곳 해안 도로에 대해서 비교적 상세하게 익숙해 있어서 이번 자동차 여행을 하는데 좋은 안내자였다. 점심 때가 되어가면서 해돈다의 대서양 해변으로 차를 돌려서 나갔는데 그 해안이 흰 활의 안쪽처럼 멋지게 휘었고 그 해변에 정박해 있는 라고스타잡이 돛단배들이 함께 정박해

있는 것이 정말 운치가 있었다. 해돈다의 위치는 북대서양과 남대서양이 나누어
지는 나타우의 해변보다 약간 위쪽에 위치해 있어서 그 양쪽 해안을 넘나들면서
다 라고스타잡이를 할 수 있는 좋은 지점이었다. 대서양에서 불어오는 바람이
상당히 거세기 때문에 돛단배가 그 바람을 잘 이용하여 항해하기에 제격이겠지
만 배의 규모가 작아서 센 바람에는 한계가 있어 보였다. 해돈다 해변에 죽 늘어
선 식당 중에서 사람이 제일 많은 음식점에 들어가 자리를 잡아 음식을 주문하
고, 필자는 해변 모래사장 끝 지점까지 걸어서 산책을 하고 배들을 관찰했는데
돛단배들이서 라고스타의 원가를 낮출 수 있었다. 그런데 돛단배가 나갈 수 없
는 깊은 바다는 한국 어선들과 중국 어선들이 그곳까지 진출해서 라고스타를 다
싹쓸이 하며 잡아간다고 불평했다.

점심으로 싱싱한 생선 튀김을 시켰는데 생선 한 마리를 통째로 잘 익혀서 나왔
고 멋진 해안 풍광을 바라보며 점심을 잘 먹고 나서 코쿠^{Coco, 야자수물}도 마시고 해
지에 누워 잠시 쉰 다음에 다시 해안 도로로 들어서서 모쏘로^{Mossoro} 시내의 외각
도로로 해서 나타우^{Natal, 성탄절이라는 뜻}로 행하여 달리기 시작했다.

대서양을 따라서 내려가는 해안가에 해안도로가 계속해서 이어지는 것이 아니
라 끊어지는 부분이 많아서 상당히 내륙으로 들어갔다 나갔다를 반복했고, 또
어떤 곳은 해안이 잘 보이는 해안도로가 근사하게 있기도 했으나 대도시 지역을
벗어나면 도로망이 제대로 설비되어 있지 않아서 불편한 것이 많다. 필자 일행
도 네비게이션을 따라서 갔다가 길이 없어서 되돌아 나온 경우도 여러 번 있었
다. 모쏘로 시내에 가까운 도로는 4차선이었고 외곽도로는 2차선인데 제한 속도
는 80km이지만 100km 정도를 달렸고 속도 감시 카메라가 설치되어 있는 곳이
한 곳도 없었다.

2) 나타우^{Natal}

모쏘로는 브라질에서 가장 맛있는 참외 생산지로 리우그란데두노르테^{Rio Grande do Norte} 주에서 나타우 다음에 두 번째 큰 도시였다. 브라질의 대서양 연안을 따라 이어진 도로 주변 광야에 많은 나무들이 심겨져서 그 푸르름이 좋았고 가끔씩 야자수 숲들이 나오기도 했다. 미국 서부의 80번 고속도로나 90번 고속도로와 같이 잘 닦여진 고속도로는 아니었지만 비록 2차선 도로라도 그 도로 주변의 풍경은 미국 서부 경치보다도 훨씬 더 아름답고 운치가 있었다. 심심하다 싶으면 강과 다리가 하나씩 나타나서 눈을 즐겁게 했다. 어둠이 서서히 깃들기 시작하는 저녁 무렵 나타우 시내 중심가에 들어섰는데 성탄절이라는 이름의 뜻에 걸맞게 큰 길 중앙에 별과 동방박사를 형상화해서 잘 세워 놓았고, 시내가 전체적

모쏘로 시내를 지나서 나타우를 향하여 가는 광활한 광야에 난 도로

으로 깨끗하게 잘 단장이 되었다. 월드컵 축구경기 안내의 디자인이 도시의 화려한 건물들과 잘 어울렸고, 고풍스러운 건물들과 고급 아파트들이 즐비하게 시내 중심가를 가득 채우고 있었다. 나타우는 16세기 말에 건설되기 시작한 도시로 리우그란데두노르테 주의 주도로 인구는 80만 명이고 포텐기 강^{Rio Potengi} 하구 변에 위치하고 있으며 남미대륙 동쪽 끝 지점이고 북대서양과 남대서양의 분기점이었다. 나타우는 가톨릭 도시로 역대 교황이 브라질을 방문 할 때 첫 기착지이며 두나^{duna, 모래 언덕}가 많고 수박 참외 산지로 유명했다. 나타우 시내를 가로질러 깊숙한 언덕 너머 안쪽의 해안가 쪽에서 호텔을 찾아 비교적 저렴한 호텔을 정했다. 짐을 내려놓고 해변가 경치 좋은 곳에 위치한 멋진 식당을 찾아 이 지역에서 유명한 카랑게이조^{Caranguejo, 강 하구에 서식하는 게} 요리를 시켜서 삶은 게를 붙잡아 게딱지를 열고 몸통을 비집고 다리는 물어 뜯어서 게살을 발라 먹었는데 게가 크지 않아서 살이 많지 않아 한동안 게살을 빼내기 위해 씨름하다 포기하고 저녁식사를 마쳤다. 어둠이 깃든 저녁, 해변에 나가서 해변 가를 산책하고 호텔로 들어가서 긴 자동차 여행을 하느라고 피곤하여 모기에 물리는 줄도 모르고 깊은 잠에 빠져들었다.

호텔에서 해안 도로를 찾아 해안가로 한참을 내려갔더니 그 유명한 두나가 멀리서 보여 잠시 차를 길가에 세우고 해안으로 내려가 한참을 걸었다. 두나공원^{Parque das Dunas} 앞길로 해서 좀 더 가 폰타네그라^{Ponta Negra} 해수욕장 가에 자동차를 세우고 해안 모래사장을 좀 걸어보았다. 대서양 해안은 어느 지점이고 그 모래사장이 다 부드럽고 경치 또한 절경이었다.

다시 나타우 시내를 지나 해안가 큰 도로인 101번 국도를 타지 않고, 바로 해안 가까이 있는 좁은 63번 지방도를 따라서 내려가기로 하고 그 길을 따라 가다가

길거리에서 팔고 있는 카랑게이조 게들

길가 과일 파는 가게 앞에서 잠시 멈춰 섰다. 브라질에서는 자동차 여행하면서 길가 노점상에서 과일을 사서 먹는 재미가 쏠쏠하였다. 먹지도 듣지도 못한 생전 처음 보는 과일들이 지천으로 널려져 있으니 기회가 있는 대로 길가에 멈춰 사서 먹었고 좀 더 사서 차 안에 싣기도 했다. 브라질은 과일이 싸고 그 종류도 다양하니 기회가 되는 대로 사서 먹었다.

호텔의 숙박비가 저렴하면 아침 식사가 좀 만족스럽지 못하기 때문에 그걸 과일로 채우는 것은 좋은 전략이었다. 길가에 차를 세워 먹고 싶은 과일을 사서 실컷 먹은 다음에, 다시 출발하여 바레타^{Barreta}에서 바다가 그대로 보이는 해안의 바닷가 모래사장 길로 가는 아틀랜티카 길^{Av. Atlantica}로 들어섰다. 모래사장 위로 가는 길^{Trilha Barreta – Malemba}로 들어서려는데 젊은 친구가 60헤알^{2만 7천원}에 모래사장 길을

나타우의 폰타네그라 해수욕장의 사람들과 그 뒤 두나^{Duna}

운전하여 준다는 것을 돈을 아끼려고 그냥 운전하여 내려가다가 모래사장에 그 만 빠져 갇혀 그 친구에게 할 수 없이 부탁을 할 수 밖에 없었다.

그 젊은 친구는 우선 자동차 바퀴의 바람을 상당히 뺀 후 운전하여 모래사장에 서 빠져나와 끝 지점 말렘바^{Malemba}까지 그 친구까지 6명이 타고 가서 자동차를 배에 실어 자쿠 강^{Rio Jacu}을 건너가서 티바우두술^{Tibau do Sul} 모래밭 언덕 아래 지점 에 배가 도착했는데 그 친구는 혼자서 자동차를 배에서부터 속력을 내더니 단숨 에 모래 언덕을 거뜬히 올라가는데 성공해서 다시 타이어에 바람을 정상으로 넣 어가지고 돌아와 60 헤알을 받아갔다. 뭐든지 경험을 무시할 수 없는 것이고 그 친구는 확실히 모래사장을 운전하는데 요령이 있었다.

렌터카를 주차해 놓고 바로 조금 후^{6월 28일 토요일 오후}에 브라질과 칠레의 월드컵 축 구 경기를 티브이^{TV}에서 봐야했기 때문에 티브이가 제일 좋은 식당에다 점심을

길가 과일 노점상에서 과일을 사서 먹는 일행들(좌)
삐냐Pinha라는 솔방울 모양의 아주 달고 맛있는 과일(우)

생선 요리로 시켜놓고, 남자들끼리 강과 대서양 바다가 만나는 해수욕장에서 해
수욕을 한동안 즐겼다. 자동차로 브라질의 최고로 멋진 해안선과 대서양을 따라
여행하면서 쉬고 싶을 때 쉬면서 대서양의 파도를 맞으며 해수욕을 해보는 것이
어디 보통 재미였겠는가!

해수욕을 마치고 식당의 의자에 앉아 차분히 점심식사를 하는 중에 브라질과 칠
레의 월드컵 축구 16강전이 시작되었고, 음식점 주변의 다른 음식점들은 축구경
기 관전 때문에 가게 문을 닫고 필자 일행이 점심을 먹는 식당의 티브이가 제일
좋았기 때문에 점심을 먹는 필자 일행의 뒤로 다 몰려 앉았다. 식당의 분위기는
모두가 브라질을 응원하고 있었고, 그 응원에 힘입었는지 브라질이 먼저 선제골
을 넣었고 브라질을 응원하는 열기는 그 강도를 더해갔다. 그런데 칠레가 마침
내 만회골을 넣었을 때 필자가 무의식중에 혼자 일어나서 "골"을 외치며 응원했
고 그 식당에서 함께 티브이를 보던 모든 브라질 사람들이 다 주목하여 필자를
쳐다보는 바람에 필자는 '아차'하는 생각과 '큰일 났구나!' 하는 긴장감이 생겼
다. 필자는 브라질에 2007년에 처음 왔을 때 이미 브라질 사람들에게 있어서 축
구 경기는 단순히 경기가 아니라 종교의 수준이고 축구에 모든 것을 건다는 것
을 익히 알고 있었다. 어머니와 아들이 서로 응원하는 팀이 다르면 어머니가 아
들에게 식사도 주지 않는다는 말도 들었다. 그날 필자의 일행은 점심을 빨리 먹

| ① | ② |
| ③ | ④ |

① 모래사장에 빠져버린 렌터카와 거기서 꺼내준 운전자
② 필자의 렌터카가 지나 간 오른쪽 끝 모래사장 길
③ 티바우두술 해변의 해수욕장 풍경
④ 티바우두술 해수욕장에서 해수욕 중인 필자 일행

고 돈을 지불하고 경기가 끝나기도 전에 약간의 위기감을 느끼면서 살며시 도망치듯 그 식당에서 빠져나와 주차장에서 차를 몰고 바로 그곳을 빠져나왔다. 칠레 산티아고 여행 중에 필자가 칠레에서 큰 환대를 받았던 것에 대한 기억이 남아 있어서 필자도 모르게 브라질 사람들 앞에서 브라질과 경기 중에 있었던 칠레를 소리 내서 응원하는 큰 실수(?)를 저질러 버렸다. 이날 경기 결과는 1대 1일의 무승부였는데 브라질이 승부차기 혈투 끝에 겨우 승리했다.

  3) 주앙페소아^{Joao Pessoa}

티바우두술에서 다시 내륙으로 들어가서 101번 국도를 만나서 그 길로 주앙페소아로 향하여 한참을 내려가서 시내로 들어갔다. 주앙페소아는 파라이바 주^{Paraiba}의 주도이며 인구는 70만 명으로 파라이바 강^{Rio Paraiba}과 대서양 연안 사이에 위치하고 있으며 나타우와 헤시페 중간 지점에 있다. 주앙페소아는 1928년 파라이바 주의 주지사로 선출된 인물인데, 1930년 헤시페 공식방문 중에 저격당하여 목숨을 거두었고 그를 기려서 주도의 이름을 주앙페소아라고 했다는 슬픈 역사가 담겨 있었다. 포르탈레자에서부터 시작해서 한 곳도 호텔을 예약하지 않았고 이원길 선교사가 과거에 묵었던 저렴한 장급 호텔을 찾아서 묵으려고 갔으나 아예 그 호텔이 없어져 버렸다. 그래서 렌터카를 길가에 세워놓고 주앙페소아의 바닷가 가까운 호텔이 밀집한 지역에 가서 세 곳을 들어가서 물어본 후에 호텔을 정했다.

주앙페소아에서 시내를 빠져나와 탐바바^{Tambaba} 해안 전망대에서 멋진 해안가 전망을 한 번 보고 가기 위하여 8번 지방도를 따라서 가야 했는데 네비게이션에

티바우두술에서 주앙페소아로 내려가는 도로 전경

헤시페로 가는 101번 국도 변의 언덕 위 멋진 산동네

목적지를 지정했음에도 정확하게 안내하지 못하고 자꾸만 다른 곳으로 안내해서 몇 번을 되돌아서 나온 후에 여러 사람들에게 묻고 또 물어서 겨우 찾아갔다. 브라질의 지방도로는 일반적인 상식과 상당히 거리가 멀어 전혀 엉뚱한 데로 나오는 것이 빈번하여 새로운 도로 건설이 무엇보다 필요했다. 이런 생각은 마나우스에서 보아비스타로 다녀올 때부터 생겼는데 4년 후 자동차 여행에서도 여러 번 길이 막혀 다시 돌아가야 하는 경우가 생기면서 더 분명해졌다.

탐바바 언덕 위에서 바라보는 바닷가 전망은 절벽과 모래사장과 대서양과 그 안에 섬이 함께 어우러진 전망이라서 다른 곳보다는 풍광이 멋있었다. 브라질의 대부분의 해안은 모래사장과 대서양의 하얀 파도가 치는 해안가인데 여기는 절벽도 있고 섬도 있고 그것도 언덕 위에서 내려다볼 수 있어서 더 좋았다. 그 전망 지점이 해안가로 이어져서 끝나는 지점이라 다시 차를 돌려서 왔던 길로 돌아가서 101번 국도로 찾아 나섰다. 길가에 가끔씩 사탕 수수밭이 나타났는데 그 끝도 가늠할 수 없을 정도로 넓었고 하얗게 갈대처럼 꽃대가 올라와 있었다.

주앙페소아에서 헤시페로 내려 가는 도로가의 사탕수수밭 전경

4) 헤시페^{Recife}와 오린다^{Olinda}

오후에 카피바리베 강^{Rio Capibaribe} 다리를 건너서 마침내 헤시페^{Recife, 암석이라는 뜻} 시내로 들어갔다. 헤시페는 페르남부쿠 주^{Pernambuco}의 주도로 도시의 인구는 155만 명이지만 그 광역도시의 인구는 374만 명으로 브라질에서 다섯 번째 광역도시였고 브라질 동북의 최고 상업도시였다. 헤시페는 브라질 정복 초기 화란인들이 주둔했던 곳으로 17세기 초에서 중반까지 화란 개혁교회가 부흥해서 노회 조직이 있었다. 헤시페는 베베리베 강^{Rio Beberibe}과 카피바리베 강이 만나는 하구를 중심으로 형성되어 있어서 크고 작은 다리만도 50여 개나 되어서 브라질의 베니스라고 불렸다. 헤시페는 해변가 보아비아젬^{Boa Viagem, 좋은 여행이라는 뜻} 거리가 제일 번화가로 일방통행로였으며 그 오른쪽 아래에 멋진 모래사장이 있어 수많은 젊은이들이 해수욕을 즐기고 있었지만, 가끔씩 상어가 출몰하여 희생되는 사람들이 생겨난다고 했다. 카피바리베 강^{Rio Capibaribe} 다리를 건너자마자 멋진 도심의 건물들이 나왔고 보아비아젬 거리 왼쪽 옆에 고층 건물들이 즐비하게 늘어서 있었

헤시페의 보아비아젬 번화가에 늘어선 빌딩들

다. 헤시페에 도착한 날 오후에 네덜란드와 멕시코가 거기서 16강전을 치렀는데 보아비아젬 거리에 군인들을 태운 트럭까지 출동해 있었고, 필자 일행은 그 거리 옆 큰 뷔페식당에 들어가서 식당 안 여러 곳에 설치된 티브이를 통해서 경기를 시청했다.

헤시페에서 축구 경기가 끝나자마자 뷔페식당의 음식이 거의 떨어졌다고 하여 그냥 나갈 수밖에 없어서 헤시페 바로 약간 위쪽 해변 작은 도시인 오린다^{Olinda}로 올라가서 식사하고 숙소도 정하기로 했다. 가는 길이 혼란스러워서 한참을 헤맸는데 오토바이를 탄 젊은 친구에게 길을 물었더니 오토바이를 타고 우리 앞에서

오린다 해안 방파제에서 남쪽으로 바라본 전망

한참 동안 에스코트해서 잘 알려주어서 쉽게 찾아갈 수가 있었다. 브라질 소도 시의 대다수의 사람들은 순박하고 친절했다. 헤시폐는 워낙 크고 오래된 상업도 시라서 호텔과 음식의 물가가 비쌌기 때문에 약간 작은 소도시 오린다로 올라간 것은 이원길 선교사의 경험에서 나온 결정이었다. 필자의 일행은 헤시폐도 돌아 보고 다시 오린다 해변까지 가 봤으니 일거양득이었다. 정한 호텔도 바로 해변 에 위치해서 아침 해 뜨는 전망도 바로 나와서 보는 행운을 누렸다. 오린다 해변 은 너무 파도가 세서 방파제를 쌓아 높은 파도를 막고 있었고, 또 옆으로도 여러 개의 방파제를 세워 칸을 막아 거센 파도를 좀 누그러뜨렸고 군데군데 방파제 가운데 모래사장에서 해수욕을 하고 또 어떤 친구들은 모래사장에서 축구를 하

마세이오로 가는 브라질 소도시의 여러 색을 칠한 언덕 위 주택들

고 있었다.

오린다 해안의 호텔에서 멋진 아침을 맞이하고서 호텔의 아침식사를 마치고 바로 101번 국도를 찾아서 그 국도를 따라 계속해서 남쪽으로 마세이오^{Maceio}를 향하여 달려 내려갔다. 사탕수수 밭이 자주 나오고 언덕과 낮은 산들이 자주 나오는 2차선과 4차선으로 번갈아 이어지는 국도였는데 언덕과 산이 반복해서 나오니 경치는 더 멋있고 운치가 있어서 그걸 즐기며 더 여유 있게 달릴 수 있었다. 가다가 시골장터를 만나 차를 세우고 다시 과일과 옥수수 구운 것을 사서 먹었고 길가에 야자수를 파는 곳에 멈춰서 야자수 음료를 사서 마시며 천천히 여유를 가지고 마세이오를 향하여 내려갔다. 마세이오는 알라고아스 주^{Alagoas}의 주도이며 큰 석호^{Mundau Lagoon, Manguaba Lagoon}가 주변에 있고 인구는 92만 명 도시로 그 광역 인구는 115만 명인데 사탕수수에서 설탕을 정제하는 설탕 산업이 많이 발

전한 곳이었다.

5) 마세이오^{Maceio}와 상미구엘^{Sao Miguel}

101번 국도를 따라 한참 내려가다가 마세이오로 들어가는 104번 도로를 타고 마세이오 시내를 멀리서 바라본 후에 시내로 들어가지 않고, 차를 돌려서 남쪽으로 향하여 문다우라군 호수의 다리와 만구아바라군 호수다리를 건너 얼마 지나지 않아서 상미구엘^{Sao Miguel}에 도착했다. 상미구엘 동네 네거리에서 필자 일행이 탄 렌터카가 갑자기 역주행으로 다가오는 오토바이를 발견하지 못하여 지나가는 오토바이와 살짝 스치는 교통사고가 났다. 오토바이는 넘어졌고 오토바이 뒤에 탔다가 떨어진 여자는 약간 타박상을 입었는데 근처 약국으로 데려가서 바로 약을 사서 발라 우선 응급처치를 하고 그 약은 다친 여자의 손에 쥐어 주었다. 렌터카에서 내려 렌터카를 살펴보니 라디에이터 그릴 아래 작은 한 쪽 덮개가 떨어져 오토바이 발걸이에 붙어 있는 것을 가져다 렌터카에 다시 붙이고서 렌터카를 살펴보니 크게 상한 데가 없는데 오토바이 운전자가 경찰을 부르겠다고 하며 약간 위압적으로 나와서 당황이 되었으나 주변의 가게에서 나온 사람들은 별거 아니니 그에게 그냥 가라고 필자 일행의 편을 들어주었다. 네거리의 교통 표시판을 자세히 보니 필자 일행은 정상적으로 운행했으나 오토바이가 역주행을 해서 오는 바람에 난 사고라서 그에게 어떻게 역주행을 했느냐고 말했더니 그만 슬그머니 그 자리에서 오토바이를 타고 가버려 난감한 위기 상황을 잘 넘겼다.

상미구엘은 천혜의 해수욕장이었는데, 대서양의 넓은 바다에서 몰려오는 거친 파도를 막아주는 바위 자연방파제가 길게 한 줄로 늘어서 있어서 파도를 자연스럽게 막아주어 해수욕하기에 그만이었고 조그만 배들도 그 안에 안전하게 정박

마세이오 시내에 가까운 해수욕장에서 수영하는 젊은이들

해 있었다. 상미구엘 해안가 동네엔 여러 개의 호텔과 음식점들이 즐비하게 있어서 그 중에 대서양이 한눈에 들어오는 전망 좋은 집에 저녁식사로 생선 요리를 시켜놓고 필자 일행은 다시 천혜의 해수욕장에 내려가서 해수욕을 즐겼다. 브라질의 대서양 해안은 다 천혜의 해수욕장이었는데 상미구엘 해안은 자연 방파제가 있어 파도가 잔잔하고 사람이 많지 않아 분주하지도 않고 조용해서 더 좋았고 다시 해수욕을 하며 망중한을 즐겼다.

브라질은 자원과 인구가 거대한 대륙으로 방문할 때마다 참 거대한 나라라는 생각이 들었다. 최근에 한국의 많은 대기업들이 브라질에 앞 다투어 진출하고 있는 것만 봐도 그 저력을 알 수가 있다. 남미의 여러 나라들이 그렇듯이 브라질은 정의로운 정치가 이루어지고 치안이 제대로 안정된다면 관광도 훨씬 더 발전할 것처럼 보였다. 하와이 와이키키 해수욕장은 인공 방파제를 만들어서 거친 파도와 상어의 접근을 막아주고 있었던 것에 비해서, 천혜의 바위 방파제 안에서 해수욕을 하니 안전하고 기분도 더 좋았다. 음식점에 샤워 시설이 있어서 아주 편하게 해수욕 후에 샤워하고 옷을 갈아 입었고 방파제 너머에 대서양 위의 검은 구름 위로 떨어지는 석양을 바라보며 바로 또 호텔을 찾아 나섰다.

7월 1일 아침은 벌써 포르탈레자에서 자동차 여행을 시작한 지 5일이 지나고 6일째 되는 날로서 새 달 7월을 감사하며 다시 약간 내륙으로 들어가서 다시 101번 국도를 따라 남쪽으로 계속해서 내달렸다. 거대한 2,914km의 상프란시스코 강Rio Sao Francisco을 만나 다리를 건너서 그대로 지나치지 않고, 그 강 남쪽강변 마을에 들어가고자 길을 찾았으나 비포장도로를 따라서 한참 돌아서 들어간 다음에야 프로프리아Propria 라는 동네로 들어갈 수 있었다. 상프란시스코 강은 필자의 일행이 막 지나온 알라고아스 주와 필자의 일행이 가고자 하는 아라카 주Aracaju가 속한 세르기페 주Sergipe의 경계선이었다. 이 강은 미나스 게라이스 주Minas Gerais의 중서부의 카나스트라 산맥Montanha Canastra에서 발원하여 브라질의 다섯 개 주를 걸쳐서 흐르며 브라질 나라를 통합하는 순기능을 하고서 대서양으로 흘러 들어가는 브라질 내륙에서 가장 긴 강으로 알려져 있는 그 유명한 강이었다.

상미구엘 자연 방파제 안쪽에서 해수욕을 즐기는 사람들

프로프리아 강변 마을에서 바라본 상프란시스코 강

브라질의 상프란시스코 멋진 강변 마을인 지방의 소도시 프로프리아에서 점심 식사를 폴킬로식 뷔페식당에서 했는데, 재미있는 것은 뷔페식당인데도 자기가 먹을 만큼만 접시에 담고 그것을 저울에 올려놓고 달아서 돈을 지불하는 것이니 많이 먹으려고 애를 쓸 필요도 없이 아주 합리적이었다. 이 날 필자 일행 다섯 명이 점심을 먹었는데 일인당 4,000원 정도였으니 그 가격이 싸면서도 시골 소도시의 식당이었지만 깨끗하게 잘 정돈이 되어 있었다. 음식도 정갈하고 사람들도 아주 친절해서 전혀 예기치 못했는데 맛있는 점심 식사를 잘 했다. 여행에서 꾸밈없는 현지인들의 이런 진솔한 모습을 있는 그대로 보며 즐기는 것이 자동차 여행의 묘미고 즐거움이었다. 점심 때에 출출했던 배도 맛있는 브라질 음식으로 채우고서 다시 갈 길로 들어서 남서쪽을 향하여 달렸다.

101번 국도변 과일 노점상에 진열된 망고들

6) 아라카주^{Aracaju}

프로프리아에서 점심을 먹고 나서 동네 성당에 들어가 소박한 성당 실내도 살펴보고 강가의 여러 기념물도 찬찬히 살펴보며 동네를 좀 돌아보고 강변을 따라서 다시 금방 101번 국도에 들어섰다. 시원한 벌판을 자동차로 달리는 것은 아무리 달려도 지겹지를 않았고 이원길 선교사가 주로 운전을 했지만 가끔씩 유지화 선교사도 번갈아 운전을 했는데 두 분이 다 운전하는 것을 즐기는 바람에 필자는 운전할 틈도 얻질 못했다. 상미구엘에서 아라카주는 그리 먼 거리가 아니라서 오후 3시 경에 세르지페 강^{Rio Sergipe} 다리를 건너자 아라카주 시내에 들어섰다. 시내 끝 지점까지 들어가서 또 다리를 건너 대서양의 해안가 도로 끝까지 해안도로를 따라서 쭉 남쪽으로 갔다가 다시 여러 호텔들이 늘어선 지역으로 돌아

아라카주 해안의 일출 장면

왔다. 해외여행에서 호텔을 예약하지 않고 다닌다는 것은 상당히 불안하고 긴장
되는 일인데도 다섯 사람이라서 방 세 개를 정해야 했기 때문에 흥정이 되었고
방과 침대와 가격을 확인하고 결정할 수 있는 장점도 있었다.

아라카주는 브라질 최초의 계획된 도시로 건설되어 1855년에 세르지페 주^{Sergipe}
의 주도로 지정되었고, 살바도르와 마세이오 사이의 해안에 위치했으며 바둑판
형태의 도시로 인구는 62만 명이고 그 광역권의 인구는 90만 명이었다. 아라카
주 해안의 모래사장은 손상되지 않은 자연그대로의 모래로 정말 넓었고 한참을
내려가서야 바닷물에 닿을 수 있었다. 모래사장의 모래가 곱고 넓은데다가 길어

세르지페 강다리를 건너서 아라카주 시내로 입성

서 끝도 잘 보이지 않을 정도로 거대했지만 사람이 적어 조용했다. 모래사장에 편하게 앉아 거친 대서양 바다에서 윈드서핑 하는 사람들을 많이 볼 수 있었고 윈드서핑 하는 사람들 더 안쪽 깊은 바다엔 원유시추선들이 여러 곳에 설치되어 있었다.

아라카주의 모래사장이 곱고 넓은 데다 사람까지 적고 윈드서핑 하는 사람들이 많아서 새벽 일찍 일어나 아라카주 바닷가 풍경을 찍으러 나갔는데 일출 장면은 대서양 여러 해안에서 목격한 것 중에서 가장 좋은 일기에 제일 선명했다. 최고로 멋진 해안에 사는 아라카주 사람들이 새벽에 일어나 아침 해가 떠오를 무렵

아라카주 해안에서 바라본 남서쪽 해안

에 윈드서핑을 즐기는 사람들이 많아 대단한 자연의 혜택을 누리고 있었다. 외국의 멋진 새벽 바닷가 아라카주의 넓은 해안에서 아직 해도 떠오르기 전에 곤히 잠든 아내를 혹시나 깨울까봐 살며시 일어나 부스스한 모습에 눈만 비비고서 무거운 카메라를 혼자 메고 나왔다. 사각사각하는 모래 밟는 소리를 들으면서 파도가 밀려오는 끝 지점까지 걸어가서 대서양에서 밀려오는 거친 파도 소리를 들으며 그 파도가 밀려왔다 사라지며 멈춰서는 바로 그 지점 조금 위쪽 마른 고운 모래밭에 그냥 퍽석 주저앉아서 대서양 위 시커먼 구름 사이에서 서서히 떠오르는 새벽의 붉은 해를 찬찬히 바라보았다. 새벽의 거친 파도 위에는 심심하지 않게 윈드서퍼핑을 하며 바다 위에서 물속으로 빠져들었다 나왔다를 반복하는 윈드서퍼들의 모습을 무릎 위에 올려놓은 카메라의 앵글에 한 눈을 고정하고 오른손 검지 손가락으로 카메라 셔터를 계속해서 누르며 사진을 찍는 즐거

아라카주 해변에서 바라본 북동쪽 해안

움을 아라카주 해안에서 맘껏 누렸다. 모래사장이 고운 아라카주 새벽 바다 풍경은 조용하고 평온했는데 윈드서핑을 즐기는 사람, 모래사장을 걷는 사람, 모래사장에서 조깅하는 사람, 바닷가에서 뭔가 줍는 사람, 모래사장에 앉아 아침 바다를 바라보고 구경하는 사람, 그리고 아침바다 수영을 마치고 돌아가는 사람 등을 멋지게 바라보며 렌즈에 열심히 담았다.

대서양의 바다는 파도가 높고 거칠기 때문에 윈드서핑의 최적의 장소였고 이 날 새벽에 유달리 윈드서퍼들이 많이 나와서 몸을 풀고 바다로 뛰어들었고 파도에 미끄러지듯이 윈드서핑 하는 모습을 보는 것만으로도 신났다. 칠레의 발바라이소 위쪽의 콘콘^{Con Con}에서 태평양의 바다에서 윈드서핑 하는 사람들은 나이가 더 어렸는데 대서양의 파도는 더 거칠어서 윈드서핑 하는 윈드서퍼들의 나이도 다양하고 사람들도 더 많았다.

아침에 브라질 자동차 여행의 종착지 살바도르^{Salvador}를 향하여 아라카주의 해안
도로를 따라 남쪽으로 내려가면서 아라카주의 멋진 모래사장 앞 대서양을 조금
이라도 더 바라보며 바자바리스 강^{Rio Vaza Barris} 다리를 건너서 우회전하여 약간 내
륙으로 들어가 다시 101번 국도를 만나 남서쪽으로 내려달렸다. 작은 언덕들도
나오고 대관령 같은 산언덕들이 나와서 몇 번 오르락내리락하며 넘어갔고 언덕
과 산에는 야자나무 숲, 한국의 소나무와는 다른 종류의 소나무 숲, 목욕탕 만들
때 재료로 사용한다는 에우깔립나무 숲, 대나무 숲, 그리고 목장의 초원 등이 계
속 나타났다 사라졌다를 반복했다. 달리는 중간에 마침 도로가에 모처럼 휴게소
가 나와 거기에 차를 세우고 잠시 쉬며 무게를 달아서 파는 폴킬로식 뷔페식당

윈드서핑을 하러 나온 윈드서퍼들

윈드서핑을 하고 있는 윈드서퍼

에서 점심을 해결하고 계속해서 내려달렸다.

브라질은 북쪽이 아마존 열대 우림 지역이라 강들이 많은 지역이라서 지형적으로 아주 낮은 평지 지역인데 비해서 상파울루가 해발 800m 정도의 고지대에 위치할 정도로 대서양이 가까운 남쪽 지역은 상당히 산들이 많은 높은 지역이었는데 그것을 살바도르에 가까이 다가가면서 실감할 수 있었다. 브라질 최초의 수도로서 노예시장과 역사지구 등 돌아보아야 할 역사적 유물이 많은 곳에 드디어 7월 2일 오후에 도착했다.

101번 국도변에서 말을 타고 가는 사람들

6. 살바도르^{Salvador}

 포르탈레자에서 시작하여 아라카주까지의 숙박은 현지에 도착하여 직접 호텔에 들어가서 방을 둘러보고 가격을 흥정하여 정하였지만, 살바도르의 호텔은 좀 편한데서 쉬고자 중간에 인터넷으로 미리 살바도르국제공항과 대서양에 가까운 지역에다 2박을 예약했고 그 주소로 바로 찾아갔다. 대도시라 가격에 비해서 생각했던 것보다 규모가 크지 않은 작은 규모의 호텔이었고 세계 여러 나라에서 온 관광객들도 있어서 아침식사도 그들과 더불어 좀 여유가 있었다.

구원자^{Savior}라는 뜻의 살바도르^{Salvador}는 바이아 주^{Bahia} 주도였으며 식민지 시대의 브라질의 초대 수도로 1549년에서 1763년까지 수도였으며 히우로 수도가 이전해가면서 여러 가지로 하향곡선을 그렸지만, 현재 미주대륙에서 가장 오래된 도시 가운데 하나였다. 살바도르의 인구는 267만 명이며 그 주변 광역권의 인구는 350만 명으로 브라질에서 상파울로와 히우데자네이루에 이어서 세 번째 인구를 가진 도시였다. 살바도르는 가장 큰 축제를 가진 도시이며 요리와 음악과 건축에 있어서 대단한 명성을 가지고 있으며 식민지 시대에 노예시장이 있었던 관계로 아프리카 문화의 영향이 도시의 여러 부분에 깊게 배어 있었다. 살바도르는 대서양과 올세인트만^{(포)Baia de Todes os Santos, (영)All Saints Bay}에 의해서 둘러싸인 삼각주 형태의 반도 지형으로 이루어져 있는데, 올세인트 만 안에 브라질 최고의 천혜

바라등대^{the Barra Lighthouse}, 또는 바이아해양박물관^{Museu Nautico da Bahia}

의 항구와 세계에서 세 번째로 아름다운 해수욕장^{Porto da Barra Beach}이 있어서 대서양의 매서운 바람과 거친 파도를 자연스럽게 막아주는 최고의 입지조건이었다. 삼각주 가장 모퉁이 끝에 바라등대^{the Barra Lighthouse}는 1534년에 세워졌는데 이것은 살바도르 항구로 안내하는 등대의 역할을 했을 뿐만 아니라 군대의 요새 역할도 해서 포르투갈인들이 네덜란드인들과의 전투에서도 중요한 역할을 했고 브라질 인들의 독립 전쟁 때에도 포르투갈인들이 끝까지 요새로 지켜냈던 곳이다. 지리적인 장소와 역사적인 사건에서도 중요한 역할을 했던 곳으로 1998년에 바이아해양박물관^{Museu Nautico da Bahia}으로 지정되어서 역사적 가치를 더하고 있었다.

살바도르에 도착한 날 저녁에 살바도르 도심으로 넘어가는 석양이 너무 아름다워서 차에 잠시 내려서 석양을 바라보다가 다시 바라등대에 가까운 번화가 오션니카 거리^{Av. Oceanica} 부근 주차장에다 주차를 하고 오셔니카 거리에 많은 사람들 사이를 비집고 걸어서 바라등대로 가장 먼저 가서 등대와 그 안에 역사적 유물들을 잠시 둘러보고 나왔다. 등대 앞 넓은 공터에 피파^{FIFA FAN TEST}에서 대형 티브이를 설치해서 월드컵 열기를 달구고 있었고, 오션니카 거리는 밤인데도 인파로 넘쳐났고, 그 거리엔 장사하는 여자 상인들도 노예복장을 하고서 사람들의 관심을 끌면서 물건을 팔고 있었다. 마나우스에서 열심히 먹었던 아사이를 파는 길가 아사이전문점을 발견하고 너무 반가워서 들어가 아사이를 각자 하나씩 시켰는데 사발에다 담아주었고 그 위에 바나나를 띄워주는 것이 마나우스에서 파는 것과 약간 다른 모양이었다. 재미있었던 것은 검은 도복을 입고 오션니카 거리에 매트를 깔고 그 위에서 한국어로 합기도라 새긴 검은 도복을 입고 한국어 구령을 외치며 합기도 발차기 등 기본기와 호신술을 보여주는 시범단을 만난 것이었다. 먼 브라질 동북 변방 살바도르의 가장 번화가에서 한국어로 합기도 시범을 보이는 시범단을 만난 것이 마치 횡재라도 한 것처럼 반가워하며 필자 일행

벨메르호 강^{Rio Vermelho} 언덕에서 바라본 석양의 살바도르 도심

은 그들에게 다가가 말을 걸어 한국인이라고 말하며 기념사진을 찍었다. 합기도 사범은 잘 생긴 검은 띠의 유단자였는데 시범이 절도가 있었고 발차기도 힘이 있었다.

살바도르에서 꼭 봐야 할 가장 유명한 관광지는 역사지구^{Historic Center}로 알려진 페롱랑유^{Perourinho; 권위와 정의의 상징}인데 17세기에서 19세기에 이르는 역사적인 건축물들이 특별히 많아서 유네스코에 의해서 세계문화유산으로 1985년에 지정이 되었다고 한다. 1990년대에 새롭게 재건축되고 단장되어 볼거리가 많았고, 월드컵기간이라 더 화려하게 단장이 되어 있었다. 역사 지구를 가기 위하여 도착지를 입력했는데 전혀 엉뚱한 산동네를 돌아서 감에 따라 사람들에게 물어 물어서 드디어 역사지구 저지대에 도착하여 고지대로 올라가는 좁고 가파른 길을 찾아서 중앙광장으로 올라갔더니 친절하게 주차장으로 안내해 주는 건장한 젊은 분이 있었다. 그 사람은 역사지구를 안내하는 가이드였고 그 분에게 역사지구 가이드를 부탁했다.

살바도르는 브라질의 처음 수도로서 노예시장이 있었던 역사적인 아픈 과거 때문에 아프리칸 브라질 사람들이 많이 살고 있었다. 수도가 히우데자네이루로 옮겨 가면서 경제적 기반도 함께 옮겨 갔다. 그래서 한동안 인구가 줄고 경제적으로 어려웠다가 지금은 많이 회복이 되었고 관광객들도 꾸준히 많이 방문하고 있다지만 언덕 위 산동네가 많이 눈에 띄었다.

7월 3일에 페롱랑유로 불리는 역사지구를 방문했을 때 월드컵 축구경기 기간이라 전 세계에서 몰려오는 관광객들의 방문을 기대하고 역사지구 여러 거리에 푸른 깃발들을 일정한 간격으로 멋지게 매달아 잘 단장해 놓아서 축제 분위기도

바라등대 위에 뜬 초생달

바이아해양박물관 앞 상점에서 식민지 시대 노예복장으로 장사하는 상인

났다. 살바도르는 행정과 종교와 역사지구인 고지대^{Upper Town}에는 많은 사람들이 거주했고 상업과 시장과 항구가 있었던 저지대^{Lower Town}에는 돈이 많이 돌고 있다고 했다. 두 지역 사이에 85m의 높은 절벽의 언덕이 있어서 고지대와 저지대를 쉽게 이어주기 위하여 1873년에 이미 라세르다 엘리베이터^{Elivador Lacerda}가 설치되었다니 놀라웠다. 현재 엘리베이터는 4대가 설치되어 있고 24시간 운행하며 한 대에 128명이 탈 수 있는 거대한 크기였고, 1회 운행하는데 22초가 걸렸다. 마침내 역사지구 저지대에 도착해서 가파른 언덕으로 급하게 경사지고 90도로 꺾이는 도로를 따라 올라가 현지 가이드의 친절한 안내로 주차장에 자동차를 주차하고 그 가이드의 도움으로 역사지구를 돌아보았다. 엘리베이터를 타고 내려와 과거 세관 빌딩이었던 모델 시장으로 가 점심을 먹고 다시 엘리베이터를 타고 올라가 주차장에서 자동차를 찾아 대서양이 바라보이는 해안도로를 따라 숙

오션니카 거리에서 아마존산 아사이 판매 전문점 간판 (좌)
오션니카 거리에서 사서 먹은 아사이 한 사발 (우)

소로 돌아왔다.

1708년에 완공된 상프란시스코 성당(Igreja e Convento de Sao Francisco)은 역사지구 안에서 포르투갈 식민지 시대의 바로크 양식 건축의 최고 걸작에 속하는 건축물로 금 800kg을 흑인 건축 노예들이 녹여 나무 벽 위에다 142년에 걸쳐 붙였다고 한다. 특히 천장과 벽은 나무에다 그림을 그리고 조각해서 그 위에 금을 녹여 붙였다고 한다. 이 나무는 바이아 주에서 자라난 붉은 색깔이 나는 나무로 오래가도 벌레가 먹지 않은 아주 무거운 나무로, 무거워서 작업하기가 아주 힘들고 까다롭다고 했다. 이 성당 지하에는 당시에 건축할 때 금을 헌금한 부자들의 묘지가 있었고 그림 벽화의 세라믹 타일은 포르투갈에서 배로 직접 싣고 온 것이라고 했다.

상프란시스코 성당을 나와서 오른쪽 아래 역사지구로 내려가는 길(R. Joao de Deus)로 내려와서 페롱랑유호텔 아래 넓은 월드컵 브라질 축구 대표팀을 응원하는 무대를 만들어 놓은 지점까지 내려 갔다. 그 지점이 마이클 잭슨(Michael Jackson)이 와서 울퉁불퉁한 돌 타일 바닥에서 춤추다 세 번이나 넘어진 역사적인 장소라는 설명과 그 앞 건물에 마이클 잭슨의 사진 두 장이 붙어 있었다.

예수 정원에서 중앙로(Praca da Se)를 따라서 중앙광장으로 이동하는 중간 지점에 브

상프란시스코 성당 내부가 금으로 장식 된 기둥과 천정과 벽

라질 노예해방의 전사 줌비^{Zumbi dos Palmares, 1655-1695} 동상을 한 바퀴 돌면서 둘러보았다. 한 때 줌비 주위에 도망 나온 흑인 노예들이 3만 명까지 모여들었고 용감하게 포르투갈 식민지 정부와 싸워 탁월한 전승을 거두어서 북동부 지역 퀼롬보^{Quilombo}에 자치 국가를 세울 정도로 세력을 확장했다. 그런데 부하의 배신으로 체포되어 참수당하는 비극적 죽음을 당했다는 역사적 사실에 가슴이 저려왔다. 지금은 수도인 브라질리아와 여러 대도시에 그의 동상이 세워져 브라질 흑인 뿐만 아니라 국민들도 그를 영웅으로 추앙한다고 했다. 살바도르는 1556년에 브라질 최초로 가톨릭 주교가 임명되었고 화려한 바로크식 성당 여러 개가 세워질 정도로 가톨릭 교세가 번성했는데 시청 앞 중앙광장에 의미심장한 부러진 십자가상

역사지구에 장식물이 설치된 거리 전경

을 한동안 바라보며 '부러진 십자가가 의미하는 것이 무엇일까?' 하고 여러 가지 생각을 해 보았다. 십자가가 노예를 해방하게 했다면 굳이 부러진 십자가상을 세울 필요가 없었을 터인데 더 깊은 의미가 분명하게 있을 것 같았다. 라세르다 엘리베이터를 타고 모델로시장^{Mercado Modelo} 앞 광장으로 내려가서 필자 일행을 안 내해 준 가이드에게 사례하고 헤어졌다.

살바도르 시내는 고지대의 역사지구와 저지대의 상업지구가 가파른 절벽으로 서로 구분되어 나누어져 있었는데, 두 지역의 원활한 연결을 위하여 절벽에 일 찍부터 엘리베이터가 설치되었고, 필자 일행도 이 엘리베이터에 비용을 지불하

고 마이클 잭슨이 춤추다 넘어진 것을 기념하여 붙여놓은 그의 사진 (좌)
역사지구에서 가이드가 연주하는 카포에이라^{Capoeira}에 장단 맞추는 필자 (우)

고 편하게 저지대로 내려가서 일단 저지대의 시내를 둘러보았는데 고지대의 역사지구와 좀 분위기가 달랐다. 모델로시장은 1861년 건축된 시장 겸 세무서 빌딩으로 여기서 매매와 거의 동시에 징세가 이루어졌고 노예상인들 뿐만 아니라 배 상인들에게도 바로 징세가 이루어졌다. 모델로시장 2층 식당에 들어가 자리를 잡고 음식을 시켜 놓고서 바깥 베란다로 나가서 눈 앞에 바로 보이는 천혜의 항구에 정박해 있는 배들과 올세인트 만의 멋진 풍경을 둘러 보았다. 살바도르의 그 유명한 역사지구 입구에서 우연히 만난 친절한 가이드의 안내로 역사적 거리의 여러 유적에 대한 설명을 들으면서 여러 건축물들을 찬찬히 돌아보았고 브라질 문화와 역사를 더 이해하는 좋은 시간을 가졌다.

점심식사 후에 잠시 쉬었다가 다시 엘리베이터를 타고 다시 역사지구로 올라가서 주차장에서 차를 찾아 아침에 올 때와 전혀 다른 방향인 바라등대를 거쳐 대서양 해안을 따라 숙소인 호텔을 향하였다. 브라질 최초의 수도라서 역사적인 유물들이 시내 전역에 널려져 있는 살바도르에 도착하여 이틀 동안 살바도르 시내 역사지구를 중심으로 해서 걸어 다니며 대강이나마 살바도르를 보면서 브라질을 좀 더 진지하게 보게 되었다.

역사지구 중앙광장에 세워진 브라질 노예해방의 전사 줌비^{Zumbi} 동상

포르탈레자에서 출발, 8박 9일 동안 살바도르까지 브라질 대서양 해안의 가장 아름다운 해안선을 따라서 자동차 여행을 하면서 돌아본 여행은 길이 좁은 2차 국도라 천천히 쉬면서 돌아보았다. 7월 4일 새벽에 피곤한데도 일찍 일어나 다시 대서양 해안으로 나섰으나 대서양 위로 떠오르는 붉은 새벽의 황홀한 분위기만 봤다. 아침마다 뜨는 태양이 매일 새벽 한 번도 똑같은 태양의 모습이 없이 날마다 다른 분위기로 떠오르는 그 황홀한 풍경은 아무리 봐도 질리지 않고 새로운 감동으로 다가오는 것은 무슨 이유였을까? 아침 식사 후에 이원길 선교사가 필자 부부와 유지화 선교사를 루이스에두아르도마갈해스 국제공항^{Airport Luis}

역사지구 중앙광장에 세워진 부러진 십자가 상

*Eduardo Magalhaes*에다 데려다 주고 며칠이 더 걸려 포르탈레자로 올라가야 하기에 긴 아쉬움을 뒤로 하고 공항에서 바로 헤어졌다. 유지화 선교사와 필자는 공항 입국장에서 바로 입국수속을 하고 이른 점심을 함께 먹고 필자가 먼저 상파울루 공항으로 가는 게이트로 가고 유지화 선교사는 포르탈레자 공항으로 가는 게이트로 가면서 모처럼 긴 만남을 아쉬워하며 헤어졌다.

살바도르 시청에서 바라본 라세르다 엘리베이터, 모델로마켓, 그리고 올세인트 만

모델로시장 2층 식당 베란다에서 본 천혜의 항구 전경

7. 캄포스두조르당^{Campos do Jordao}, 산토스^{Santos}

캄포스두조르당은 상파울루 주에 속하며 상파울루에서 북동쪽으로 171km 떨어
진 곳에 있으며 해발 1,628m 고산 언덕 위에 위치한 관광도시로, 인구는 5만 명
이며 브라질의 스위스식 산동네였다. 브라질에서 1,500m가 넘는 산 위에 위치
한 도시가 있다는 것 자체가 대단히 특별한 일로 상파울루에 사는 부자들의 별
장이 이곳에 있었다. 7월에 브라질의 겨울을 즐기러 휴가를 오는 관광객들이 많
이 있어서 아주 멋진 호텔들이 산 중턱에 여러 개 있었다. 유럽식 건축 양식 특
히 독일, 스위스, 그리고 이태리식의 건축양식으로 지어진 지붕까지 각이 높은

멋진 건물들이 많았다. 여기서 파는 음식은 독일과 스위스 요리가 많았고 다양한 음식과 차를 팔았으며 7월이면 겨울 휴가시즌이라 관광객들이 더 많이 찾았다고 했다. 필자는 2010년 5월, 마나우스의 신학교에서 강의하고 상파울루에 돌아와서 다시 두 신학교에서 강의하고 휴양과 관광의 도시 캄포스두조르당으로 노시영 선교사와 이원길 선교사 부부와 함께 방문해서 돌아보았다.

산토스는 상파울루 주에 속한 항구도시로 상파울루 시에서 남쪽 대서양쪽으로 79km 떨어진 남미 최대의 항구도시이며, 인구는 42만 명이고 상파울루로 이어주는 항만 물류도시였다. 20세기 초엽부터 상파울루 주에서 재배한 커피의 수출항이었다. 커피 거래소와 커피 박물관이 위치하고 있으며 해안도 화살의 안쪽처럼 아주 멋진 해안이 있었다. 상파울루가 해발 800m에 위치하고 있기 때문에 산토스로 갈 때 대관령에서 강릉으로 내려가는 것처럼 한참을 계속해서 내려갔다가 돌아올 때는 반대로 올라갔다. 유명한 브라질 프로축구팀인 산토스가 있는데 과거에 그 유명한 펠레가 이 팀에 속해 있었다. 산토스에서 상파울루로 돌아올 때 강릉에서 대관령을 올라가듯이 구불구불하지는 않아도 올라가는 도로로 계속해서 올라가다 중간에 유명한 휴게소에서 잠시 내려 쉬면서 사탕수수로 주스를 내리는 곳에서 한 잔씩 사서 목을 축이고 다시 상파울루로 돌아왔다.

8. 한국 선교사의 대부 고 방지일 목사님과 함께 간 리메이라^{Limeira}

브라질에 80~90가정의 한국 선교사가 파송되었던 2007년 7월 26~28일 상파울루에서 북서쪽으로 154km 거리의 리메이라 시에 있는 칼톤플라자호텔^{Carlton Plaza Hotel}에서 한인 선교사 가족수련회에 42가정 94명의 선교사와 그 가족이 참석하였다. 리메이라 시의 인구는 276,000명이고 오렌지의 수도라고 할 만큼 오렌지 재배지

칼포스두조르당의 산 중턱의 멋진 호텔[2010]

였다. 상파울루에서 잘 닦여진 고속도로를 따라 캄피나스[Campinas]를 지나 더 북서쪽으로 올라가 2시간 정도 걸려 도착했다. 칼톤플라자호텔에는 여러 개 테니스장과 실외수영장이 있었고 특이한 것은 잔디 축구장이 있었다. 새벽기도회는 한국 선교사의 대부이신 방지일 목사님이 리메이라에까지 오셔서 한국 선교사의 대부답게 말씀을 은혜롭게 전하셨다. 방지일 목사님은 브라질에 혼자 오시기 어려워 그 후임 목사였다가 원로가 되신 김승욱 목사가 모시고 오셨고 방 목사님은 그 후 한동안 계속해서 정정하게 활동하였는데 안타깝게도 2014년 103세로 하나님의 부르심을 받아서 이 땅에서 다시 만날 수 없게 되었다.

방지일 목사님은 평양신학교를 31회로 졸업하고, 1937년 중국 산둥에 총회 선교사로 파송되어 1957년 중국 공산당에 의해 추방되어 한국으로 돌아오셨고, 영등포교회를 목회하시다가 정년으로 원로목사가 되셨다. 전 세계에 파송된 한인 선

캄포스두조르당의 멋진 식당가 거리[2010]

캄포스두조르당 멋진 식당가 거리[2010](좌)
산토스 해안가 시가지 전경[2007](우)

교사들의 초청을 받아 다니시며 말씀을 전하고 격려하셨는데 2007년 7월에 브
라질에 오셨을 때 97세였지만 흐트러짐이 없이 정정하게 설교하셨다. 한국 최초

의 목사로 안수 받은 길선주 목사님 아래서 조사^{전도사}로 섬겼으며 길선주 목사님
은 성령을 사모하는 찬송을 새벽기도회에서 많이 부르셨다고 하시면서 요즈음
목사들은 성령을 사모하는 찬송을 잘 부르지 않는다고 지적하셨다. 평양신학교
31회 동기동창으로 유명한 손양원 목사님과 한상동 목사님이 있다고 하셨다.

특강은 한국식 전도지를 통한 전도에 대해 필자가 한국어와 포르투갈어 전도지
를 가지고 강의했는데, 전도와 선교의 전문가들인 선교사와 그 가족들이 정말
열성을 가지고 특강을 경청해 주어서 2년에 걸쳐서 12,000부의 포르투갈어 전도
지를 만들어 그 먼 길을 날아가 강의한 보람이 있었다. 브라질은 워낙 나라가 크
고 인구가 많아 2007년에 한인 선교사가 90여 가정이라고 했는데 2010년에 150
가정이 되었다고 했다. 샤마니즘^{무속}과 애니미즘이 함께 섞인 혼합적 무속 상황
이 아직도 그대로인 곳이 많아서 필자가 고안한 한국식 전도지가 브라질의 상황
에 아주 적합하다고 여러 선교사들이 말해 주었다. 이렇게 포어 전도지를 제작

리메이라 시 칼톤플라자호텔에서 한인 선교사 가족수련회 기념사진²⁰⁰⁷

상파울루에서 리메이라로 가는 고속도로 전경[2007]

하여 가서 강의하고 나서 포어 전도지 발간 감사예배를 선교사들이 상파울루에서 드려주었다. 선교사회 특강 후에 아마존의 마나우스에서 온 유지화 선교사와 상파울루에서 화타페신학교의 총장인 이한우 선교사가 다시 브라질에 와서 신학교에서 강의를 해달라는 부탁을 받았고, 2010년 5월에 두 군데 다 가서 특강을 했다.

7월 겨울에 2박 3일간 브라질의 한인 선교사 가족수련회를 리메이라 시에서 마치고 다시 그 고속도로를 타고 캄피나스를 지나서 상파울루로 돌아왔는데 의외로 고속도로를 잘 닦아놓았다는 생각을 했다. 이렇게 좋은 고속도로는 상파울루에서 히우데자네이루로 다녀올 때도 포르탈레자에서 살바도르까지 자동차 여

①	②
③	④

① 브라질 한인 선교사 가족수련회에서 강의를 듣고 있는 선교사들[2007]
② 가족수련회의 새벽기도회 시간에 말씀을 전하시는 방지일 목사님[2007]
③ 가족수련회의 새벽기도회에서 말씀을 전하시는 방지일 목사님[2007]
④ 가족수련회에서 특강하는 필자[2007]

행을 할 때 어느 지역에서도 이런 고속도로는 보질 못했다. 브라질이 고속도로를 전국적으로 잘 건설한다면 대서양과 강과 밀림이 아름다워 자동차 여행의 메카가 될 수 있는데 참 아쉬웠다. 페루 태평양의 리마에서 출발하여 멋진 안데스 산맥을 넘어 볼리비아와 아르헨티나, 파라과이를 거쳐서 브라질 상파울루와 히우데자네이루의 대서양까지 이어지는 고속도로가 생긴다는 말을 들었는데 그런 고속도로가 건설된다면 렌터카를 타고서라도 태평양에서 대서양으로 자동차로 달려보는 드라이빙에 한번 도전해 볼만할 것이다.

왼쪽부터 노시영 선교사, 김승욱 목사님, 방지일 목사님, 그리고 필자²⁰⁰⁷ (좌)
가족수련회에서 특강 후에 회장 강성철 선교사로부터 커피를 받은 필자²⁰⁰⁷ (우)

9. 상파울루 Sao Paulo

살바도르 국제공항에서 2014년 7월 4일 오후 1시 35분 이륙한 항공기는 상파울루의 구알루스 공항에 연착 없이 4시가 조금 넘어서 도착했다. 상파울루가 이번 남미여행의 최종 여행지였고 남미여행을 시작한지도 이미 55일이 지났기 때문에 피로가 많이 누적되어 관광보다는 좀 쉴 수 있는 곳을 찾았다. 안전하고 약간 디럭스 하지만 비싸지 않고 공항 셔틀버스도 있는 호텔을 찾은 것이 보르본 컨벤션이비라푸에라 호텔 Bourbon Convention Ibirapuera Hotel 이었다. 한국에서 출발할 때 월드컵이 시작하기 직전이라 브라질의 호텔가격은 하늘 높은 줄 모르고 올라 도무지 예약을 할 수가 없어 봉헤티로 Bom Retiro 의 한인이 운영하는 원룸에 일단 예약을 해서 이미 송금도 했지만 멀고 긴 여행에 지치고 힘들어서 좀 디럭스한 호텔을 찾게 되었다. 구알루스 공항에 도착하여 호텔 셔틀버스 정거장으로 가서 한참을 기다려도 그 호텔 셔틀버스를 볼 수 없어서 호텔로 전화하였더니 셔틀버스가 없다고 말해 갑자기 당황했다. 상파울루 구알루스 공항은 벌써 세 번째 방문인데 함부로 아무 택시나 탈 수 있는 도시가 아님을 알고 있는 필자로서는 공항에서 목적지만 말하면 택시 요금을 알려주고 택시를 알선해 주는 택시사무소에 가서 요금을 확인하고 택시를 잡아 호텔로 향했다. 금요일 오후 시간이라 딱 막히는 시간이었는데, 그 시간이 바로 브라질과 콜롬비아의 월드컵 축구 8강전이 열리는 시간이라 도로에 차가 거의 없어 바로 호텔에 쉽게 도착했다.

브라질 최대도시인 상파울루는 상파울루 주의 주도로, 브라질의 경제적인 부가 집중되어 있는 곳으로 그 이름이 벌써 다소의 성 바울을 존경해서 붙여진 이름으로 신앙적인 전통이 배어있는 해발 800m 고지에 도시가 형성되어 있어서 여름에도 선선했다. 상파울루의 인구는 1,000만 명이고 그 광역도시의 인구는 2,000만 명인데 좀 더 살펴보면 이태리계가 600만 명, 포르투갈계가 300만 명, 아프리카계가 170만 명, 일본계가 66만 명, 중국계가 12만 명, 한국계가 5만 명, 그리고 유태인계가 4만 명인 다민족 사회였다. 브라질 한인들 5만 명이 상파울루 봉헤티로에 많이 살면서 주로 패션업계에 종사하며 삶의 터전을 이루고 있었으며 한인교회 40개가 세워져 있었다.

상파울루 시내의 가장 중심가 세성당^{Catedral da Se}에서 시작하여 중앙광장으로 나가면 왼쪽에 최고 번화가인 금융가가 형성되어 있었다. 사람들은 웅장한 세성당을 보면서 서울 역삼동 충현교회의 설계의 모델이었다고 말할 정도로 건물 외형이 많이 닮았다. 세성당은 1589년에 건축을 시작하여 1616년에 27년간의 공사 끝에 완성이 되었다. 겉에서 보는 것도 거대하고 웅장한 성당이어서 상파울루에 오는 관광객들이 들르는 명소였다. 세성당 앞 중앙광장과 금융가의 최신식 빌딩들이 즐비하게 늘어서 있는 거리엔 역사적인 유물들을 많이 있어서 관광하기엔 그만이었다. 월드컵 축구 기간이라 다른 지역에서 상파울루에 수학여행을 온 학생들도 성당 앞에서 기념사진을 찍고 있었다.

상파울루의 세성당 뒤쪽에 일본인 거리 리베르다지^{Liberdade}가 있는데 일본인의 브라질 이민 역사는 100년이 넘었고 일본계의 인구가 66만 명이 넘었기 때문에

상파울루 시내 이비라푸에라공원의 겨울 호수 전경

세성당 앞 계단에서 기념사진을 찍는 브라질 학생들

한국계 이민자들의 숫자와 비교가 되지 않았다. 일본계 이민자들은 농업에 종사
하는 사람들이 많았고 일본인 거리를 잘 꾸며 놓아서 관광객들이 한 바퀴 돌아
보는 코스였다.

상파울루의 봉헤티로는 뉴욕의 후러싱, 시카고의 서울의 거리, 엘에이의 코리아
타운보다 더 한인들의 상권이 집중되어 있는 한인 타운이 형성되어 있는 곳이었
다. 지금은 남미 패션의 중심지로 발전하였고 브라질인들이 이 한인 패션업에
함께 종사하는 사람이 20만 명이 넘는다고 했다. 2014년 말에 들은 뉴스에 의하
면 상파울루 도시 재개발 계획에 봉헤티로가 포함되면서 한인들이 50년 동안 이

①	②
③	④

① 봉헤티로 한인 타운 패션 상점 거리
② 봉헤티로의 프렌치 커피숍에서 에스프레소 한잔과 함께 나온 초콜릿과 탄산수 물
③ 이비라푸에라공원에서 왼쪽부터 필자의 아내, 이금식 선교사 부부, 김상식 선교사
④ 이비라푸에라공원의 예쁜 나무

루어 놓은 상권의 기득권을 계속해서 계승 발전해 나갈 수 있는지에 대하여 큰 위기의식을 갖고 있었다. 봉헤티로의 상점 건물의 특징은 옆쪽으로는 넓지 않은데, 안쪽으로 깊이 들어가 보면 훨씬 상점이 규모가 있었다. 대부분의 상점들 주 품목이 패션과 관련된 업종이었으며 한인 1세들이 나이가 들면서 어떤 가게는 하나의 가게를 여러 개로 나누어서 월세를 받는 가게도 보였다. 봉헤티로에 한국음식점이 많이 있어서 다양한 한국음식을 먹을 수 있었는데 여행에 지친 한국인들에겐 입맛과 기력을 회복할 수 있는 좋은 곳이어서 이번에도 여러 번 들렀다. 한국 여행객을 위한 기념품점도 여러 곳 있었고 최근에 건강에 관심이 많아져 커피보다는 아사이를 구입하는 사람들이 많다고 했다.

상파울루 주 미술관에서 전주대 대학생들과 기념사진뒷줄에 윤마병교수

봉헤티로의 루즈공원Parque da Luz 한 모퉁이에 있는 상파울루 주 미술관Pinascoteca do Estado Sao Paulo이 있어서 들어가 관람을 하다가 전주대의 윤마병 교수를 따라서 선교여행을 온 전주대 학생들과 조우하여 반가움을 나누고서 기념사진도 함께 찍었다. 봉헤티로에 있는 프렌치 커피숍에 들러서 여러 차례 프렌치커피를 마셨는데 커피 한 잔에 초콜릿 하나와 탄산수 물 한잔이 나왔다. 커피가 독하지 않고 순한 쓴맛이 나는 게 커피마시는 기분이 제대로 들었다. 커피 값도 한국에서 파는 유명 전문 커피숍의 반값밖에 되지 않았고 맛은 더 좋았다. 초콜릿 하나와 탄산수 물 한 컵을 주었는데 두 가지 의미가 있다고 했다. 커피를 마신 후에 쓰다면 초콜릿으로 입가심을 하고 그리고 물로 입을 헹구라는 의미와 다른 하나는 커피를 마시기 전에 입을 탄산수 물로 헹구고서 커피를 마시면 커피 맛의 향이

이비라푸에라공원의 분홍색 고깔을 뒤집은 예쁜 나무

입안에 훨씬 더 진하게 오래 남아 있다고 했다.

상파울루의 이비라푸에라공원은 남부 교외 지역에 위치한 가장 유명한 공원으로 뉴욕 맨해튼의 센트럴파크에 비교되는 멋진 공원으로 넓은 지역에 수많은 진귀한 나무들이 심겨져 있고 가운데 큰 호수가 있어 수많은 새들이 자유롭게 놀고 있었고 나뭇가지엔 여러 큰 새들이 앉아 쉬고 있어서 그 호수를 따라 한 바퀴 돌아보는 것만으로도 기분이 좋았다. 거기다가 입장료도 없으니 필자는 상파울루에 갈 때마다 빼놓지 않고 방문해서 돌아보았다. 상파울루 시 설립 400주년 기념으로 이 공원이 설치되었는데 상파울루에 도착하여 시차 적응을 위하여 한낮에 햇볕을 쪼이며 공원 산책길을 따라 천천히 걸으면서 쏟아지는 잠을 쫓으며

이비라푸에라공원에 서 있는 뿌리가 특색이 있는 반얀나무Banyan tree

돌아보았던 아주 인상 깊은 곳이었다. 이번에도 이 공원의 매력 때문에 이비라
푸에라 호텔을 정하게 되었다. 특이한 사항은 7월이면 상파울루는 겨울인데 겨
울에 꽃처럼 생긴 분홍색 고깔을 온통 뒤집어 쓴 예쁜 나무가 호숫가에 서있는
풍경이었다.

이상석 목사가 필자의 한국식 전도지 "당신은 하나님을 아는 축복을 누리고 계
십니까?"의 포어판VOCE ESTE DESFRUTANDO DA GRACA DE CONHECER A DEUS? 발간 감사예배를

| ① | ② |
| ③ | ④ |

① 포어 전도지 발간 감사예배에서 설교한 이상석 목사[2007]
② 포어 전도지 발간 감사예배에서 축사한 임춘하 목사와 사회한 노시영 선교사[2007]
③ 포어 전도지 발간 감사예배에 참석한 선교사와 가족들[2007]
④ 포어 전도지 발간 감사예배에서 특강하는 필자[2007]

봉헤티로에 있는 그가 섬기는 주선두교회에서 2007년 7월 30일에 드려주었는데 40여 분의 선교사와 가족들이 참석했다. 필자의 한국식 전도지가 10개국 언어로 발간되었는데 한번도 감사예배를 드린 적이 없어서 어색하기도 했지만 여러 순서의 예배와 필자의 특강이 끝난 후에 맛있는 점심까지 그 교회에서 잘 준비해 대접해 주었다.

보르본컨벤션이비라푸에라 호텔에서 한인들의 삶의 터전인 봉헤티로가 좀 멀긴 해도 쉬는데 편안함이 있었고 사우나가 있어서 모처럼 사우나도 하고 아침식

상파울루에서 준 치즈로 필자의 집에서
구운 치즈빵^{Pao de Queijo}

사도 좋아서 그동안 장거리 여정 가운데서 피곤하고 지친 몸을 추스리는데 좋았다. 7월 6일엔 새생명교회^{안신 목사}의 주일낮 1, 2부 예배에서 설교하며 상파울루의 한인들을 예배당에서 만났고 설교하면서 힘을 얻었다. 사업가인 박 용 장로는 5일^토에도 멋진 식당에서 맛있는 점심을 사주었고 주일예배 설교 후에 자신의 집으로 초대해서 차와 과일로 대접해 주었다. 필자가 치즈빵을 아주 즐겼다고 했더니 전혀 예상치 않은 치즈빵을 만드는 원료인 게이조^{Queijo}를 세 통이나 주었다. 게이조 통이 너무 커서 호텔 식당의 큰 냉장고에 잠시 보관했다가 한국에 귀국하면서 가지고 와서 치즈빵을 만들어 친구들과 나누어 먹으면서 한동안 남미여행과 치즈빵 얘기를 나누었다. 봉헤티로의 프렌치 카페의 쓰지 않고 순하면서도 깊이가 있는 에스프레소 커피 맛이 아직도 잊혀지질 않고 가끔씩 생각난다.

7월 8일^화 오후 1시 25분 발 대한항공을 구알루스국제공항에서 탑승하기 위하여 호텔에 택시를 부탁하여 10시에 호텔을 출발하여 공항으로 나가서 바로 출국수속을 하고 60일간의 남미여행을 마무리하는 30시간이나 걸리는 긴 비행에 몸을 맡겼다. 필자가 이륙하고 바로 세 시간이 지난 오후 5시에 브라질이 미나스 제라이스 주^{Minas Gerais} 벨루오리존치^{Belo Horizonte}의 미네이랑 경기장에서 독일과의 월드컵 축구경기 4강전에서 7대 1로 대패당하여 미네이랑의 참사를 연출하는 수모를 당했다. 분노한 군중들이 상파울루 시내에서 시내버스 22대를 불태우고 여러 상점들을 약탈하고 수많은 자가용과 택시를 탈취하고 빼앗는 폭동을 일으켰

다는 뉴스를 접하고서 아찔했다. 브라질 사람들은 정치적 부패도, 경제적인 가
난도, 치안의 부재도 사회적 불평등도 다 참아내지만, 축구에 지는 것은 참지 못
하는 사람이다. 1950년 히우의 마라카낭 월드컵 경기 결승전에서 우루과이에 패
한 비극이 있었다. 이번에 자국에서 열린 월드컵 4강전에서 온 국민이 과거 마
라카낭의 비극을 싸매주길 간절히 바랐는데 미네이랑의 대참사를 연출해 버렸
으니 그 심정이 오죽했겠나 하는 생각을 했다. 필자는 이날 몇 시간만 항공기 이
륙시간이 늦었더라면 큰 일 날 뻔했다는 아찔한 생각으로 가슴을 쓸어 내렸다.

10. 여행 방법

아르헨티나의 푸에르토이구아수에서 브라질의 포즈도이구아수로 넘어갈 때 필
자의 호텔에 마중 온 정정박 목사와 함께 택시로 가면서 아르헨티나 검문소에서
출국 도장을 받았고 이어서 바로 브라질 검문소에서 입국도장도 받았다. 이구아
수폭포 시내에서 이동하여 이구아수 폭포로의 이동, 그리고 포즈도이구아수폭
포 공항으로 이동하는 것은 정정박 목사의 자가용으로 이동하며 편하게 다녔다.
그 전날에 묵었던 아르헨티나 쪽 호텔에 두고 온 여행 수첩을 찾으러갔을 때엔
정정박 목사가 아는 택시를 불러서 타고 다녀왔다. 포즈도이구아수 국제공항에
서 탐항공으로 경유 없이 히우데자네이루로 바로 날아갔고, 히우데자네이루 시
내와 코파카바나 해변과 니테로이 다리, 그리고 니테로이 시내는 현지인 레티시
아 아버지의 자가용으로 다녔다.

그 다음날 민박집에서 코르코바도 언덕, 팡데아수카르 등 관광지는 택시를 타고
다녔고, 히우 국제공항에 갈 때도 택시로 이동했다. 마나우스 국제공항에 유지
화 선교사와 아들 유 파울로가 마중 나와서 그 자가용을 타고 들어갔고 마나우

스 시내 이동도 그 자가용으로 다녔다. 아마존강 상류에 가는 것은 소형 배를 대절해서 다녀왔고, 아마존강 관광은 부둣가 부근의 여행사에 비용을 지불하고 관광유람선을 타고 다녀왔다. 마나우스에서 포르탈레자에 갈 때도 탐항공으로 벨렝을 경유하여 갔고 이원길 선교사가 포르탈레자국제공항에 마중 나와서 그의 밴으로 시내에서 이동을 했다. 렌터카를 대여하여 포르탈레자에서 살바도르까지 자동차 여행을 했고, 이원길 선교사는 그 렌터카를 몰고 포르탈레자로 몇 날이 걸려서 다시 돌아갔다.

필자가 살바도르에서 상파울루로 이동할 때도 탐항공으로 이동하였고, 공항에서 택시 사무소에 부탁한 택시로 호텔로 들어갔고, 그리고 상파울루 시내 이동은 택시와 지하철과 지인들의 자가용을 함께 이용했다. 이비라푸에라호텔에서 공항 출국을 위하여 이동할 때도 호텔에 택시를 부탁해서 이동했고, 한국으로 돌아오는 날도 거의 3시간 전에 국제공항에 도착하여 수속을 다하고 대한항공에 몸을 실었다. 인천국제공항에 도착하여 광주로 돌아올 때 공항버스로 김포공항으로 이동하여 대한항공으로 광주공항으로 돌아왔다.

필자가 브라질에서 여러 도시로 이동하는 동안 항공이 결항이 되거나 연착을 하는 경우가 한번도 없었다. 무엇보다도 상파울루에서 인천공항으로 돌아오는 날도 상파울루 시내에 폭동이 일어나기 몇 시간 전에 안전하게 탑승하여 엘에이를 경유하였다가 정상적으로 제 시간에 인천국제공항에 도착하여 주의 은혜로 건강하게 무사히 귀국했다. 60일간의 남미여행은 잠깐 꿈을 꾸듯이 구름 속을 살짝 날아가듯이 그렇게 다녀왔다.

부록

북미대륙 자동차 횡단 여행

옐로우스톤국립공원의 석양

북미대륙 자동차 횡단 여행

2013년 9월 2일월 밤에 인천국제공항을 출발하여 하와이 호노룰루를 경유하여 이틀 밤을 기내에서 보내는 긴 비행시간을 거친 후에 뉴욕 제이에프케이JFK공항에 도착했다. 밴을 렌트하여 자유섬을 시작으로 맨해튼 시내를 위 아래로 돌아보았다. 그 다음날 롱아일랜드에서 시작하여 하루 종일 운전하여 버팔로 시내를 거쳐 나이아가라 폭포로 올라가 저녁과 아침에 돌아보고 다시 온타리오 호수를 따라서 토론토에 들어갔다. 시엔타워에 올라가서 시내를 내려다보고 바다 같은 휴런 호수와 미시간 호수를 오른쪽에 스치면서 다운타운이 아름다운 시카고 시내 중심가로 들어갔다. 4년이나 살았던 시카고에 들러 옛 생각에 잠길 틈도 없이 새벽에 일어나서 본격적으로 90번 대륙 횡단도로를 따라서 광활한 서부를 향했다. 하루 종일 달려가서 래피드 시에서 다음날의 더 멋진 여행을 위해서 쉬었다. 네 명의 대통령께 인사하려고 러시모아국립공원에 아침 일찍 들어갔으나 안개로 허탕을 치고 한참을 더 달려서 옐로우스톤국립공원을 들어가서 불빛 하나 없는 산속 평원에서 황홀한 석양을 목격했다. 그 다음날도 옐로우스톤국립공원의 아름다운 자연에 매료되어 넋을 잃다시피 시간을 보내다가 늦은 오후에 90번 고속도로에 들어서서 바쁘게 달려 서쪽 종점 시애틀엔 새벽 3시가 되어서야 도착했다. 장장 6,000km를 렌터카로 신나게 달리며 북미 대륙을 겉핥기식이었지만 자동차로 4명의 친구 부부들과 함께 돌아본 여행은 정말 환상적이었다.

시애틀에서 이틀 동안을 머무르며 완주한 마라톤선수처럼 홀가분하게 어시장과 옛 도심을 돌아보며 마무리 구경을 하고 쇼핑도 하고서 다시 태평양 한 복판 섬 하와이 호노룰루로 날아가서 천혜의 휴양지에서 다시 자동차를 렌트하여 그 섬의 해안선을 따라서 한 바퀴 돌아보고 9월 14일 토요일 저녁에 다시 인천공항으로 돌아오며 12박 13일간의 북미대륙 자동차 횡단여행을 마무리했다.

사실 필자는 목사 안수 후 10년 만에 목회를 사임하고 만용을 부려 온 가족과 함께 시카고 북쪽에 있는 트리니티복음주의신학대학원Trinity Evangelical Divinity School으로 유학을 가서 4년 동안 유학을 했고, 뉴욕에서 1년 동안 이민목회를 잠시 하면서 뉴욕커들과 함께 하는 새로운 경험을 좀 했다. 필자의 가족 네 명이 유학중에 3개월이나 되는 긴 여름방학 동안 자가용으로 아이스박스에 먹을 음식을 다 준비하여 기름 값과 여관비만 가지고 아는 친구들 집을 방문하며 그들이 목회하는 교회에서 설교하고 그 동네를 구경하며 보름씩이나 걸리는 자동차 여행을 여러 번 했다.

1월에 항공권을 구입하는 바람에 비교적 저가에 항공권을 구입했다. 그것도 하와이 호놀룰루를 경유하여 뉴욕으로 갔다가 캐나다를 돌아서 시애틀에서 다시 하와이로 해서 인천공항으로 돌아오는 것이라 북미 대륙과 하와이까지 한번에 돌아볼 수 있어서 도랑 치고 가재 잡는 격이었다. 호텔도 미리 예약을 하는 관계로 좀 저렴하게 구입할 수 있었지만 옐로우스톤국립공원의 호텔은 바로 구입을 해야 했고 거기다가 다른 곳보다 두 배 이상 더 비쌌다. 여러 차례에 걸쳐서 회의를 하고 반찬은 한 집에 세 가지씩 분담해 준비하여 아이스박스에 가져갔다. 한국에서 110v용 밥솥도 가져가 식사는 가능하면 호텔에서 준비해서 휴게소에서 먹으면서 경비를 절약했다. 여행 중에 쓸 경비는 한 가정에 120만원씩 함께 모아 환전을 100달러짜리에서 1달러짜리까지 여러 종류로 바꾸어서 각자에게 개인 경비도 다 나누어 주었다. 한 가지 어려웠던 것은 자동차예약이 사실 힘들었는데 한국의 국제면허증에 9인승 이내서 운전할 수 있다고 기록이 되었기 때문에 불가피하게 8인승으로 예약을 하고 각 가정에 여행 가방 하나씩만 가져오

북미대륙 자동차 횡단 경로

게 하며 짐을 줄이기로 했지만 그게 그렇게 간단한 문제가 아니었다. 렌터카 회사에서 필자 일행의 짐을 보더니 바로 15인승으로 바꾸어 주었다.

북미대륙을 자동차로 운전해서 횡단하는 것은 쉬운 일이 아니라는 것을 다 짐작했지만 제일 많이 운전해서 가야하는 날은 1,600km가 넘는 거리를 가는 날도 있었다. 이 분들이 자기 주변, 미국에서 살다 온 분들에게 자랑삼아 물어보고서 그들로부터 도무지 불가능하다는 대답을 여러 번 전달하며 김을 뺐지만 한 귀로 듣고 흘렸다. 뉴욕을 비롯해서 다른 도시들은 약간 더운 날씨이고 토론토는 시원한 날씨이고 옐로우스톤국립공원은 아침과 저녁으로 약간 쌀쌀하고 하와이는 덥기 때문에 거기에 맞는 옷들을 다 준비하고 자동차 여행 핸드북을 만들었는데 자그마치 80페이지가 넘는 책을 만들어 미리 지역과 지리도 공부를 하며 여행 보험은 각자가 들면서 사전 준비를 치밀하게 했다. 운전은 돌아가면서 네 사람이 번갈아 하기로 하고 길 안내는 필자가 책임을 지고 환전과 회계는 필자의 아내가 맡고 세 가정은 전기밥솥을 가지고 돌아가면서 숙소에서 두 솥의 밥을 해서 아침에 가지고 나오고 시장은 미국의 여러 마트에서 필요할 때마다 적당히 구입하기로 했다.

맨해튼 남쪽 자유섬에서 자유상을 배경으로 전홍엽 목사 부부, 채규만 목사 부부, 김순명 목사 부부, 필자 부부^{왼쪽부터}, 양 권사^{오른쪽에 네 번째}

9월 2일 밤 10시 인천국제공항을 이륙한 기내에서 호놀룰루를 거쳐 이틀 밤을 지나고서야 뉴욕의 제이에프케이국제공항에 오전 7시에 도착하였다. 물어 물어서 무거운 짐을 가지고 오르락내리락을 몇 번하고 공항 순환 기차를 타고 내려서야 예약한 렌터카 회사에 도착했다. 세계 최고를 자랑하는 도시 뉴욕 제이에프케이 국제공항이 건설한지가 오래되어 낡아서 인천공항의 시설에 비교할 바가 되질 못하였고 길을 찾는 것이 정말 불편하여 고생을 좀 했다. 다행히 김순명 목사의 친구 박응겸 장로가 렌터카 회사에 마중을 나와서 자동차를 렌트할 때 함께 사인을 해주어 수월하게 빌렸다. 우리가 예약한 렌터카는 8인승이었지만 필자의 일행 8명의 여행 가방을 보더니 도무지 불가능하다고 하면서 포드 15

인승 밴으로 바꾸라고 하여 우리는 얼씨구나 좋다하고 비용이 더 들어가는 것은 네 가정이 분담하는 것이니 바로 바꾸었다. 제일 좋은 새 차를 찾아 빌렸는데 8명의 여행 가방을 맨 뒤 공간에 다 싣고도 뒤쪽 의자 하나는 여유가 있을 정도였다. 롱아일랜드에 있는 박 장로 댁으로 먼저 가서 아침 식사를 하며 휴식을 좀 취하려고 갔는데 박 장로의 부인 양 권사가 진수성찬을 준비해 기다리고 있었다. 무슨 일이든지 첫 인상이 중요하듯이 뉴욕에서 첫 번째 아침 식사가 솜씨를 제대로 낸 진수성찬이어서 그 맛있는 여러 음식들을 먹으면서 이틀 밤을 기내에서 보낸 장시간의 여독이 일순간에 다 사라졌다.

맨해튼^{Manhattan}이라는 말은 '많은 언덕의 섬'^{island of many hills}이라는 뜻이다. 맨해튼은 뉴욕시의 한 구^區로 자치시^市이며 면적은 57㎢에 인구 158만 5,873명^{2010년}의 밀집 도시로 개인평균소득은 년 10만 달러라고 하니 가히 부자들의 도시였다. 서쪽엔 허드슨 강^{Hudson River}, 동쪽엔 동 강^{East River}, 북쪽에 할렘 강^{Harlem River}으로 둘러싸여 남북의 길이가 21.6km이고, 동서의 넓이가 3.7km인 바위섬인데 빌딩숲으로 이루어진 도심은 전 세계의 관광 명소로 이미 전설이 되었다. 박 장로가 거미줄처럼 얽혀 있고 일방통행과 월요일에서 금요일까지 통행금지 구역이 많은 맨해튼 시내를 운전해 주어서 마음 놓고 구경을 할 수 있었다. 롱아일랜드에서 출발하여 건설한 지 130년이 넘어 고풍스러운 브루클린 다리를 건너갔는데 공사 중에 그물망을 씌어 놓아서 고풍스런 다리 모습을 제대로 볼 수가 없었다. 그 역사적인 다리로 동강^{East River}을 건너 드디어 맨해튼 도심에 들어갔다. 비극의 세계무역센터 자리에 새로 건축된 프리덤 타워^{Freedom Tower}를 지나 맨해튼 남쪽 끝 배터리 파크에서 페리를 타고 자유 섬으로 건너가는 것은 사람이 인산인해를 이루어 한참을 기다린 후에야 배를 탈 수 있었고 자유상^{the statue of liberty}을 둘러보는 것도 줄을 따라서 한 바퀴 돌아보는 것으로 만족해야 했다. 2012년 가을 뉴욕시에 불어

뉴욕 맨해튼 시내의 타임스퀘어 광장 앞에서 채규만 목사 부부, 필자의 아내, 김순명 목사 부부,
양 권사, 전홍엽 목사 부부^{왼쪽부터}

닥친 허리케인으로 많은 피해를 입어 자유상의 입장도 한 동안 폐쇄되었는데 자
유 섬에 들어갈 수 있는 것만으로도 대만족이어서 자유상 안 머리 부분까지 올
라가는 것은 일찍이 포기했다. 맨해튼으로 다시 돌아와서 남쪽에서부터 이태리
타운과 차이나타운을 자동차로 지나가면서 주마간산으로 슬쩍 스치듯이 보았
고 타임스퀘어광장^{Times Square}에선 차에서 내려 가장 번화가 거리를 사람들의 뒤
를 따라서 돌아보았으나 그 앞이 공사 중이어서 어수선했다.

무엇보다도 록펠러센터^{Rockefeller Center} 전망대에 올라가기 위하여 한참을 줄을 서
서 기다리고 나서 보안 검사를 한 후에 67-70층 전망대에 올라가 맨해튼 시내를
한눈에 내려다보는 호사를 다시 누렸다. 이날은 날씨가 맑아서 맨해튼 시내 끝

까지 다 볼 수 있었다. 박 장로는 필자 일행이 원하는 명소에 내려주고 너무 비싼 주차비 때문에 주차를 하지 않고 적당히 시내를 천천히 돌아서 약속한 시간에 차를 원하는 장소에 대기하는 바람에 그 복잡한 맨해튼 시내 관광을 편히 할 수 있었다. 맨해튼 시내에서 화장실을 가기 위해 맥도널드에 들어가 애플파이와 커피를 시키고 화장실을 사용하고자 했으나, 잠가놓은 관계로 사용할 수가 없어서 북쪽 맨해튼의 박 장로가 아는 가게에까지 한참을 올라가 찾아가서 겨우 볼 일을 해결했는데 맨해튼의 화장실 인심과 혼잡함은 최악이었다.

맨해튼의 빌딩 숲 속을 자동차로 위 아래로 다니면서 구경했던 유엔빌딩은 자동

록펠러센터 70층에서 바라 본 북쪽 맨해튼과 센트럴 파크와 왼쪽 위 허드슨강

차 안에서 보는 것으로 만족하고 저녁 때 맨해튼 동쪽 롱아일랜드로 들어가서 박 장로가 대접하는 멋진 음식점에서 맛있는 저녁식사로 맨해튼 첫째 날 관광을 마치고 박 장로 집으로 들어가서 안방과 응접실까지 우리 일행이 다 점령하였다. 친구의 친구들에게 안방까지 다 내어주며 환대하는 박 장로 내외의 정성과 호의에 큰 감명을 받았다. 제일 막내인 필자는 제일 큰 응접실을 차지하여 정말 삼일 만에 포근한 단잠을 아침까지 잘 잤다. 다음날 아침 식사는 뉴욕중부교회의 김재열 목사가 필자 일행을 근사한 식당으로 초청하여 융숭한 조찬을 대접해 주었다. 숙소와 식당을 오고 가며 뉴욕의 부자들이 사는 롱아일랜드의 부자촌을 둘러보며 아름다운 정원과 여유로운 저택들을 한참이나 바라다보았다. 여행에

록펠러센터에서 바라본 남쪽 맨해튼 빌딩숲과 엠파이어스테이트 빌딩과 왼쪽의 동강

서 사람을 만난다는 것이 즐겁고 맛있는 음식을 분위기 있는 식당에서 친구들과 함께 먹는다는 것은 더더욱 즐거운 일인데 이번 뉴욕여행에서 그것을 맘껏 즐겼다.

뉴욕시에서 융숭한 대접을 뒤로 하고 오전 11시경에 우리 일행 중 필자가 제일 먼저 자동차 운전대를 잡고서 롱아일랜드를 떠나 조지 워싱턴 다리^{George Washington Bridge}를 건너서 미 육사 웨스트포인트로 가는 허드슨 테라스 도로를 따라서 한참을 올라갔다. 캐나다 몬트리올로 올라가는 87번 고속도로를 만나 한참을 더 올라가다가 17번국도의 서쪽 길로 빠져서 오후 내내 올라갔다. 늦은 오후에 90번 대륙 횡단 고속도로에 들어서서 그 길을 따라 서북쪽으로 나이아가라 폭포를 향했다. 필자 일행이 선택한 길은 뉴욕 산야의 아름다운 경치와 여유로운 농촌 풍경을 감상할 수 있어서 좋았다. 이제 본격적인 자동차 대륙 횡단 여행을 시작해서 쭉 뻗은 고속도로로 맘껏 달릴 수 있어서 더 신났다. 필자가 운전을 하며 자동차 가스 게이지와 온도 게이지를 혼동하여 가스가 거의 떨어지기 직전에야 그 사실을 알아차려서 바로 도로 옆길로 나갔는데 그곳에 주유소가 여호와이레로 있어서 우리 모두는 깊은 한숨을 내쉬었다. 이제야 북미 대륙 횡단 자동차여행을 시작하는 기분이 들어서 휴게소에서 여유를 찾아 폼을 잡고 먹을 것도 구입했고 길가 경치 좋은 장소에다 식탁보를 깔아 아침에 준비해 온 음식으로 여유롭게 점심을 먹으며 시간 가는 것도 한동안 잊어버렸다. 채 목사가 운전대를 잡기 시작하더니 정말 신나게 운전을 즐기며 안전감이 들도록 잘 했다. 추월할 때 서울식으로 약간 난폭하게 추월을 하는 바람에 미국에서 여러 해를 산 필자는 여긴 미국이니 미국식 운전 규정대로 하라고 긴장감을 높이려 잔소리를 해댔지만 성격 좋은 채 목사는 대꾸도 안했다.

| ① | ② |
| ③ | ④ |

① 뉴욕중부교회 김재열 목사(맨 오른쪽)가 필자 일행에게 조찬을 대접하는 장면
② 뉴욕의 박응경 장로 부부(가운데)의 융숭한 대접을 받고서 떠나며 그 집 앞에서
③ 뉴욕에서 나이아가라폭포로 올라가는 17번 국도변 풍경
④ 나이아가라폭포의 캐나다폭포인 말발굽폭포의 야경

우리가 대륙 횡단 여행이라는 기분에 약간 여유를 부려 너무 오래 쉬는 바람에 700km나 되는 이동거리에 버펄로 시에 도착하기도 전에 어두워져버렸다. 드디어 버펄로 시의 외곽도로를 지나 나이아가라 강을 건너는 레인보우다리 위 캐나다 국경검문소에 여권을 내고 비자를 받고 드디어 캐나다에 저녁 7시 30분에 들어섰다. 전홍엽 목사의 막내아들 목사가 그곳에 마중을 나와서 우리를 기다렸고 예약한 호텔에 가서 짐을 풀고 바로 나이아가라폭포의 밤 풍경을 감상하러 나갔다. 나이아가라폭포Niagare Falls의 밤 풍경 감상은 처음이라 신났고 말발굽폭포 위쪽에서부터 차를 세우고 천천히 둘러보며 내려왔는데 약간 쌀쌀한 날씨에도 나이아가라 폭포 야경 경치에 한동안 취했다.

해 뜰 무렵의 나이아가라폭포의 말발굽폭포의 전경

캐나다 라마다호텔에서 잘 자고서 해가 뜨기도 전 새벽에 일어나서 다시 나이아 가라폭포로 나가 전날 밤처럼 다시 위쪽에서부터 새벽 해 뜨는 나이아가라폭포 를 감상하기 시작했다. 필자가 사진 찍는 것을 좋아해 폭포에 해 뜨는 풍경의 순 간을 놓치질 않기 위해 모두가 함께 새벽부터 일어나서 나가느라 여러 사람들이 고생을 더 했지만 아름다운 풍경을 더 잘 감상한 것도 사실이었다. 새벽에 나이 아가라 폭포를 구경하고 호텔로 돌아가서 필자의 딸이 토론토에서 새벽부터 장 만해서 가져온 맛있는 여러 가지 빵과 쿠키와 과일을 호텔방 바닥에 식탁보를 깔고서 아침식사를 했고 다시 또 나이아가라 폭포에 나가서 그 주변의 아름다운 정원까지 잘 꾸며진 나이아가라 폭포를 천천히 실컷 구경을 했고 채 목사 내외 는 나이아가라 강으로 내려가 폭포 아래로 한 바퀴 돌고 폭포수를 실컷 맞고 돌

나이아가라폭포의 미국폭포의 전경

아오는 뱃놀이에 참가했다.

나이아가라 폭포에 도착한 전날 저녁식사는 전 목사의 아들 목사가 지불했고 토론토 시내로 들어가다 먹은 점심은 필자의 사위가 사 주었고 저녁식사는 전 목사의 사위가 사주어서 캐나다에서 관광하는 동안 한 끼도 우리는 음식을 해먹지 않았다. 나이아가라 폭포 관광을 마치고 계속해서 나이아가라 강 북쪽 강변을 따라서 온타리오 호수 쪽으로 나이아가라 공원길을 따라 한참을 내려가다가 영국 엘리자베드 여왕이 방문해서 유명해졌고 아름다운 꽃들로 거리가 잘 단장된 퀸스톤^{Qeenston} 거리를 지나서 바다 같은 온타리오 호숫가에서 그 넓은 호수를 한 번 바라보고서 본격적으로 토론토^{Toronto}로 향했다. 토론토 시내를 우선 자동차로 돌아보고 그 유명한 553m 높이의 시엔^{CN}타워에 올라가서 토론토 시내와 온타리

나아이가라폭포 앞에서 필자 사위 요한과 딸 지영, 그리고 필자 부부 (좌)
토론토 시엔(CN)타워에서 서쪽으로 내려다 본 토론토 시내 전경 (우)

오 호수를 바라보니 장관이었다.

래디슨 호텔에 도착하자 점심때부터 호텔 프런트에 전화 메모가 왔다고 해서 전화를 해보니 우리 친구 김은대 목사가 우리 일행을 위하여 점심 식사를 장만해 놓고 기다렸다는데 우리가 숙소에 저녁 늦게 들어가는 바람에 이 번 토론토에서 김 목사의 환대를 놓쳐버렸다. 김 목사는 1994년도에 유학 중 필자가 토론토에 방문했을 때 만난 적이 있었는데 이번에도 이처럼 융숭한 대접을 준비해 준 것에 고마움과 미안함이 함께 교차했다. 필자가 한국을 떠난 후에 메일로 연락을 했다는데 여행 중에 메일을 제대로 체크하지 못해서 일어난 해프닝이었다.

토론토에서 새벽 5시에 출발하여 미시간 주에 접한 휴런 호수로 가는 69번 고속도로를 따라서 가다가 다시 미시간 호수로 연결된 94번 고속도로와 90번 고속도로를 따라서 가는 길로 시카고를 향했다. 새벽에 토론토에서 내려갈 때는 큰 트럭들이 많았는데 디트로이트 쪽으로 가는 길로 나누어진 다음부터 그 트럭들이 거의 없어졌는데 아마 디트로이트 쪽 자동차 공장으로 부속들을 싣고 가는 화물차들이 아니었나 하는 생각이 들었다. 미시간 주가 시작되는 지점 오른쪽에 오대호 가운데 하나인 바다 같은 휴런 호수(Lake Huron)가 나타나더니 이어 클레어 강 다리를 건너면서 다리 위의 미국 국경검문소에서 다시 미국 입국 허가를 받고 미시간 주로 들어갔다. 이날의 운전은 쉬는 것도 자제하고 세 시간에 한 번 정도로 휴게소에 들르면서 부지런히 달렸다. 고속도로는 중앙분리대가 없고, 가는 길과 오는 길이 상당한 거리에 떨어져 분리되어 있어서 운전하기에는 훨씬 안전했다.

고속도로 주위에는 무성한 나무숲들이 계속 이어져서 운전하기엔 최고의 환경이었다. 캐나다의 호텔은 호텔 주차장에다 주차하는 것도 다 주차비를 받아서 기분이 묘했다. 호텔에서 우리가 먹을 밥을 해 가지고 나왔기 때문에 아침 식사는 차 안에서 김밥을 말아가지고 운행을 하면서 다 해결하여 시간을 절약했고 점심은 고속도로 휴게소에 내려서 우리가 준비한 음식으로 식탁 위에 한 상을 차려서 멋진 한정식 식사로 해결했다.

미국의 고속도로 휴게소는 식탁의자가 자유롭게 나무 밑 그늘 제일 좋은 곳에다 준비되어 있어서 자동차 여행자들에게는 안성맞춤이었고 우리 일행 8명은 한 의자에 다 앉을 수가 있었다. 한국에서 준비해 가지고 온 여러 가지 반찬을 꺼내서 소풍 나온 학생들처럼 한 상을 걸게 차렸다. 휴게소는 고속도로에서 한참을 숲속으로 들어가서 가장 경치가 좋은 지점에 만들어 놓아서 자동차 소음과 매연이 문제없고 자연스럽게 식탁에 앉아 식사할 수 있도록 배려해 놓은 것이 자동차 여행자들을 위한 최고의 나라였다.

시카고^{Chicago} 도착은 우리가 예상한 시간에 그대로 오후 1시경에 도착했다. 시카고 시내는 미국에서 가장 높은 108층 빌딩인 윌리스 타워^{Willis Tower}의 103층 전망대에 올라가서 시내를 한번 내려다 봐야 제대로 보는 것이었는데 의견차가 생겨 생략하고 시카고 시내의 가장 번화가인 미시간 아베뉴 길과 밀레니움파크에서 미시간호숫가^{Lake Michigan}로 해서 두 바퀴를 돌면서 시내를 돌아보았다.

①	②
③	④

① 미시간 주의 고속도로의 휴게소 식탁에서 점심을 먹는 우리 일행들
② 시카고의 가장 번화가인 미시간 아베뉴 길과 그 양쪽의 빌딩들과 멀리 존 행커 빌딩
③ 시카고 시내의 무디교회The Moody Church의 전경
④ 시카고에서 저녁 식사를 대접해주신 최대한 장로님 부부왼쪽, 동석한 고 박원규 목사 사모님오른쪽 중앙

시카고 시내 도로가에 동전을 넣고 하는 주차장에다 차를 잠시 주차하고 미시간 호수로 연결된 시카고 강둑 길에 걸어갔다 오면서 도심을 구경했고, 무디방송국과 무디교회는 자동차로 지나가는 중에 길에서 보는 것으로 대신했지만 시카고 시내의 우뚝 솟은 빌딩 숲은 맨해튼 못지 않았고 예술적인 건물들이 오히려 더 많다는 생각도 들었다. 시카고는 필자가 유학을 하면서 4년 동안이나 살아서 비교적 익숙하고 정이 들었고 협동목사로 유학 중에 섬겨서 익숙한 것들이 많이 있었으나 한인마트에 가서 미소 된장과 과일 등 필수품을 구입하는 것으로 정리했다. 저녁 식사는 한국식당에서 외삼촌 최대한 장로와 숙모인 최영숙 권사께서

필자 일행을 대접해 주셨다. 고인이 된 원주중부교회의 원로목사였던 박원규 목사님의 사모님과 그 둘째 아들 현수 목사를 오라고 해서 기쁜 해후를 하고 근황을 들으며 반가움을 나누었다. 떨어진 친구나 지인을 다시 만나는 일도 기쁘고 즐거운 일인데 그것도 여행 중에 멀리 떨어져서 그리워하던 지인을 잠깐이라도 만날 수 있다는 것이 더 없이 반가웠고 기뻤다. 저녁 식사를 마치고 시카고 시내 지리에 비교적 익숙한 필자가 운전을 하고 시카고 서북쪽에 있는 호텔로 찾아가는 중에 깜박 순간적으로 조는 바람에 차가 오른쪽으로 기울어 보도블록에 있는 가로수와 부딪힐 뻔한 아찔한 순간이 있었는데 순간적으로 깨서 큰 위기를 넘겼다. 필자가 예약한 하이야트호텔은 다음날 새벽에 출발하기에 가장 좋은 시카고 서북쪽 샴버그에 있는 호텔로 한참을 운전하고서야 도착했다.

다음날은 시카고 서북쪽에서 출발하여 하루 종일 운전하여 사우스다코타 주 래피드 시^{Rapid City, South Dakota}로 가는 날로 가장 먼 1,600km를 가야했기 때문에 긴장하여 새벽 5시에 일어났다. 평소에 필자는 네비게이션을 사용하지 않는데 아침에 일어나자마자 뉴욕에서 구입한 네비게이션의 서툰 입력에 30분을 넘게 허비했다. 5시 30분에야 90번 고속도로 입구를 찾았지만 전혀 다른 방향으로 안내하는 네비게이션을 무시하고 반대 방향으로 필자의 감으로 운전해 간 것이 제대로 입구를 찾으면서 긴 대륙횡단 90번 고속도로에 제대로 들어섰다. 미국은 고속도로 통행료를 다 받는 것이 아니고 대도시 주변에만 받고 있어서 멀고 긴 서부 고속도로를 횡단할 때 정말 횡재를 한 기분이었다. 미국은 대륙이라 고속도로 공사를 해도 수 십km를 계속 연결해서 하였고 고속도로 옆 잔디를 깎는 것도 자동차로 하는 것이 대륙다운 발상이었고 여러 곳에서 이런 것을 확인했다. 이 날 일리노이 주에서 출발하여 일리노이 주도^{州都}인 락포드^{Rockford} 시를 거쳐서 위스컨신 주를 거쳐서 미네소타 주를 통과하여 사우스다코타 주로 이동하여 가야 했고

사우스다코타 주의 미주리 강의 모습

미시시피 강을 건너고 또 조금 가다가 미조리 강을 건너서 황량한 서부 평원 지역을 하루 종일 계속해서 달려야 했는데 산 하나 없는 평원을 계속 달렸다. 미네소타 주는 옥수수와 콩밭이 자동차로 몇 시간을 달려도 계속될 정도로 넓은 밭에 심겨져 있었고 풍력발전기도 수 십km에 걸쳐 계속해서 이어져 있는 것이 참 대륙다웠다.

미국 대륙을 횡단하는 자동차 여행의 묘미는 광활한 서부 평원을 자동차로 하루 종일 달리고 또 달려서 끝이 없이 계속되는 평원 풍경을 보며 운전하는 것이었다. 필자 일행은 운전하는 사람이 네 사람이 다 보험을 들고 출발했기 때문에 한 번씩 운전대를 잡으면 3시간을 기본으로 달렸고 신나서 졸릴 시간도 없었고 졸리는 사람은 맨 뒷자리가 비어있기 때문에 그 자리에서 누워서 자면 되었고 계속 되는 새로운 경치에 정말 신나는 대륙 횡단 여행이었다. 필자는 93년도에 이미 이 대륙횡단도로를 통하여 운전하여 가 본적이 있었다. 그 때 아내는 필자가 졸릴 때 잠깐 교대해서 하루에 15시간씩 사흘인가 운전을 계속해서 그런지 나중엔 발바닥이 아파서 엑셀레이터를 밟기가 힘들 정도로 원 없이 운전했던 적이 있었는데 이번엔 네 사람이 번갈아서 운전하였고 필자는 맨 앞좌석에 편히 앉아서 안내자로 제대로 가고 있는지만 확인하고 멋진 풍경을 가끔씩 사진 찍으며 갔으니 편하고 신이 났다. 얼마나 열심히 달렸는지 밤에 도착할 것으로 예상했는데 아직도 해가 서쪽 하늘에 그대로 있는 환한 저녁 6시경에 저녁식사까지 다 마치고 사우스다코타 주의 래피드 시에 도착하는 바람에 마트에 가서 장도 새로 보는 등 남은 여행 준비도 좀 더 하고 호텔 수영장에서 수영도 하고 일찍 여유롭게 잠이 들었다.

아침에 일어나서 차에 타자마자 돌아가며 예배를 인도하고 기도 후에 바로 출발하였고 이날은 숙소에서 그리 멀지 않은 사우스다코타 주 키스톤에 위치한 러쉬모어 산^{Mount Rushmore National Memorial}을 향하여 7시경에 출발했는데 안개가 잔뜩 끼어 있는 것이 산을 보는 것이 쉽지 않겠다는 생각을 하고 산으로 운전하여 올라갔는데 점점 더 안개가 진하게 앞을 가리는 것이 산 위 바위에 조각한 네 명의 미국 대통령의 웅장한 얼굴은 고사하고 한치 앞도 내다 볼 수가 없었다. 1927년부터 15년 동안이나 이 무더운 지역의 산 위 바위를 조각했다는 조각가 거츤 보글럼^{Gutzon Borglum}의 작품을 볼 수 없다는 것이 못내 서운했다. 필자는 실상 러쉬모어 산보다는 거기서 남쪽으로 27km 떨어져 있는 곳에 미완의 인디언 전사^{Crazy Horse} 상을 보고자 상당히 기대했다. 저항의 상징 인디언 전사^{戰士} 크레이지 호스는 1948년에 첫 발파를 시작하여 얼굴만 조각하는데 50년이 걸려서 1997년 6월에 준공했지만 얼굴만 27m높이로 러쉬모어 산의 대통령상보다 9m가 더 높아서 앞

사우스다코타 주의 90번 고속도로 휴게소(좌)
러쉬모어국립공원에서 아들 링컨 버글럼이 조각한 아버지 조각가 거츤 보글럼 흉상(우)

으로 100년은 더 조각을 해야 완성될 것이라고 하니 꼭 보고 싶었는데 안개로 발걸음을 돌릴 수밖에 없었다.

아쉽지만 러쉬모아 산에서 다시 90번 고속도로를 올라가기 위하여 385번 국도를 타고 부지런히 올라갔다. 그 중간은 산중이었고 데드우드Deadwood라는 조그만 동네는 그 이름에 걸맞지 않게 시골동네였음에도 불구하고 집과 건물이며 정원과 체육관 등이 잘 단장된 것을 도로를 지나가며 보았는데 정말 아름다운 동네였다. 러쉬모아 산 국립공원에서 네비게이션에 목적지를 선정하여 따라 갔는데 90번 고속도로에서 자꾸만 212번 국도로 안내를 하여서 90번 고속도로를 포기하고 2차선 국도를 따라서 계속하여 달렸는데 중앙 분리대가 없어 큰 트럭이 지나갈 때마다 차가 흔들리는 것이 약간 불안하기도 했다. 몬태나 주에 들어서자 가끔씩 나지막한 산들이 지나갔으나 황량한 사막 같은 허허벌판은 계속 되었고 한참을 지나가서야 휴게소에서 자리를 잡고 식탁보를 꺼내 깔고 점심을 한 상 차렸는데 시카고에서 미소된장을 구입했기에 밥에 된장국까지 따끈하게 준비되어 김치와 여러 반찬을 올려 놓고 서부 사막 한 가운데까지 자동차를 몰고 와 점심때에 약간 시장기를 느낄 때쯤에 이런 맛있는 한정식 점심 한 상을 사랑하는 친구들과 얼굴을 마주하여 보며 함께 먹었던 것은 정말 행복하고 즐거웠다.

여행의 즐거움이 새로운 풍경을 보는 것도 있고, 평안한 호텔에서 잠자는 것도 있고, 맛있는 음식을 먹는 것도 있는데 우리 일행은 이 세 가지를 다 함께 누렸다. 거기다가 좋은 자동차로 2년 동안이나 꿈꾸던 대륙을 횡단하며 달렸으니 그 황홀함은 지금 상상해도 신난다. 휴게소 지도에서 현 위치를 확인했더니 처음에 계획했던 옐로스톤국립공원의 동쪽 입구로 들어가려했던 계획은 완전히 빗나갔고 북쪽 입구나 북동쪽 입구로 들어가야 할 것 같았다.

점심 식사를 마치고 네비게이션이 인도하는 데로 갔더니 전혀 엉뚱한 북쪽으로 안내되어 길가에 급히 차를 세우고 다시 네비게이션에 목적지를 정정하여 몬타나 주 빌링스Billings, Montana로 향했고 90번과 94번 고속도로가 합류하는 지점을 통과하여 결과적으로는 조금 가로지른 지름길로 오게 되는 약간의 행운을 누렸고 네비게이션은 몬태나 주 보즈만Bozman을 지나서 북쪽 입구로 안내했지만 1993년에 이곳에 와 본 적이 있는 필자는 북동쪽 입구로 가는 리빙스톤Livingston으로 해서 89번 국도를 따라서 옐로우스톤국립공원으로 들어갔다. 한참이나 골짜기 도로로 올라간 후에야 국립공원 입구에 도착했다. 죽기 전에 가봐야 할 100곳에 선정된 옐로우스톤국립공원Yellowstone National Park은 1872년에 국립공원으로 지정 되었는데 이것이 세계 최초였고 1978년에 유네스코 세계문화유산으로도 지정되었다. 이런 곳에 다시 오게 되어 설레고 흥분되었다. 옐로우스톤의 크기는 약 27억 평으로 여의도 면적의 약 3,000배이고 우리나라에서 가장 큰 지리산국립공원의 19배 크기의 거대한 국립공원이다. 미국 최대의 국립공원으로 국립공원 안의 순환도로의 길이만도 250km가 넘으니 제대로 구경을 하려면 상당히 오래 머물며 구경을 해야 하는데 겨우 이틀에 돌아봐야 하니 그야말로 코끼리 코도 제대로 못 만져 보는 격이었다. 어둠이 깃들기 전에 북동쪽 입구에 도착해서 기념촬영을 하고 공원으로 들어가서 온천물이 흘러내리는 유명한 온천을 잠시 들러서 구

옐로우스톤국립공원 북동쪽 입구에서 왼쪽에 필자, 김순명 목사, 박경자 사모, 김인순 사모,
필자의 아내 정신복, 박순자 사모, 전홍엽 목사, 그리고 그 뒤 채규만 목사

경만 하고 언덕길을 올라 공원 안으로 들어갔을 때는 벌써 저녁이 되어버렸다.
공원 한 복판에 들어갔을 때 불빛 하나 보이지 않는 캄캄한 산속 벌판에서 산 위
에 걸쳐진 황홀한 붉은 저녁노을을 구경하는 행운을 누렸다. 그 자리에서 차를
세우고 길가에 삼각대로 펼치고 그 아름다운 노을을 500mm렌즈로 잡는데 성공
했다. 밤 8시 30분경에야 공원 서쪽 입구로 나가서 예약한 홀리데인웨스트호텔
에 체크인을 했다.

간헐천geyser이란 온천의 한 종류로 지하 깊은 곳에서 뜨거운 물이 수증기와 함께
일정 시간으로 주기적으로 분출하는 현상인데 옐로우스톤에는 10,000여개의 크

① 옐로우스톤국립공원의 올드페이스풀 간헐천을 구경하는 사람들
② 옐로우스톤국립공원 안에 흐르는 냇물과 나무숲 전경
③ 100년 전에 나무로 건축했다는 올드페이스풀호텔Old Faithful Inn
④ 올드페이스풀호텔Old Faithful Inn에서 독서하는 여행객

고 작은 여러 빛깔들의 간헐천이 있었다. 그 중 가장 유명한 간헐천은 올드페이스풀 간헐천Old Faithful Geyser이고 평균 92분에 한 번씩 약 5분 동안 분출하는데 뿜어내는 물의 양만 1~2만 리터이며 높이가 최고 55m까지 올라가므로 우리는 아침 일찍 6시에 일어나 공원으로 들어가서 기다렸다가 그 힘차고 멋진 장관을 구경했다.

옐로우스톤에서 여러 간헐천을 둘러보고서 자동차로 30분 정도 남쪽으로 더 내려가서 웅장한 그랜드 티톤 산Grand Teton National Park, 4,196m을 구경했는데 그 앞에 물이 말라 있어서 기대했던 경치만큼 아름답질 않았지만 많은 기러기 떼가 풀을

올드페이스풀호텔 1층 로비의 벽난로 벽시계 (좌)
옐로우스톤국립공원의 옐로우스톤 폭포 (우)

뜨는 모습을 보는 것은 행운이었다. 거기서 다시 옐로스톤 안으로 올라오면서 흐르는 물과 골짜기와 수많은 나무숲들이 함께 어우러져있는 것을 보았고 오래 전에 불이 난 흔적으로 불 탄 키 큰 나무들도 그대로 새로운 나무들과 함께 서 있었고 여유롭게 풀을 뜯는 버펄로와 엘크 떼를 가까이서 만나는 행운도 누렸다. 옐로스톤 폭포는 거의 높이가 100m나 되는데 그것도 노란 옐로스톤 바위골 짜기 사이로 꼬불꼬불하게 흐르는 계곡물이 참 장관이었고 수많은 미국인 관광 객들 틈에서 함께 서서 구경하는 것도 신났다.

필자 일행은 옐로우스톤국립공원 아래쪽 내부 순환도로만을 오전에 한 바퀴 돌 고 나와서 시애틀Seattle, Washington로 출발해야 하는 시간이 벌써 3시간이나 지난 오 후 3시경에 일주일을 구경할 수 있는 입장티켓을 포기하는 서운함을 뒤로하고 서쪽 입구로 나갔다. 287번 국도를 따라서 몬태나 주의 아름다운 산야를 가로질 러서 1,260km 거리의 종점인 시애틀로 향했다. 몬태나 주를 지나고 아이다호 주 Idaho에 들어갔을 때쯤에 벌써 아름다운 석양이었고 이어 캄캄한 어두움이 몰려 왔다. 놀라운 사실은 밤이 되니 오르락내리락하고 꼬불꼬불한 산들이 여러 차례 나왔다 사라졌는데 밤이라 그 멋진 경치를 볼 수 없어서 너무 안타까웠다. 시카 고에서 몬태나 주까지는 산이라고는 도무지 볼 수 없는 황량한 벌판이었다가 몬

옐로우스톤 폭포에서 흘러내린 물이 흘러가는 노란 바위골짜기Yellow Stone의 전경

①	②
③	④

① 스타벅스 1호점 앞에서 연주하고 노래하며 CD를 팔고 모금하는 음악가들
② 스타벅스 1호점에서 주문받은 커피를 내리고 있는 장면
③ 스타벅스 1호점 옆 그 유명한 프랑스 빵집 Le Panier
④ 미국 최초의 어시장인 파이크플레이스마켓

태나 주에 들어서면서 산이 나오기 시작하더니 아이다호 주에 들어갔을 때에 더 높은 산이 반복되어 나왔다 사라졌는데 워싱턴 주에 들어갈 때까지 계속되었다. 새벽 3시가 되어서야 시애틀 외곽에 들어섰고 그 때까지도 말똥말똥한 정신으로 다 깨어있다가 3시 반에서야 김순명 목사 딸 안진이네 집에 도착하였는데 딸과 사위는 자지도 않고 기다리고 있었다. 이 집에서도 안방까지 다 내주는 환대를 받았는데 이번에 안방은 필자의 차지가 되었다. 한국인들의 열심은 전 세계인들도 말리지 못하는데 필자 일행이 바로 그 유명한 아무도 말리지 못하는 한국인이었다.

①	②
③	④

① 시애틀 부둣가에 관광하는 필자 일행맨 오른쪽이 안내하는 김 목사 딸 안진
② 스페이스니들 전망대에서 내려다 본 시애틀 시내의 가장 변화가 빌딩들
③ 1961년에 완공된 시애틀의 스페이스니들 전망대의 전경
④ 스페이스니들 전망대에서 내려다 본 시애틀 시내와 항구 전경

잠 못 이루는 시애틀에서 너무 무리한 장거리 운전으로 피곤하여 새벽에 청한 잠이지만 곤하게 잠을 잘 자고 거뜬히 일어났고 9시가 넘어서야 스타벅스 1호 점에 가서 커피를 하나씩 사고 그 옆에 유명한 불란서 빵집^{Le Panier}에서 빵을 사서 함께 그 빵집 식탁에 앉아서 아침식사를 세련되고 우아하게 마쳤다. 좀 더 걸어 가서 해변의 유명한 레스토랑에서 따뜻한 해물 수프로 뒷마무리를 했는데 일품 이었다. 미국 최초의 어시장이라고 하는 파이크 플레이스 마켓에 들어가서 시장 구경을 관광객들과 섞여서 했는데 어시장에서 물고기를 던지며 사람을 끌어 모 으는 티브이에 나왔던 그 가게 앞에 구경꾼이 제일 많았고 그곳이 제일 재미있 었다.

다음날 아침이면 하와이로 떠나야 하기에 우리의 대륙횡단 자동차 여행의 종착지에서 큰 일을 마침내 해냈다는 안도감을 간직한 채 시애틀 북쪽에 있는 아울렛 몰에 가서 쇼핑을 좀 하며 귀국할 준비를 했다. 그날 밤 호텔 셰프^{chef}인 김 목사 사위가 집에서 저녁 식탁을 준비했는데 그 화려함과 내용에서 또 한번 놀랐다. 싱싱한 바닷가재의 살을 발가내서 하얀 색의 바다가재 회로 요리했고 바닷가재를 삶아 익혀서 붉은 색 가재 요리로 저녁식탁을 준비하므로 우리는 그 진수성찬의 색깔과 맛에 감격하여 벌어진 입을 다물지 못했다. 시애틀에서 마지막 저녁에 먹었던 그 식탁은 지금도 잊혀지질 않고 시애틀에서의 그 마지막 밤은 너무도 황홀하여 잠 못 이루는 밤이었다.

1962년 시애틀 세계박람회의 상징물로 건설했다는 스페이스니들^{Space Needle}은 지금도 새 건물 같았는데 얼마나 잘 건축했으면 50년이 지났는데 아직도 새 건축물 같은 느낌이 들까하는 부러움이 들었다. 그 전망대에 올라가면서 필자는 1961년에 대한민국의 1인당 국민소득이 80불이었다는 생각을 하며 참 대단하고 놀라운 건축물이라고 생각했다. 또 돈을 지불하고 그 전망대 위로 올라가서 돌아가며 시애틀 시내를 내려다보는 것도 충분한 구경거리가 되었다.

아침 일찍 5시에 일어나 시애틀 북쪽에서 5번 종주고속도로를 따라서 한참 내려가서 시애틀 타코마 국제공항 입구로 들어가 주유소에서 가스를 가득 채워 렌터카를 반납하고 거기서 다시 모든 짐을 내려가지고 버스를 타고 공항 출국장으로 이동하여 8시 45분에 이륙하여 하와이 호놀룰루로 향했다. 필자의 집에서 가져간 전기밥솥 때문에 필자의 짐은 공항 짐 검사에 계속해서 뜯겨져 새로 포장이 되어 있었지만 보스톤 마라톤 경주 때 밥솥이 폭발했다는 것 때문에 이해는 했지만 인천공항에 도착할 때까지 수난을 감수해야 했다.

호놀룰루 국제공항에 도착하여 예약한 렌터카 포드 8인승 밴을 빌려서 와이키키 해변의 숙소로 가면서 이제는 모든 한국 음식을 시애틀에서 다 졸업해서 마감했기 때문에 현지 음식을 사서 해결해야 했는데 도착하는 날은 유명한 일본 우동집에서 한참을 기다린 후에 우동을 먹었다. 그런데 여행 중이라 우동 국물을 남기지 않고 다 먹었다가 나중에 그 짠 국물 때문에 냉수를 병째 마셔야 하는 고생을 했다. 숙소인 퀸 쿠알라파니호텔이 와이키키 해변 동쪽 끝나는 지점에 있어서 그 유명한 와이키키 비치로 수영복을 호텔에서 갈아 입고 해수욕하러 가기에는 그만이었다. 우리는 그 유명한 와이키키 해변에서 아침과 저녁으로 아무

하와이 모자 섬 부근의 시원한 야자수 나무와 바다 풍경

하와이 와이키키 해변의 밤 풍경

도 아는 사람이 없으니 거칠 것도 없이 해수욕을 신나게 하는 호사를 누렸다. 와이키키 해변 바다 앞에는 인공 조형물을 세워서 파도가 거세게 치는 것과 상어가 몰려오는 것도 차단해 놓았다. 저녁 석양 때 해수욕을 할 때 사람들은 그 조형물을 넘어가서 수영을 하는 사람들도 상당히 있었다. 렌터카가 있으니 아무 도움이 없이 가고 싶은 곳을 맘대로 다녔고 그 다음날은 그 섬 전체를 감으로 방향을 정하여 해안선을 따라서 일주하며 돌았는데 화산섬이라고 화산이 흘러내린 것처럼 골이 깊은 산들에 안개가 덮혀 있는 것이 약간 몽환적 분위기가 풍기는 곳도 있었다. 해변의 잔디밭에 서 있는 야자수 나무는 푸른 바다와 함께 너무나도 멋진 이국 풍경을 연출하고 있었다. 바다는 태평양 한복판이라 그런지 파도가 장난이 아니었는데 이런 파도가 바로 윈드서핑을 하게 하는 파도구나 하는 생각도 들었다. 폴로네시안 민속관Polynesian Cultural Center에서는 돈이 들지 않는 곳만 다니면서 구경을 했고 자동차가 있으니 돌아다니며 풍경에 집중하여 자동차 여행을 계속했다. 계속하여 섬의 해안을 따라서 돌다가 동북쪽 끝에서 길이 막히는 바람에 더 이상 나가지 못하고 섬 끝부분에서 차를 돌려서 공항 쪽으로 해서 호텔로 돌아왔다.

출국하는 날에 자동차를 반납하는 길이 약간 복잡하여 두 바퀴를 공항에서 돈 다음에 겨우 찾아서 반납했고 그들은 친절하게 그 차로 필자 일행을 공항으로 데려다 주면서 짐들을 그 자리에서 다 부치도록 도와주었다. 아침 11시에 돌아오는 비행기는 우리네 젊은 신혼부부들의 전세기 같아서 필자 일행은 기내에서 졸지에 시니어가 되어버렸다. 12박 13일 동안 34년을 함께 한 동기 목사 네 가정이 함께 꿈꾸며 기획했던 북미 대륙 자동차 횡단 여행은 9월 14일 오후 5시에 인천국제공항에 도착함으로 막을 내렸다. 이 자동차 여행은 우리네 인생을 더 풍요롭게 했고 우리네 우정을 더 깊어지게 했고 서로를 더 잘 알게 해 주었다. 모처럼 화끈하게 환상적인 자동차 여행을 자동차의 나라 북미에서 그 대륙을 횡단하며 동기들과 함께 신나게 했다. Sola Gloria!

60일간의 **남미여행**
Sixty Days of South America :
The Andes, Iguassu Falls, and the Amazon

초판 인쇄   2015년 8월 10일
초판 발행   2015년 8월 15일
개정판 발행 2022년 1월 20일

지은이   민 남 기
발행처   파피루스
출판등록 1998년 7월 1일
등록번호 제1998-000005호
주소   광주광역시 남구 백운로 107 (백운동)
전화   062-652-5004
팩스   062-672-1438
E-mail   korevan@chol.com
기획편집 도서출판 정자나무

ISBN   979-11-955669-1-4